die hochschule. journal für wissenschaft und bildung

Herausgegeben vc
für das Institut für Hoc
an der Martin-Luther-Univ

Redaktion: Da

Institut für Hochschulforschung Halle-Wittenberg, Collegienstraße 62, D-06886 Wittenberg
https://www.diehochschule.de
Kontakt Redaktion: daniel.hechler@hof.uni-halle.de
Konakt Vertrieb: Tel. 03491/466 254, Fax: 03491/466 255, eMail: institut@hof.uni-halle.de
ISSN 1618-9671, ISBN 978-3-937573-71-7

Die Zeitschrift „die hochschule" versteht sich als Ort für Debatten aller Fragen der Hochschulforschung sowie angrenzender Themen aus der Wissenschafts- und Bildungsforschung. Als Beihefte der „hochschule" erscheinen die „HoF-Handreichungen", die sich dem Transfer hochschulforscherischen Wissens vor allem in die Praxis der Hochschulentwicklung widmen.

Artikelmanuskripte werden elektronisch per eMail-Attachment erbeten. Ihr Umfang soll 25.000 Zeichen nicht überschreiten. Inhaltlich ist „die hochschule" vorrangig an Beiträgen interessiert, die Themen jenseits des Mainstreams oder Mainstream-Themen in unorthodoxen Perspektiven behandeln. Eingereicht werden können sozial- und geschichtswissenschaftliche Texte, die (a) auf empirischer Basis ein nachvollziehbar formuliertes Problem aufklären oder/und (b) eine theoretische Perspektive entfalten oder/und (c) zeitdiagnostisch angelegt sind, ohne reiner Meinungsartikel zu sein. Für Rezensionen beträgt der Maximalumfang 7.500 Zeichen. Weitere Autoren- und Rezensionshinweise finden sich auf der Homepage der Zeitschrift: www.diehochschule.de >> Redaktion.

Das Institut für Hochschulforschung Halle-Wittenberg (HoF), 1996 gegründet, ist ein An-Institut der Martin-Luther-Universität (www.hof.uni-halle.de). Es hat seinen Sitz in der Stiftung Leucorea Wittenberg und wird geleitet von Peer Pasternack.

Als Beilage zu „die hochschule" erscheint der „HoF-Berichterstatter" mit aktuellen Nachrichten aus dem Institut für Hochschulforschung Halle-Wittenberg. Daneben publiziert das Institut die „HoF-Arbeitsberichte" (https://www.hof.uni-halle.de/publikationen/hof_arbeitsberichte.htm) und die Schriftenreihe „Hochschul- und Wissenschaftsforschung Halle-Wittenberg" beim BWV Berliner Wissenschafts-Verlag. Ein quartalsweise erscheinender eMail-Newsletter kann abonniert werden unter https://lists.uni-halle.de/mailman/listinfo/hofnews

Abbildung vordere Umschlagseite: Jessie Willeox Smith, Deckblatt des Kalenders 1909 des Bryn Mawr College (Ausschnitt) (http://greenfield.blogs.brynmawr.edu/files/2013/02/1909-Front-JWS.jpg)

INHALT

Prozesse der Akademisierung
Zu Gegenständen, Wirkmechanismen und Folgen hochschulischer Bildung

GESCHICHTE

FORUM

PUBLIKATIONEN

Annett Maiwald
Annemarie Matthies
Christoph Schubert
(Hrsg.)

Prozesse der Akademisierung

Zu Gegenständen, Wirkmechanismen und Folgen
hochschulischer Bildung

Prozesse der Akademisierung

Zu Gegenständen, Wirkmechanismen und Folgen hochschulischer Bildung. Einleitung

Annett Maiwald
Annemarie Matthies
Christoph Schubert
Halle (Saale)

Von dem Befund aus, dass die Bildungsexpansion weiter fortschreiten wird und „mit einer Umkehr dieser Entwicklung" (Kreckel 2014: 167) nicht zu rechnen ist, entfaltet Reinhard Kreckel im Jahr 2014 in dieser Zeitschrift mehrere Problemlagen – und damit auch Forschungsfelder für eine Soziologie, die sich mit deren Wirkungen befasst. Die weitere Bildungsexpansion, so Kreckels Ausgangspunkt, sei ungeachtet aller antizipierten negativen Folgen, Warnungen und Aufrufe zur politischen Intervention in höchstem Maße wahrscheinlich: „Mit einer Hochschulpartizipationsrate deutlich über 50 %" werde man nahezu überall „rechnen müssen" (ebd.: 164). Man könne geradezu sagen, dass ein Hochschulstudium mittlerweile zu einer normalen Bildungskarriere gehöre (vgl. ebd.: 167). Diese Befunde sind im Jahr 2019 zu bestätigen – mehr noch, seit 2014 sind die Studierendenzahlen noch einmal angestiegen (StaBA 2018).

Zur Debatte, so Kreckel (2014), stünden zwei mögliche Umgangsweisen der Hochschulen mit dem Phänomen der Bildungsexpansion: „einfach laufen" lassen (ebd.: 168) oder „intelligente Ausgestaltung" (ebd.: 170). Im Jahr 2019 nun kann festgehalten werden: Die Hochschulen haben sich der Gestaltungsaufgabe aktiv angenommen. So existiert eine Vielzahl an Formen der Ausgestaltung, unter anderem Ausdifferenzierungen im tertiären Bildungsbereich, die Neuorganisation verschiedener Ausbildungen durch ihre Verlagerung an Hochschulen, die Etablierung hochschulisch angesiedelter Weiterbildungsstudiengänge, die Entwicklung dualer Studiengänge – insgesamt: die Steigerung der Attraktivität von Studienangeboten auch für nicht-traditionelle Studierende – sowie, damit einhergehend, die Einführung neuer Lehr- und Lernformen.

All das zeugt nicht nur von der Anpassungsfähigkeit, sondern auch von der enormen Potenz der Hochschulen, immer neue Themenfelder zu erschließen und zum Gegenstand eines akademischen, letztlich curricularisierbaren Interesses zu erheben (siehe hierzu auch: Stock et al. 2018).

Das vorliegende Heft zeigt, wie auf verschiedenen Ebenen des Hochschulsystems mit der Bildungsexpansion nicht nur umgegangen, sondern diese auch genutzt und sogar selbst gefördert wird, und wie auf der Ebene beruflicher Handlungsfelder sich diese umfassende Aktivität zeigt. Die Ordnung der Beiträge – hier unter diesem Gesichtspunkt angerissen und weiter hinten genauer vorgestellt – entspricht diesen Ebenen und vollzieht dabei die Entwicklungslinie der Gegenstände, Wirkmechanismen und Folgen „des Akademischen" von der Hochschule hin zur Praxis nach:

- Annemarie Matthies und Dayana Lau befassen sich auf Ebene der Studiengangsentwicklung mit der *Herstellung von Praxisbezügen* in Curricula der Sozialen Arbeit und fokussieren die darin sichtbare Gestaltung von Handlungsfeldern seitens der Hochschulen.

- Caroline Richter beleuchtet auf Ebene der *Hochschullehre* deren Neuorganisation und Didaktisierung, insbesondere mit Blick auf neue Lehrformen am Beispiel des Forschenden Lernens.

- Sigrun Nickel und Anna-Lena Thiele zeigen auf Ebene der *Studiengänge*, wie Hochschulen mittels der Entwicklung verschiedener Aus- und Weiterbildungsformate die Gruppe der berufserfahrenen Studierenden adressieren.

- Christoph Schubert und Manfred Stock erarbeiten am Fall der Lerntherapie, wie auf Ebene der *Abschlüsse* über Hochschulzertifikate neue anwendungsorientierte Berufe etabliert werden sollen und welche Rolle dabei den Berufsverbänden zukommt.

- Christiane Schnell und Christian Schäfer befassen sich auf Ebene des studiengangsinhärenten Verhältnisses von *Theorie und Praxis* mit der formellen und strukturellen Akademisierung der Polizeiarbeit und deren ambivalenten Folgen für die inhaltliche Gestaltung der Ausbildung.

- Annett Maiwald untersucht erste Effekte einer akademischen frühpädagogischen Ausbildung, die auf Ebene des *beruflichen Handelns* in der Praxis der Kleinkinderziehung zu beobachten sind. Dieses Feld erfährt trotz der Hochschulexpansion nur eine sehr begrenzte Akademisierung.

Die Ausgestaltung der Bildungsexpansion durch die Hochschulen zeitigt mithin beobachtbare Wirkungen auf Seiten der Arbeitswelt und des beruflichen Handelns sowie im Hochschulsystem selbst (Kreckel 2014; Teichler 2013; Webler 2017). Ebenfalls Gegenstand in diesem Heft sind deshalb die intendierten und nicht-intendierten Rückwirkungen auf das Hochschulsystem: die sukzessive Verabschiedung des Ideals der Einheit von Forschung und Lehre; die gleichzeitige Aufrechterhaltung formaler Verzahnungen von Wissenschaft und Ausbildung, etwa im Curriculum oder in besonderen Lehrformaten; die weitere Annäherung von Universitäten und Fachhochschulen; die gezielte Anwerbung von SchulabgängerInnen sowie Berufserfahrenen durch die Erzeugung ‚interessanter Studienangebote‘ sowie schließlich auch die Kollision zwischen Theorie und Praxis in ausgewählten Studienfeldern.

Ein übergeordneter Befund dieses Hefts ist: Die mit der Bildungsexpansion und ihren Folgen entstehenden Forschungsfelder für die Soziologie sind vielfältiger, als es die These vom Akademisierungswahn (Nida-Rümelin 2013; siehe auch Stock 2014) nahelegt. Auch diese Heterogenität wird durch die Beiträge des Hefts dokumentiert:

▪ Der Frage, was „das Akademische" jenseits der formellen, strukturellen Eingliederung einer Ausbildung in das tertiäre Bildungssystem ausmacht, geht der Beitrag von *Annemarie Matthies* und *Dayana Lau* „Die Gestalt des Akademischen. Zum Wandel der Praxisvorstellungen im Curriculum Sozialer Arbeit" nach. Unter der Prämisse, dass im hochschulischen Curriculum fachspezifische Verzahnungen von forschungsbasierter Wissenschaft und auf die praktische Anwendung zielender Lehre sichtbar werden, rekonstruiert der Beitrag der Autorinnen am Fall der Sozialen Arbeit, welche Vorstellungen eines akademisierten Praxisverständnisses sich aus den Lehrinhalten ableiten lassen. Dafür werden Curricula dreier für die Fachentwicklung relevanter Zeiträume – die 1920er, die 1970er sowie die 2010er Jahre – mit Blick auf theoretische Grundlage, Methodenlehre sowie die jeweils aufgerufenen Handlungsfelder ausgewertet. Auf dieser Grundlage diskutieren die Autorinnen in Abgrenzung zu den zahlreichen fachinternen Diskursen um die Wissenschaftsbasierung der Sozialen Arbeit und der damit verbundenen Frage nach dem professionellen Status der AbsolventInnen, welche Praxisbezüge in der Sozialen Arbeit, dem Selbstverständnis nach eine angewandte Wissenschaft, seit ihrer Integration in das tertiäre Bildungssystem über die Lehre abgebildet, möglicherweise auch hergestellt werden.

Ein Befund der Auswertung ist: Sowohl die in die Curricula aufgenommenen Inhalte der für die Studiengänge der Sozialen Arbeit relevanten Bezugsdisziplinen als auch die antizipierten Handlungsfelder der Sozialarbeit differenzieren sich im Zeitverlauf deutlich aus. Mit dieser Ausdifferenzierung gehen hochvariable Perspektiven auf die Erfordernisse sozialarbeiterischer Praxis einher. Unverändert jedoch bleibt die in den jeweiligen Lehrinhalten – erst zum heutigen Zeitpunkt explizit – verankerte Vorstellung, dass die berufliche Praxis einer methodisch geleiteten Bearbeitung bedürfe, mithin auf wissenschaftlicher Grundlage bestreitbar sei.

▪ Der Beitrag von *Caroline Richter* „‚Forschen lehren'. Zu Organisationsformen universitärer Lehre zwischen Breiten- und Spitzenförderung" geht den Veränderungen, die die Expansion der Hochschulbildung mit sich bringt, im Bereich der Adaptionen in der Lehre nach. Konzepte des „Forschenden Lernens" (FL) haben in der aktuellen hochschuldidaktischen Diskussion Konjunktur: Es geht in der „Post-Bologna-Massenuniversität" nicht mehr (allein) um die Aufrechterhaltung von Forschung und Lehre, sondern darum, wie die Hochschulen unter dem Stichwort „employability" für nichtwissenschaftliche Berufsfelder ausbilden und welche Fähigkeiten hierdurch generiert werden.

Diesbezüglich stellen die Konzepte der „neuen Lehre" auf Selbstlernen ab: Im „shift from teaching to learning" soll Forschen in seinen wesentlichen Merkmalen gelernt werden, was zu Kompetenzen einer erweiterten Handlungs-, Begründungs- und Erklärungsfähigkeit führe. So konstatiert Richter, dass es sich beim „Forschenden Lernen" weniger um Methoden, als um ein „didaktisches Prinzip" handelt.

Der Beitrag diskutiert nun die Problematik anhand von Interviewmaterial mit Lehrenden aus verschiedenen disziplinären Bereichen. Herausgestellt wird, dass „FL" zum einen den Anforderungen, die sich aus der Heterogenität der StudentInnen ergeben, entgegenkommt. Hier seien nach Einschätzung der Lehrenden „formale Vorgaben", „fortwährende Rahmungen und Kontextualisierungen" unerlässlich. Die Lehre müsse durch unterschiedliche „Formate" „zielgruppen- und qualifikationsspezifisch angepasst" werden.

Die aufschlussreichen Befunde zeigen aber auch, dass die WissenschaftlerInnen nicht per se hochschuldidaktisch, sondern nach wie vor erkenntnisorientiert sind und dahingehend ihre Lehre gestalten. Da zudem immer mehr Beschäftigte mit hoher Lehrbelastung konfrontiert sind, die ihre eigene Forschungszeit entscheidend minimiert, versuchen sie daher, die Seminare „geschickt mit der eigenen Forschung zu verbinden", was neben der möglichen Gefahr einer Instrumentalisierung der StudentInnen („Forschungskaninchen") durchaus auch konkrete Forschungsinhalte ins Seminar zurückzubringen vermag.

▪ Mit den vorwiegend quantitativen Dimensionen akademischer Bildungsformate im Pflege- und Gesundheitssektor beschäftigen sich *Sigrun Nickel* und *Anna-Lena Thiele* in ihrem Beitrag „Die Rolle berufserfahrender Studierender bei der Akademisierung von Gesundheitsberufen". In den Blick des Beitrags kommen berufserfahrene Studierende in ihrer Rolle als NachfragerInnen nach Bildungsformaten, deren Existenz sich, so eine These des Beitrags, vor allem den „gestiegenen Anforderungen an medizinisch-technische Versorgungsleistungen und -strukturen" verdanke.

Die AutorInnen zeigen, dass derzeitig drei unterschiedliche Formate den akademischen Markt im Sektor Gesundheit und Pflege bestimmen: das duale Studium, das Studium ohne (Fach-)abitur sowie diverse wissenschaftliche Weiterbildungsangebote. Diese im Hinblick auf ihre Organisation sowie auf ihre Inhalte divergierenden Formate haben gemeinsam, dass sie sich an nicht-traditionelle Studierende richten und in der überwiegenden Mehrzahl nicht von den Universitäten, sondern von Fachhochschulen/Hochschulen für angewandte Wissenschaften angeboten werden. Durch ihre jahrzehntelang erprobte Expertise in der Bildungsarbeit an der Schnittstelle von Theorie und Praxis sind diese auf die von den AutorInnen vermuteten besonderen Bedarfslagen berufserfahrener Studierender, die mit dem akademischen Abschluss primär Aufstiegsaspirationen verknüpfen, gut vorbereitet. Gleichwohl stellt sich als Problem dar, dass die akademischen Ausbildungsorte für Berufsfelder, die bislang keine akademische Qualifikation verlangten – eben die FHs/HAWs –, in ihren Kapazitäten begrenzt sind. Hingegen seien die Universitäten auf die Bedarfe von in der Praxis ausgebildeten StudienanfängerInnen nach wie vor nicht ausgerichtet. In der Konkurrenz um Studierende sehen sich die Universitäten nun also herausgefordert, sich auf die besonderen Voraussetzungen und Bedarfe einer nicht unerheblichen Anzahl Studierender *in spe* einzustellen.

▪ „Die Institutionalisierung eines neuen akademischen Berufsfeldes und die Konstruktion beruflicher Zuständigkeit" für LerntherapeutInnen zeichnen *Christoph Schubert* und *Manfred Stock* in ihrem Beitrag zur Logik der Akademisierung der Lerntherapie nach. LerntherapeutInnen versprechen, Minderleistungen von Schülern außerhalb schulisch-pädagogischer Interaktionszusammenhänge zu bearbeiten und zu beheben. Der Beruf LerntherapeutIn ist jedoch bisher nicht rechtlich geschützt, so dass unter diesem Namen eine Vielzahl von TherapeutInnen mit ganz unterschiedlicher Ausbildung oder disziplinärer Herkunft firmieren.

Die beiden Autoren zeigen, dass es im Feld auf mehreren Ebenen Auseinandersetzungen um die berufliche Zuständigkeit zwischen Pädagogik und Psychologie gibt. Wissenschaftlich ringen beide Disziplinen um die Definition von Ursachen und Therapieformen schulischer Minderleistungen, was sich auch in den erst jüngst geschaffenen Studiengängen für Integrative Lerntherapie und die Psychologie des Lernens verdeutlicht. Die Differenzen zwischen beiden Hochschulfächern zeigten sich zudem in den Versuchen verschiedener Fach- und Berufsverbände, den Beruf über eigene Qualifikations- und Therapiestandards zu definieren.

Besondere Relevanz gewinnt der Beitrag, da hier ein Fall geschildert wird, in welchem Berufsverbände sehr stark an der Institutionalisierung eines akademischen Berufs beteiligt sind. Letztlich würden gegenwärtig jedoch die akademischen Abschlusstitel beider Studiengangstypen zur „zentralen Instanz der Markierung von Zuständigkeit" werden, da sie einer Anerkennung der Lerntherapie als Beruf entsprächen. Außerdem könne die Entstehung eines Berufsfeldes für LerntherapeutInnen als „Entlastung" von LehrerInnen verstanden werden, da sie die Zuständigkeit für jene SchülerInnen mit schlechten Leistungen abgeben könnten. Schubert und Stock kommen so zu dem Schluss, dass während sich der (akademische) Binnenbereich des Feldes vor allem durch Auseinandersetzungen um Zuständigkeit charakterisieren lässt, sich das Verhältnis zwischen LerntherapeutInnen und LehrerInnen als geradezu symbiotisch darstellt.

Die tätigkeitsübergreifende Akademisierung der Polizeiausbildung, die in zahlreichen Bundesländern mit der Abschaffung des mittleren Dienstes korreliert, ist Gegenstand von *Christiane Schnell* und *Christian Schäfer*. In ihrem Beitrag „Professionell statt repressiv? Akademisierung der Polizei zwischen Reflexivitätsgewinn und Sicherheitsillusionen" zeigen die AutorInnen mittels Beobachtungen und Dokumentenanalysen, dass die formelle und strukturelle Akademisierung der Polizeiausbildung zwar bereits weit fortgeschritten, auf inhaltlicher Ebene jedoch inkonsequent geblieben ist.

Ein übergeordnetes Ziel der akademisierten Ausbildung zur Polizeiarbeit ist deren Gestaltung als Bildungsprozess, der das Einschätzungsvermögen und die intellektuellen Kapazitäten von PolizistInnen – weg vom Training und der Einübung hierarchisch geführter Einsätze – auf ein qualitativ neues Niveau heben soll. Wie die AutorInnen zeigen, bildet sich dieses Ziel in der Realität der Polizeiausbildung nur teilweise, jedenfalls nicht unmittelbar ab. Eine auf Reflexionsgewinn zielende wissenschaftsbasierte Verzahnung von Forschung und Lehre ist keineswegs selbstverständlich, vielmehr herrscht, dem Ziel der Etablierung eines Bildungsprozesses partiell entgegenstehend, das Primat einer auf unmittelbares Handeln gerichteten Praxis. Die zunehmende Übertragung von Praxisanteilen im Studium an hochschulexterne Institutionen, die Hintansetzung genuin wissenschaftlicher Lehrinhalte zugunsten einer Vielzahl außercurricularer

Praxisvorträge, sowie die teilweise Geringschätzung akademischer Leistungen als Qualifikation für aufbauende Studiengänge korrelieren mit einer kaum akademisierten Praxis der Polizeiarbeit.

Damit veranschaulicht der Beitrag „am Fall", dass die erwarteten Wirkungen auf die Praxis allein durch die formelle Akademisierung der Ausbildung eines Berufsstands keineswegs zwangsläufig eintreten. Die „konsequente Folge einer inkonsequenten Akademisierung der Polizei" könne vielmehr durchaus auch eine faktische Deprofessionalisierung der Arbeit sein – während und obgleich die Polizeiausbildung formell natürlich akademisch bleibt.

▨ Der Beitrag von *Annett Maiwald* „Akademisierung der Erziehungsarbeit. Frühpädagogische Hochschulausbildung und Praxis der Kindertagesbetreuung" beleuchtet erste empirische Phänomene, die in der Erziehungspraxis zu beobachten sind und die mit den Studiengängen und ihren Absolventinnen in Zusammenhang stehen. Gefragt wurde, was Akademisierung im Interaktionssystem des Kindergartens eigentlich bedeutet - und wie mithin dort in einem neuen, durch das akademische Wissen beeinflussten, Sinne sozialisiert wird.

Dieser Prozess vollzieht sich angesichts der bis heute nicht stattgefundenen Akademisierung· der fachschulischen Erzieherinnenausbildung und der geringen Zahl an akademischem Personal in den Kindertageseinrichtungen bisher nur in einem sehr begrenzten Rahmen.

Gleichwohl sind Erkenntnisse über „akademische" Erziehungsarbeit notwendig - und zwar in praxi und als wissenschaftliche Vorstellung von einer solchen Praxis. Somit wird ersten Effekten im Zusammenhangsverhältnis von Frühpädagogikstudium und Kleinkinderziehung nachgegangen. Untersucht wird Akademisierung daher mehr auf Seiten der Arbeitswelt jenseits der Hochschulen, wo sich jene quasi erst „realisiert".

Der Beitrag greift auf frühpädagogische Curricula zu und fokussiert die Transformationen, die sich im Zuge der Rezeption und der Umsetzung des frühpädagogischen Wissens ergeben. Anhand ausgewählter Punkte wird analysiert, welche Folgen die wissenschaftliche Konzeptualisierung des Gegenstands „Kleinkinderziehung", seine Neudefinition als „frühe Bildung" und die im Studium forcierte Herausbildung eines „forschenden Habitus" in der beruflichen Praxis zeitigen. Aspekte der frühpädagogischen Wissensproduktion und des Kompetenzerwerbs werden somit an den empirischen Erscheinungen der Anwendung kognitiver Werte inkl. ihrer Bedeutungen im beruflichen Handlungsfeld selbst rekursiv geprüft.

Die Befunde zeigen im Interaktionsverhalten der Frühpädagoginnen eine gewisse Distanzierung von der Alltagswirklichkeit des Kindergartens und auch von den Kindern selbst. Dies insofern, als dass sie in ihrer intellektualisierten Rolle stark auf das Beobachten und das Reflektieren von kindlichen (Selbst-)Bildungsprozessen orientieren. Sie werden damit als signifikante Andere im Erziehungsprozess für die kleinen Kinder (auch körperlich) weniger greifbar: Die Kinder geraten verstärkt in Situationen „zugemuteter Autonomie".

Literatur

Kreckel, Reinhard (2014): Akademisierungswahn? Anmerkungen zur Aktualität einer immer wiederkehrenden Debatte aus der Sicht der Hochschulforschung, die hochschule, Heft 1, S. 161–175.

Nida-Rümelin, Julian (2013): Wir sollten den Akademisierungswahn stoppen. Interview, Frankfurter Allgemeine Sonntagszeitung", 1.9. 2013; URL http://www.faz .net/aktuell/politik/portraets-personalien/im-gespraech-julian-nida-ruemelin-wirsol lten-den-akademisierungswahn-stoppen-12554497-b1.html (10.10.2019).

StaBA, Statistisches Bundesamt (Destatis) (2018): Studierende an Hochschulen – Fachserie 11 Reihe 4.1 – Wintersemester 2017/2018; URL https://www.desta tis.de/DE/Themen/Gesellschaft Umwelt/Bildung Forschung-Kultur/Hochschulen/ Publikationen/Downloads-Hochschulen/studierende-hochschulen-endg-21104101 87004.pdf;jsessionid=FABD9A66586EB08A0E5869B35D8E9C27.internet742?_ _blob=publ icationFile (23.9.2019).

Stock, Manfred (2014): „Überakademisierung". Anmerkungen zu einer aktuellen Debatte, die hochschule, Heft 2, S. 22–37.

Stock, Manfred/Annett Maiwald/Annemarie Matthies/Christoph Schubert (2018): Akademisierung der Beschäftigung. Konzeption eines Forschungsprogramms und erste Befunde zu ausgewählten Fallstudienbereichen (= Der Hallesche Graureiher 2018-03), Halle.

Teichler, Ulrich (2013): Hochschulexpansion – auf dem Weg zur hochqualifizierten Gesellschaft, in: Tanjev Schultz/Klaus Hurrelmann (Hg.), Die Akademiker-Gesellschaft. Müssen in Zukunft alle studieren? Weinheim/Basel, S. 30-41.

Wolff-Dietrich Webler (Hg.) (2017): Leiden Sie unter Überakademisierung? – Notwendige Akademisierung oder „Akademisierungswahn"? – Oder ein Drittes? Bielefeld.

Die Gestalt ‚des Akademischen'
Zum Wandel der Praxisvorstellungen im Curriculum Sozialer Arbeit

Annemarie Matthies
Dayana Lau
Halle (Saale)

Kaum ein Studienfach ist hinsichtlich seiner wissenschaftlichen Identität so ausführlich hinterfragt worden wie die Soziale Arbeit. Nicht nur der Diskurs um die besonderen Schwierigkeiten des Transfers von wissenschaftlicher Theorie in die sozialarbeiterische Praxis gehört zum Kern der fachinternen Reflexion. Auch der Zweifel an den prinzipiellen Möglichkeiten einer genuin wissenschaftlichen – und im so verstandenen Sinne: akademischen – Ausbildung für die Praxis ist konstitutiv für das Fach.

Dabei ist im Diskurs ein sich sukzessive etablierendes Selbstverständnis als (angewandte) Wissenschaft zu erkennen – gleichwohl unter Beibehaltung einer zweifelnden Perspektive: Die kritische Diskussion der Möglichkeit einer wissenschaftlichen Fundierung politischer Ideale (vgl. Küster 2001) wird ab den 1990er Jahren abgelöst von Kontroversen um die Notwendigkeit einer dezidierten Sozialarbeitswissenschaft, welche mittels eigener Theoriebildung die Brücke zur Praxis bauen könne (vgl. insb. Engelke 1992; Birgmeier/Mührel 2009).

In aktuellen Diskursbeiträgen nun steht weitgehend fest, dass die Soziale Arbeit – als Fach und Profession – wissenschaftlich basiert ist (vgl. Engelke/Spatschek/Borrmann 2009; Staub-Bernasconi 2018). Auf dieser Grundlage werden gegenwärtig einerseits die Modi des Transfers von wissenschaftlicher Theorie auf Gegenstände und Handlungsfelder der Sozialen Arbeit kontrovers diskutiert (vgl. Unterkofler/Ostreicher 2014); andererseits ist die kritische Frage offen, ob die Soziale Arbeit als wissenschaftlich fundierte Praxis tatsächlich professionalisiert oder ‚nur' die Ausbildung akademisiert sei (Otto 2002). Unter der Prämisse, dass sich die Antwort auf die Professionsfrage stets auch den zu Grunde gelegten Kriterien verdankt, wird diese, so ist zu vermuten, auch künftig mit ähnlicher Plausibilität positiv wie negativ ausfallen können.

Aus diesem Grund verfährt unser Beitrag im Kontext des Themenhefts, das unter anderem nach den Ausdrucksformen akademischer Ausbildung und den diesen inhärenten Praxisvorstellungen fragt, gewissermaßen ‚andersherum': Wir untersuchen, welche ex- wie impliziten Auskünfte die Lehrinhalte des Fachs über (1.) das Wissenschaftsverständnis und (2.) das darauf basierende ‚akademische Praxisverständnis' geben. Dabei konzentrieren wir uns ausschließlich auf die im Curriculum entfalteten Inhalte und ziehen kein theoriegeleitetes Vorwissen heran.[1]

Diskutiert wird, welche Vorstellungen der Praxis die Soziale Arbeit als angewandte Wissenschaft im Zeitverlauf seit ihrer Integration in das tertiäre Bildungssystem vermittelt. Ziel ist es, Auskunft darüber zu erhalten, von welchen Praxisvorstellungen die Handlungsanforderungen an die Absolvent*innen einer akademischen Ausbildung geprägt sind. Dies gibt ex negativo Auskunft darüber, was ‚das Akademische' in der Sozialen Arbeit ist.

1. Das Curriculum – Stellenwert und Gewichtung in unserem Beitrag

Für unser Erkenntnisinteresse wählen wir einen Zugang, der in der aktuellen Hochschulforschung randständigen Charakter hat. Terminologisch nahe an der ‚klassischen' Fachkulturforschung, begreifen wir als ein Resultat einer akademischen Ausbildung zwar die Ausprägung eines „fachspezifischen Habitus"[2] – allerdings im Sinne einer „Umsetzung des Curriculums in … disziplinspezifische Verhaltensweisen und Kompetenzen" (Klüver 1983a: 140).[3] Der Frage, in welchem Maße disziplinspezifische „Verhaltensweisen" im beruflichen Handlungsfeld tatsächlich handlungsleitend sein können, gehen wir dabei nicht nach.

Wenn wir also nach Wirkungen der akademischen Ausbildung fragen, so gehen wir nicht von einer 1:1-Umsetzung des hochschulischen Curriculums in die Praxis aus; ohnehin ist der Transfer eines beispielsweise als

---

[1] Der Aufsatz ist u.a. im Zusammenhang des Forschungsprojektes „Expansion der Hochschulbildung und Akademisierung der Beschäftigung" entstanden, das von der DFG (STO499/6-2) gefördert wird. Für die wertvolle Hilfe bei der Auswertung bedanken wir uns bei Felicia Grieser, Jessica Massochua und Julia Rasp.

[2] Dem folgend, verbindet sich mit dem Begriff des Habitus hier, anders als bei Bourdieu, nicht die Vorstellung einer psychosozialen Habitualisierung, die sich in der Praxis relativ unmittelbar ausdrückt.

[3] Viele Fächer sind hinsichtlich der ihnen inhärenten sozialen, normativen und affektiven Aspekte gut erforscht (exemplarisch Engler 1993; Frank 1990; Friebertshäuser 1992; Krais 1996; siehe auch das seit dem Jahr 2016 am DZHW angesiedelte Forschungscluster Fachkulturen). Dem Curriculum und der darin festgehaltenen kognitiven Dimension wird relativ wenig Beachtung geschenkt, obgleich unstrittig ist, dass die auf je spezifischen kognitiven Aspekten basierenden epistemischen Merkmale eines Fachs in den jeweiligen Fachkulturen ihren Ausdruck finden.

Qualifikationsziel curricular kodierten „Habitus" auf die sozialarbeiterische Praxis schwierig, wie bereits an anderer Stelle ausführlich diskutiert wurde (Becker-Lenz/Müller 2009; Thole/Küster-Schapfl 1997; Schweppe 2001).

Unserer Fragestellung nach dem Wissenschaftsverständnis der Sozialen Arbeit und des diesem inhärenten Praxisbildes folgend fokussieren wir das Curriculum deshalb, weil es aus der hier eingenommenen Perspektive und für die Frage nach ‚dem Akademischen‘ zentral ist: Das Curriculum bildet die im ‚Alltag der akademischen Ausbildung‘ realiter nicht anzutreffende „praktische Einheit" (Klüver 1983a: 136) von Wissenschaft und Lehre nicht nur ab, sondern stellt diese im Zuge ihrer Verwirklichung in der Lehre auch her.[4] Eben deshalb ist das Curriculum in Bezug auf die akademisierte Ausbildung für berufliche Handlungsfelder forschungspraktisch von besonderem Interesse: An ihm wird ersichtlich, durch welche „systeminternen Strukturierungen" an der Hochschule die Bedingungen dafür hergestellt werden, dass „externe Anforderungen und das ‚Anwendungssystem‘ einander entsprechen" (ebd.: 132).

Im Curriculum festgehaltene Lehrinhalte sind zwar gekoppelt an äußere Anforderungen, allerdings nicht unmittelbar an die tatsächlichen Anforderungen der externen Handlungsfelder. Vielmehr sind im Curriculum Anforderungen und Problemlagen unterschiedlich stark spezifizierter Handlungsfelder antizipiert und auf dieser Folie ‚Ideale‘ einer Handlungsgrammatik entwickelt. In diesem Sinne versuchen wir in unserem Beitrag eine „theoretische Rekonstruktion der konstitutiven Merkmale" (ebd.: 142) der Sozialen Arbeit.

2. Zum Vorgehen

Wie sich diese ‚konstitutiven Merkmale‘ im Curriculum ausdrücken und dabei im historischen Verlauf (von der Entstehung eines akademischen Curriculums in der Sozialen Arbeit bis heute) deutlichen Verschiebungen unterliegen, soll entlang dreier aus unserer Sicht zentraler historischer Zeitpunkte rekonstruiert werden. Dabei untersuchen wir

---

[4] Im Curriculum sind die auf der kognitiven Dimension eines Fachs basierenden Ziele der akademischen Ausbildung objektiviert. Die Relevanzsetzungen eines Fachs bilden sich dabei, folgt man Klüvers Lesart, dergestalt im Curriculum ab, dass der höchste zeitliche Anteil diesen entspricht; die Vermittlung der wissenschaftlichen Logik einer Disziplin ist mithin zeitlich früh im Studium zu verorten (vgl. Klüver 1983a, 128; Klüver 1983b, 84f.) – bzw., seit Bologna, im Bachelorstudium.

(1) die Lehrpläne der Deutschen Akademie für soziale und pädagogische Frauenarbeit Berlin-Schöneberg,

(2) die Lehrpläne der seit Ende der 1960er/Anfang der 1970er Jahre gegründeten Fachhochschulen für Sozialpädagogik/Soziale Arbeit, sowie

(3) die nach der Umsetzung von ‚Bologna‘ und der Einführung des letzten Qualifikationsrahmens Soziale Arbeit (2016) entstandenen Curricula der unter diversen Bezeichnungen existierenden Hochschulen für Soziale Arbeit.

Um die Auswahl der Zeitpunkte nachvollziehbar zu machen, folgen einige wenige historische Markierungen, welche jedoch in der Auswertung der Curricula nicht forschungsleitend sind:

▨ Während in Deutschland der Beginn der institutionalisierten Berufsausbildung in der Sozialen Arbeit[5] mit der Gründung der ersten interkonfessionellen sozialen Frauenschule im Jahr 1908 durch Alice Salomon gesetzt und als ‚Meilenstein‘ in der Geschichte der Ausbildung inzwischen auch recht gut erforscht ist (Feustel 2008; Kruse 2004, Sachße 1986), wird die ‚Deutsche Akademie für soziale und pädagogische Frauenarbeit‘, die zwischen 1925 und 1933 existierte, bisher eher am Rande erwähnt (z.B. Wendt 2012: 1037). Gleichwohl bildet sie einen bedeutsamen Schritt hin zur Akademisierung der sozialen Berufsausbildung. Sie enstand auch als ‚Gegenbewegung‘ zum sich als ‚mittleres weibliches Beamtentum‘ konsolidierenden sozialen Beruf und sollte sich dabei zugleich von der universitären Ausbildung abgrenzen. Historiographisch gesehen bildet sie den Ort, an dem erstmals die gerade im Entstehen befindliche Soziale Arbeit den Versuch unternimmt, das Curriculum auf eine eigenständige wissenschaftliche Basis zu stellen.[6]

▨ Im Anschluss an den Zweiten Weltkrieg wurde die Ausbildung an Fachschulen und Höheren Fachschulen verortet und dabei vielfach refor-

---

[5] In dieser Phase ist der Begriff der Wohlfahrtspflege gängig. Mit Blick auf die Entwicklung hin zum heutigen Begriff der Sozialen Arbeit verstehen wir diesen, wie auch den in den 1970er Jahren gängigen Begriff der Sozialarbeit, als einen Vorläuferbegriff und verwenden daher alle Termini synonym.

[6] Die Akademie bot Kurse für ausgebildete Wohlfahrtspflegerinnen, Akademikerinnen, Jugendleiterinnen und Berufsschullehrerinnen, leitende Schwestern, sowie Fortbildungskurse und Kurse für Mütter, waren also auf verschiedene Adressatinnengruppen hin konzipiert, und nicht auf verschiedene Berufsfelder. Die Fortbildungskurse und die Kurse für Mütter, auch die angebotenen öffentlichen Vorlesungsreihen, wurden in der Auswertung nicht berücksichtigt, da sie nicht in einem engeren Sinne auf die Praxis Sozialer Arbeit vorbereiten sollten.

miert. Daneben gab es immer wieder Versuche, Ausbildungsgänge an den Universitäten anzusiedeln und diese damit aufzuwerten, was zu einem Nebeneinander sehr diverser Programme führte. In den Jahren 1968–71 wurden schließlich „die existierenden Höheren Fachschulen und Akademien in den Status von Fachhochschulen angehoben" (Kruse 2004: 108). Dadurch wurde ein langwieriger und politisch hochgradig aufgeladener Prozess der Ausbildungsreform eingeleitet. Auch an der Berliner Fachhochschule für Sozialarbeit und Sozialpädagogik (FHSS) löste die Frage nach der konkreten Ausgestaltung der Ausbildung eine jahrelange Debatte aus, in der von verschiedenen Interessengruppen auf der Basis einer radikalen Neugestaltung die Umsetzung einer ‚kritischen' Sozialarbeitsausbildung gefordert wurde. Dem gegenüber zielte die Strategie des Senators für Wissenschaft und Kunst darauf ab, einen möglichst schnellen Übergang ohne eine tiefgreifende inhaltliche Reform der Ausbildung zu erreichen (FHSS 1977). Im Jahr 1976 schließlich wurde mit dem Hochschulrahmengesetz (HRG) eine rechtliche Gleichstellung der Fachhochschulen mit den Universitäten und einer damit verbundenen gestärkten Autonomie in der Ausgestaltung der Ausbildung erwirkt. Das hier untersuchte Curriculum von 1978 steht als Ergebnis dieser in verschiedene Richtungen weisenden Entwicklungen.

Mitte der 1980er Jahre wurde die anwendungsbezogene Forschung als Aufgabe der Fachhochschulen im Hochschulrahmengesetz verankert. Mit der ab dem Jahr 2000 umgesetzten neuerlichen, umfassenden Hochschulreform (dem sogenannten ‚Bologna-Prozess') erfolgte die Gleichstellung der Abschlüsse (BA und MA) an Fachhochschulen und den Universitäten mit dem Ziel, internationale Vergleichbarkeit zu ermöglichen. Seit 2006 bildet der Qualifikationsrahmen Soziale Arbeit eine bedeutsame Richtlinie vor allem hinsichtlich der notwendigen regelmäßigen Akkreditierungen der Studiengänge für Soziale Arbeit. Der Qualifikationsrahmen fixiert eine grundlegende Kompetenzorientierung der hochschulischen Sozialarbeitsausbildung (QR SozArb 2016).

Unsere Analyse bezieht sich auf ausgewählte Curricula dieser drei Zeitpunkte. Sie stellt somit keine Längsschnittstudie im engeren Sinne dar, sondern eine exemplarische Untersuchung zur Überprüfung der Fruchtbarkeit eines empirischen Ansatzes, der das Curriculum unter Absehung seiner diskursiven Voraussetzungen analysiert. Das Material ist dementsprechend heterogen: Zum einen liegen die Untersuchungszeitpunkte relativ weit auseinander, zum anderen variieren die Systematiken und die inhaltlichen Angaben stark in ihrer Breite und Tiefe.[7]

Anhand der vorliegenden Curricula rekonstruieren wir auf Basis eines qualitativ-inhaltsanalytischen Ansatzes curricular verankerte Vorstellungen der Praxisanforderungen in der Sozialen Arbeit entlang dreier Ebenen:

- der Ebene der theoretischen Grundlegung des Faches, welche sich sowohl in den jeweiligen Bezugsdisziplinen als auch in der Benennung von für die Wissenschaft und die Praxis gleichermaßen relevant gesetzten Theorien zeigt;
- der Ebene der Praxisfelder, die eine Strukturierung des Handlungsfeldes Soziale Arbeit nicht nur wiederspiegelt, sondern dadurch eben auch (ideell) hervorbringt; und
- der Ebene der Methoden, die mittelbar und unmittelbar auf antizipierte Herausforderungen des Anwendungsfeldes reagieren.

Damit wird eine theoretische Rekonstruktion derjenigen konstitutiven Merkmale der Sozialen Arbeit vorgenommen, die zum jeweiligen historischen Zeitpunkt den Anspruch erheben, sich adäquat auf die Praxis zu beziehen.

3. Die Anfänge einer akademischen Ausbildung zur Sozialarbeiterin

Theoretische Grundlegung

In den Ausbildungsprogrammen der Deutschen Akademie für soziale und pädagogische Frauenarbeit entfaltet sich ein breit gespannter Rahmen disziplinärer Bezüge, der deutliche Schwerpunktsetzungen aufweist: Neben Soziologie, Medizin/Psychopathologie, Hauswirtschaft und Literatur liegt das größte Gewicht auf Recht, Politik und Ethik. Ein weiterer, wenn auch wesentlich geringerer Schwerpunkt, liegt auf Pädagogik und Psychologie. In der inhaltlichen Konkretisierung dieser disziplinären Bezugnahmen zeigen sich deutliche thematische Fokussierungen der politischen Geschichte, der rechtlichen Verfassung und der von sozialen Bewegun-

---

[7] Aus der Deutschen Akademie sind heute im Alice Salomon Archiv nur noch die Veranstaltungsverzeichnisse zweier Jahrgänge erhalten. Auch aus den frühen Jahren der Berliner FHSS existiert an der heutigen Alice Salomon Hochschule nur noch das Programm von 1978. Die aktuellen Curricula wurden ebenfalls an der ASH Berlin sowie an der HAW Hamburg, der FH Münster und der TH Nürnberg erhoben.

gen vorangetriebenen Reform des (Wohlfahrts-)Staates. Die aufgerufenen Disziplinen stehen dabei insofern in ihren epistemischen Grundzügen für sich, als sie (noch) nicht auf ein spezifisches Praxisverständnis zugeschnitten erscheinen.

Dies gilt auch für die Lehre der Literatur, die als wichtiges Element eines bürgerlichen Bildungskanons vermittelt wird. Bezweckt wird eine künstlerische Form der Auseinandersetzung mit dem Gegenstand ‚Proletariat im Roman'. Ferner werden (sozial)politische Herausforderungen sowie die wirtschaftliche Organisation und damit verbundene soziale Formen, insbesondere die Stände- und Klassengesellschaft, in ihrer gesellschaftlichen Bedeutung und vor dem Hintergrund unterschiedlicher weltanschaulicher und religiöser Deutungen, also pluralistisch diskutiert.

Mit deutlich weniger Gewicht und qualitativer Bestimmung erscheinen im Curriculum Veranstaltungen zu Bildung, Erziehung und pädagogischer Psychologie, die allenfalls einen rudimentär-einführenden Umriss aufweisen. Es ist zu vermuten, dass die Auseinandersetzung mit der rechtlichen, ökonomischen und politischen Geschichte und Verfassung des Staates als Grundbedingung einer reformorientiert und handlungsmächtig gedachten Sozialen Arbeit als Ziel der akademischen Ausbildung klar vor Augen steht, während der Bezug zu pädagogisch-psychologischen Gesichtspunkten der Wohlfahrtspflege (noch) kaum herausgearbeitet ist.

Deutlich wird, dass sich die Synthese und Konturierung eines eigenständigen Fachs Sozialer Arbeit erst in Ansätzen im Curriculum ausdrückt – hier, so ließe sich argumentieren, sind vielmehr ‚Grundsteine' gelegt, die Anschlussstellen in ganz verschiedene Richtungen eröffnen.

Praxisfelder

Im Hinblick auf die antizipierten Handlungsfelder der Sozialen Arbeit ergibt die Auswertung der Curricula, dass solche für die Ausbildung kaum definiert sind. Dieser Befund überrascht auch insofern, als auf die zu diesem Zeitpunkt bereits klar unterteilten ‚Ressorts' der Wohlfahrtspflege nur partiell Bezug genommen wird. Einzig die Gesundheitsfürsorge (nebst Heilerziehung) bildet sich als konturiertes Handlungsfeld ab, während sich daneben eher handlungsfeldübergreifende Bezüge – wie in den Fachbezeichnungen Wohlfahrtspflege, Volksbildung und Kunsterziehung – finden. Insbesondere letztere nimmt einen hohen Stellenwert ein und verweist auf den Anspruch, in einem bildungsbürgerlichen Sinne einen pädagogisch-vermittelnden Bezug zu den proletarischen – im Sinne des Verfügens über Bildung als bedürftig gedachten – Adressaten[8] herzustellen.

Methoden

Der Bereich des Methodischen ist folgerichtig stark von der Vermittlung klassisch-bürgerlicher Bildungsinhalte wie Kunst, Literatur und Musik geprägt. Handlungstheoretisch ist er recht deutlich auf Theorien der Bildung und des Lernens ausgerichtet und weist zudem Bezüge zur Volksbildungsbewegung auf. Im Vergleich fällt auf, dass die Vermittlung von Forschungsmethoden in diesem frühen Curriculum keine Rolle spielt, gleichwohl der Abschluss der Ausbildung die Durchführung einer eigenständigen wissenschaftlichen Untersuchung erforderte.

Ließ sich aus der theoretischen Grundlegung ableiten, dass sich das ja hier erst entstehende Selbstverständnis Sozialer Arbeit eher mit Bezug auf solche Disziplinen ausbildet, die an der strukturellen Verfasstheit der Gesellschaft, des Staates, der Ökonomie und der daraus resultierenden sozialen Problemlagen interessiert sind, während die auf der Untersuchung der Verfasstheit ‚des Menschen' und der absichtsvollen Einflussnahme auf diesen fußenden Fächer einen verhältnismäßig geringen Stellenwert einnehmen, findet sich dieses Verhältnis in den Handlungsmethoden nicht wieder. Diese sind insgesamt stark an der theoretischen wie praktischen Vermittlung bürgerlicher Bildungsinhalte orientiert. Während also die Theorie den sozialreformerischen Einsatz der Sozialarbeiterin nahelegt, mindestens aber offenlässt, wird im Bereich der Methoden auf die künstlerische Bildung hin orientiert.

4. Kontroverse um ‚das Akademische': die 1970er Jahre

Theoretische Grundlegung

Hinsichtlich der Bezugsdisziplinen zeigt sich eine auffällige Kontinuität sowohl hinsichtlich der inhaltlichen Ausrichtung als auch hinsichtlich der quantitativen Gewichtung der theoretischen Grundlagen Sozialer Arbeit. Im Fach Soziologie liegt weiterhin ein Schwerpunkt auf den politischen, ökonomischen und wirtschaftlichen Bedingungen der gegebenen Sozial-

---

[8] In den Curricula der Akademie findet sich zur Bezeichnung der Adressat*innen der Wohlfahrtspflege kein eigener Begriff. Stattdessen wird auf ‚die Familie', ‚Kinder und Jugendliche' und beispielsweise ‚Geisteskranke' rekurriert. Dabei wird immer das generische Maskulinum verwendet; mit Bezug auf die Sozialarbeiterinnen jedoch immer die weibliche Form. Dieser Verwendungsweise schließen wir uns an.

struktur. Hinzu kommt die kritische Thematisierung von Faschismus und Nationalsozialismus, auch allgemein gerahmt als gesellschaftliche Machtverhältnisse und als krisenhafte „Folgen der Vergesellschaftung".

Zudem werden spezifische, auf die Sozialarbeit bezogene Fragen des Rechts behandelt, wobei sich eine kritische Haltung zur ‚Herstellung' von Klienten, zum Beispiel durch das Sozialhilfegesetz, abbildet. Neu hinzu kommen erkenntnistheoretische Bezüge, wodurch sich in der Retrospektive eine ‚forschende Haltung' als Ziel der akademischen Ausbildung andeutet, die hier jedoch nicht expliziert ist.

Handlungstheoretisch werden Spannungen des professionellen Handelns thematisiert, z.B. Widersprüche zwischen ‚Funktionsträgerschaft' der Sozialen Arbeit und ‚Bedürfnislage' der Klienten, Identitätsstrukturen und -konflikte von Sozialarbeiterinnen sowie Problemstellungen in der Beziehung von Sozialarbeiterinnen und Klienten, wodurch sich eine ausdrückliche Problematisierung des Machtgefälles zwischen Professionellen und Adressaten zeigt, welches in der ersten Vergleichsphase noch vollkommen unhinterfragt war.

Der Bezug auf die identitäre Konstitution der Sozialarbeiterin deutet diesbezüglich jedoch auf eine eher therapeutische Umgangsweise mit diesem Konflikt. Zudem ist auch ein Prozess der Selbstvergewisserung vorgesehen, der auf eine Verortung der eigenen Position als Abhängige im gesellschaftlichen Machtgefüge abzielt, und damit ebenfalls zum ideellen Abbau des hierarchischen Gefälles zwischen Klient und Professioneller beiträgt.

Praxisfelder

Im Bereich der Praxisfelder wird nach wie vor das Gesundheitswesen benannt, als weiteres explizites Handlungsfeld wird nun die Sozialarbeit in der Schule angegeben. Weder spielen Bezüge auf die existierenden Strukturen innerhalb dieser sehr weit gefassten Anwendungsfelder eine Rolle, noch werden eigene bzw. darüberhinausgehende Strukturierungen vorgenommen.

Erstmals wird jedoch das Selbstverständnis der Sozialen Arbeit zum curricularen Gegenstand erhoben und in der inhaltlichen Konturierung ein Bezug zum Diskurs um „Soziale Arbeit als Dienstleistung" bzw. „als Profession" hergestellt. Dies impliziert allerdings einen Fokus auf die Stellung der Sozialarbeiterin und nicht auf die Problemstellungen der konkreten Handlungsfelder. Diese als Versachlichung deutbare Bestimmung der Beziehung zwischen Klienten und Professionellen bricht sich mit der theoretischen Grundlegung, in der sich eine Kritik an der Kontroll- und Exklusionsfunktion Sozialer Arbeit sedimentiert.

Methoden

In Kontrast zum Curriculum der 1920er und 30er Jahre ist der Bereich der Methoden auffallend stark ausgeprägt und gegliedert in Handlungs- und Forschungsmethoden. Die Handlungsmethoden lassen sich in vier Bereiche unterteilen: Praxismethoden (z.B. Theaterpädagogik), psychologisch orientierte Methoden der Beziehungsgestaltung, interkulturelle Methoden der Verständigung und administrative Methoden des Verwaltungshandelns. Bis auf letzteren Bereich, der sich konkret auf die bürokratische Behördenarbeit bezieht, ist die Vermittlung von Praxismethoden insofern offen ausgestaltet, als sie kein je konkretes Handlungsfeld adressiert, sondern auf universelle Einsatzfähigkeit in verschiedenen Beziehungen zwischen Klient und Sozialarbeiterin zu setzen scheint.

Flankiert werden die Handlungsmethoden durch die Vermittlung von Forschungsmethoden, die in ihrem ‚doppelten Nutzen' für die Wissenschaft und Praxis adressiert und auf der Grundlage der Analyse von Praxismaterialien und eigener Beobachtungen im Feld (Ethnographie) eingeübt werden. Dies erscheint als ein weiterer Schritt hin zu einer angelegten ‚forschenden Haltung' als Grundlage des professionellen Handelns, die zugleich in offenem Widerstreit mit dem Ansatz einer kritischen Analyse der strukturellen Verursachungszusammenhänge zu stehen scheint. Weiterhin fällt auf, dass die Methoden der Bildungs- bzw. Vermittlungsarbeit der 1920er Jahre nicht mehr auftauchen, womit die Idee der Vermittlung bürgerlicher Bildung und Ideale hier getilgt scheint.

5. Die angewandte Wissenschaft und ihr Praxisverständnis seit Bologna

Theoretische Grundlegung

In den theoretischen Grundlegungen der Sozialen Arbeit zeigen sich Kontinuität und Bruch zugleich. Die Kontinuität betrifft zum einen die für die untersuchten Studiengänge relevanten Bezugsdisziplinen Recht und Soziologie sowie, in schwächerer Ausprägung, die Psychologie. Als wichtige theoretische Grundlegung des Fachs erscheint zum anderen nach wie vor die dezidierte Auseinandersetzung mit dem Sozialstaat.

In der Bezugsdisziplin Recht/Jura zeigt sich ein Bruch darin, dass das Recht in aktuellen Curricula nicht mehr, wie in den 1920er/30er Jahren, als Konstituente einer gesamtgesellschaftlichen Ordnung erscheint, aber auch nicht, wie in den späten 1970er Jahren, als Machtinstrument. Stattdessen wird das Recht in Form ausgewählter, für die Praxis aufbereiteter Rechtsfelder gelehrt. Dies geschieht in Form des Studiums von Auszügen aus den Sozialgesetzbüchern sowie, darüber hinausgehend, in Modulen, die den Theorie-Praxis-Transfer fokussieren. Eine angehende Sozialarbeiterin lernt das Recht heute insofern als ‚Rahmenbedingung' – so ein häufiger Terminus in den Curricula – ihres Handelns kennen, als sie die ‚Arbeit mit Paragraphen' in ausgewählten Handlungsfeldern erlernt.

In der in allen ausgewerteten Curricula aufgeführten Bezugsdisziplin Soziologie erscheint die inhaltliche Ausgestaltung unbestimmter und primär in der Eigenverantwortung der Dozentinnen liegend. Wie das Recht wird auch die Soziologie dezidiert als ‚Grundlagenfach' der Sozialen Arbeit definiert und als solches auf eine bestimmte Praxisvorstellung beziehbar: Mehrfach aufgerufen werden die soziologischen Grundbegriffe Rolle und Konflikt.

Soweit die Auswertung ein vorläufiges Ergebnis zulässt, kann hinsichtlich der Bezugsdisziplinen festgehalten werden, dass nicht (mehr) deren epistemische Kerne und/oder auf die Gesamtgesellschaft verweisende Erkenntnisse und Wissensbestände fokussiert werden. Die Studentinnen lernen das Wissen der jeweiligen Disziplinen vielmehr in für die antizipierte Praxis der Sozialen Arbeit aufbereiteten Fragmenten kennen. Dieser Bruch mit den Vergleichszeitpunkten wird auch an der Verhandlung der politischen Grundlagen des sozialarbeiterischen Handelns sichtbar.

In allen ausgewerteten aktuellen Curricula wird der Sozialstaat als ‚Rahmenbedingung' aufgerufen, was dergestalt ausgedeutet wird, als die Soziale Arbeit in ihrer Praxis von diesem ‚betroffen' und ‚abhängig' ist. Zu vermuten sind in den einzelnen Lehrveranstaltungen kritische Perspektiven auf dieses Verhältnis. Eine gesamtgesellschaftliche Einbettung der verschiedenen sozialstaatlichen Institutionen und Maßnahmen erfolgt hingegen nicht strukturell, sondern liegt im Ermessen der einzelnen Lehrpersonen liegend.

Die Bezugsdisziplinen nehmen in der Theorielehre der Sozialen Arbeit in keinem ausgewählten Studiengang mehr als 50 % ein – der überwiegende Teil der theoretischen Grundlagen befasst sich mit der Sozialen Arbeit als ‚Profession', was sich bereits im Curriculum von 1978 andeutet. Verbunden damit ist nun das dezidiert aufgerufene Qualifikationsziel einer ‚Reflexionsfähigkeit', wobei Gegenstand der Reflexion in wenigen Fällen das Handlungsfeld, in den meisten Fällen die eigene Betätigung als Sozialarbeiterin (ggf. in diesem Feld) ist. Was die Kennerin der fachinternen Diskurse nicht verwundert, erscheint im Ergebnis der Curriculumsanalyse erstaunlich: Die theoretische Grundlegung des Fachs besteht aktuell zu einem großen Teil in der Reflexion der eigenen Betätigung und weist damit einen epistemischen Kern auf, der sich nicht primär aus dem Objekt, sondern aus dem Subjekt sozialarbeiterischer Betätigung speist. Auffällig erscheint in diesem Kontext, dass der Begriff der ‚Erziehung‘ in den zeitgenössischen Curricula völlig absent ist. Zugleich erscheint ein Topos, der sich in den Curricula der Vergleichszeitpunkte nicht fand: ‚Lebenswelt‘. Bezogen ist der Begriff dabei sowohl auf unterschiedlich deutlich konturierte Adressatengruppen wie auch auf die Lebenswelt der (angehenden) Sozialarbeiterinnen selbst.

Praxisfelder

Klassen- oder schichtspezifische Bestimmungen der nun wahlweise als Adressat*innen, AdressatInnen, Adressat_innen oder Adressaten bezeichneten Klientel der Sozialen Arbeit finden sich in aktuellen Curricula nicht mehr. An Stelle dessen sind diese als ‚besonders verletzliche Personengruppen‘ unter eine Vielzahl an Praxisfelder, gewissermaßen als deren Bestandteil, subsumiert.

Die Anzahl der identifizierbaren Felder variiert dabei zwischen den Hochschulen. So führt eine Hochschule insgesamt acht Felder auf, wohingegen die anderen sich auf vier bis fünf Felder beschränken.[9] Dass es partiell in der Freiheit der Hochschulen liegt, spezifische Handlungsfelder zu identifizieren und in die Lehre zu integrieren, zeigt sich daran, dass bspw. ‚Gender und Queer‘ sowie ‚Rassismus und Migration‘ keine selbstverständlichen Bestandteile aller Curricula sind. Was sich in früheren Curricula andeutet, ist nun deutlich ausdifferenziert: In dieser oder terminologisch zumindest ähnlichen Form werden die Felder der Gesundheit, der Kinder-, Jugend- und Familiensorge, der Existenzsicherung und Integration sowie der Kultur- und Gemeinwesenarbeit benannt. Die innere Logik der ausgewählten Handlungsfelder ist mithin an allen Hochschulen orientiert an den Feldern des sozialstaatlichen Bezugs.

---

[9] Die acht identifizierten Handlungsfelder sind: Kinder, Jugend und Familie; Kultur und Bildung; Delinquenz/abweichendes Verhalten; Gesundheit und Krankheit; Armut, Arbeitslosigkeit, Wohnungslosigkeit; Gender und Queer; Rassismus und Migration; sowie Soziale Gerontologie.

Methoden

Die Lehre der Methoden, darin zeigt sich eine klare Kontinuitätslinie, besteht zum einen in der Vermittlung von „Handlungsmethoden", die aktuell, je nach Modul und Hochschule, auch als ‚Kompetenz' (spezifiziert als Methoden und Verfahren für professionelles Handeln) bezeichnet werden. Die Handlungsmethoden sind im Detailgrad (partiell werden konkrete Methoden für spezifische Handlungsfelder benannt, etwa das Erlernen des Verfassens eines Hilfeplans) sowie in der Spezifizierung der Adressatengruppen (Einzelfallhilfe, Gruppenarbeit und Gemeinwesenarbeit werden typischerweise benannt) variabel. Wo konkrete Handlungsmethoden explizit benannt werden, sind diese jedoch nahezu identisch und umfassen: Beratung, Case Management, Anfertigen von Problem- und Ressourcenanalysen, Familienarbeit und Gesprächsführung.

Die Lehre der Methoden beinhaltet neben den ‚Handlungs-' auch die ‚Forschungsmethoden'. Was sich in den Curricula der 1970er Jahre nur andeutete, findet sich hier klarer umrissen. Deutlich überwiegt dabei die Nennung der ‚Qualitativen Methoden', welche jedoch selten näher erläutert werden. Ob es sich in der Lehre um die Vermittlung von Erhebungs- oder Auswertungsmethoden handelt, bleibt in den Qualifikationszielen der jeweiligen Module, von einer Ausnahme abgesehen, ebenso unbestimmt wie die Frage, in welchem konkreten Bezug die Kenntnis von Forschungsmethoden zur Sozialen Arbeit steht. Wie im Falle der Bezugsdisziplin Soziologie scheint es hier dem Interesse und dem Können der jeweiligen Lehrperson überlassen, zu entscheiden, welche Methoden Eingang in die Lehre finden.

6. Fazit

Zur Frage nach den Ausdrucksformen ‚des Akademischen' der Sozialen Arbeit lässt sich, soweit die hier umrissene theoretische Rekonstruktion ihrer konstitutiven Merkmale auf Grundlage der Auswertung einer relativ geringen Zahl von Curricula diesen Befund zulässt, festhalten: Die akademisierte Gestalt der Praxis Sozialer Arbeit ist historisch variabel. Stabil bleibt hingegen die Vorstellung, dass die Praxis wissenschaftliches Wissen brauche und methodisch bearbeitbar sei.

Die Praxis der Sozialen Arbeit wird heute curricular abgebildet als Tätigkeit, die gewissermaßen in einer ‚fertig' vorliegenden Welt mit relativ klar voneinander abgrenzbaren Praxisfeldern stattfindet. In dieser Welt begegnen sich Sozialarbeiterin und Klient*innen insofern ‚auf Augenhöhe', als sie den gleichen ‚Rahmenbedingungen' ausgesetzt und von diesen abhängig sind. Ein an die Gesellschaft gerichteter Gestaltungsanspruch, wie er in den 1970er Jahren curricular verankert ist, findet sich hier nicht. Zu gestalten – und das liegt in der Verantwortung der Sozialarbeiterin – ist hingegen das Verhältnis zwischen Adressat*innen und Professionellen.

Geleitet wird die konkrete Ausgestaltung dieses Verhältnisses zum einen durch die theoretische Grundlegung der Fähigkeit zur Reflexion, die sich im Primat der Fokussierung der eigenen Profession und der Lebensweltorientierung ausdrückt. Dieses Primat wird partiell konterkariert durch die Stärkung der Forschungsmethoden, die das Studium der Sozialen Arbeit nicht nur ‚formell‘ akademisieren und den Geistes- und Sozialwissenschaften zurechenbar machen (und die Distinktion zu den fachschulischen Ausbildungen im Erziehungswesen ermöglichen): In den theoretischen Grundlagen wird die Distanz zwischen einer Sozialarbeiterin und einer Klient*in explizit aufgebrochen, in den Methoden hingegen wird das Verhältnis zwischen einer Forscherin und eines zu beforschenden ‚Objektes‘, und damit eine prinzipielle Distanz, restituiert.

Literatur
DZHW, Deutsches Zentrum für Hochschul- und Wissenschaftsforschung (2016): Forschungscluster Fachkulturen; URL: https://www.dzhw.eu/forschung/cluster/detail?pr_id=590 (26.6.2019).
Becker-Lenz, Roland/Silke Müller (2009): Der professionelle Habitus in der Sozialen Arbeit. Grundlagen eines Professionsideals, Bern/Frankfurt a.M.
Birgmeier, Bernd/Eric Mührel (2009): Die Sozialarbeitswissenschaft und ihre Theorie(n). Kontroversen und Perspektiven, Wiesbaden.
Engler, Steffani (1993): Fachkultur, Geschlecht und soziale Reproduktion. Eine Untersuchung über Studentinnen und Studenten der Erziehungswissenschaft, Rechtswissenschaft, Elektrotechnik und des Maschinenbaus, Weinheim.
Engelke, Ernst (1992): Soziale Arbeit als Wissenschaft. Eine Orientierung, Freiburg.
Engelke, Ernst/Christian Spatschek/Stefan Borrmann (2009): Die Wissenschaft Soziale Arbeit. Werdegang und Grundlagen, Freiburg.
Fachbereichstag Soziale Arbeit (2016): Qualifikationsrahmen Soziale Arbeit (QR SozArb). Version 6.0; URL http://www.fbts.de/fileadmin/fbts/QR_SozArb_Version_6.0.pdf (27.6.2019).
Feustel, Adriane (2008): Die Soziale Frauenschule (1908–1945), in: Dies./Gerd Koch (Hg.), 100 Jahre Soziales Lehren und Lernen. Von der Sozialen Frauenschule zur Alice Salomon Hochschule Berlin, Berlin.
FHSS, Fachhochschule für Sozialarbeit und Sozialpädagogik Berlin (1977): AS-Beschlüsse zur Ausbildungsreform. Aktenarchiv der ASH, K15-5-2-4-2318.
Frank, Andrea (1990): Hochschulsozialisation und akademischer Habitus. Eine Untersuchung am Beispiel der Disziplinen Biologie und Psychologie, Weinheim.
Friebertshäuser, Barbara (1992): Übergangsphase Studienbeginn. Eine Feldstudie über Riten der Initiation in eine studentische Fachkultur, Weinheim.

Klüver, Jürgen (1983a): Universität und Wissenschaftssystem, Frankfurt a.M.

Klüver, Jürgen (1983b): Zum Theorieproblem in der Hochschulforschung – am Beispiel der Hochschulsozialisationsforschung, in: Egon Becker (Hg.), Reflexionsprobleme der Hochschulforschung, Weinheim und Basel.

Krais, Beate (1996): Bildungsexpansion und soziale Ungleichheit in der Bundesrepublik Deutschland, Jahrbuch für Bildung und Arbeit, Jg.1, S. 118–146.

Kruse, Elke (2004): Stufen zur Akademisierung. Wege der Ausbildung für soziale Arbeit von der Wohlfahrtsschule zum Bachelor-/Mastermodell, Wiesbaden.

Otto, Hans-Uwe (2002): Erziehungswissenschaft: Lehre und Studium. Wiesbaden.

Sachße, Christoph (1986): Mütterlichkeit als Beruf. Sozialarbeit, Sozialreform und Frauenbewegung 1871–1929, Frankfurt a. M.

Schweppe, Cornelia (2001): Biographie und Studium.Vernachlässigte Zusammenhänge in der Ausbildung von Sozialpädagoginnen oder: Über die Notwendigkeit biographischer Irritationen, Neue Praxis, Jg. 31, Heft 3, S. 271–286.

Staub-Bernasconi, Silvia (2018): Soziale Arbeit als Handlungswissenschaft. Auf dem Weg zu kritischer Professionalität, Opladen/Toronto.

Thole, Werner/Ernst-Uwe Küster-Schapfl (1997): Sozialpädagogische Profis. Beruflicher Habitus, Wissen und Können von PädagogInnen in der außerschulischen Kinder- und Jugendarbeit, Wiesbaden.

Unterkofler, Ursula/Elke Ostreicher (2014): Theorie-Praxis-Bezüge in professionellen Feldern. Wissensentwicklung und -verwendung als Herausforderung, Opladen u.a.

Wendt, Wolf Rainer (2012): Helfertraining und Akademisierung – Grundlinien der Ausbildungsgeschichte, in: Werner Thole (Hg.), Grundriss Soziale Arbeit. Ein einführendes Handbuch, Wiesbaden, S.1027–1044.

Forschen lehren
Universitäre Lehre zwischen Breiten- und Spitzenförderung

Caroline Richter
Bochum

Universitäre Lehre geht weit über Bildungsauftrag und Didaktik hinaus. Auch das, was als akademisch gilt, wird über Lehre konstruiert und repräsentiert. Durch das Erleben von Lehre und den Kontakt mit Lehrenden erwerben nicht nur Studierende einen akademischen Habitus und erlernen akademische Spielregeln, sondern reaktualisieren auch Lehrende ihre Vorstellungen vom vermeintlich „Akademischen".

Dieser Beitrag zeigt anhand von Interviewauszügen zur Lehrstrategie des „Forschenden Lernens" (FL) und der Nutzung von eLearning, was von Lehrenden im digitalen Zeitalter als akademisch wahrgenommen wird und wie sich dies in der Vermittlung wissenschaftlichen Wissens zeigt. Dabei wird deutlich, dass die heterogenen Erwartungen an Hochschulen – Breitenausbildung für den Arbeitsmarkt und Spitzenausbildung für eine konkurrenzfähige Forschung – auch Lehrende mit ihrer Orientierung an Bestenselektion und effizienter Forschung herausfordern. Es wird argumentiert, dass FL von Lehrenden an Universitäten als zeitgemäße Lösung und arbeitspraktische Möglichkeit genutzt wird, um die Vielzahl von Anforderungen an Forschung, Eigennutz und Verwertungsorientierung mit der Ausbildung von komplexeren Studierendenkohorten zu verbinden.

1. Hintergrund und theoretische Einordnung

Die Universität gilt als zentraler Ort von Forschung und wissenschaftlichem Erkenntnisgewinn. Wer dort lehrt, forscht auch und hat (nur) so die Möglichkeit, die Studierenden unmittelbar am eigenen Erkenntnisprozess teilhaben zu lassen. Forschen zu lernen, ist die Grundlage für spätere wissenschaftliche Tätigkeit und für die Ausbildung neuer Generationen von Wissenschaftler*innen. Hinter dieser Idee verbirgt sich die Einheit von Forschung und Lehre, historisch Humboldt zugeschrieben, vielfach zitiert und zutiefst konstitutiv für das deutsche Bildungsideal. Einerseits gilt diese Einheit von Forschung und Lehre als handlungsleitendes Prinzip an Universitäten, sowohl für die Ausbildung von Studierenden als auch für die Tätigkeitsfelder von Hochschullehrer*innen und qualifizierungsfreudigen wissenschaftlichen Aspirant*innen. Andererseits wird diese Einheit im Wandel zur Massenuniversität für unmöglich erklärt (Gülker 2011).

Letztere markiert einen „Wendepunkt in der deutschen Bildungsgeschichte" (Baethge/Wieck 2015: 2), trotz der Warnungen vor einem Akademisierungswahn (Nida-Rümelin 2014) und den Initiativen zur Stärkung beruflicher Bildung. Im Zuge der Bildungsexpansion gelangen an die Universitäten immer mehr Studierende, die nicht mehr vorrangig für wissenschaftliche Laufbahnen qualifiziert werden sollen und wollen, sondern – unter dem Stichwort employability – auch für nichtwissenschaftliche Praxis. Dies war an der klassischen deutschen Forschungsuniversität lange anders (Kreckel 2010; Schimank/Winnes 2001).

Insgesamt haben Bildungsexpansion, Bologna-Reform, Exzellenz-Initiative und der Wandel zur managerialen Universität zahlreiche Rahmenbedingungen der akademischen Welt verändert. In der Gleichzeitigkeit von verschärften und beschleunigten Ansprüchen an Forschungsexzellenz und Spitzenförderung einerseits und an Berufsqualifizierung und Breitenausbildung andererseits sind neue Herausforderungen entstanden, die Kreckel (2010) als „Spitze-Breite-Dilemma" beschreibt: Universitäten sollen im Streben nach Exzellenz die Besten in Personal und Forschung selektieren, müssen aber angesichts steigender Studierendenzahlen und veränderter Mandate (v.a. Qualifizierung für eine zunehmend akademisierte Berufspraxis) auch eine ungewohnte Breite bewältigen (ebd.: 235).

1.1. Zunehmende Heterogenität von Studierenden

Im Zusammenhang mit den Veränderungen der Universität wird in der jüngeren Vergangenheit die Heterogenität der Studierenden genannt. Dabei wird Heterogenität vielfach synonym mit Diversität verwendet, ohne dass ein näher differenziertes Begriffsverständnis vorliegt (Szczyrba/van Treeck 2015; Wild/Esdar 2014). In der wissenschaftlichen Diskussion wird in diesem Zusammenhang die von Ulrich Teichler und Andrä Wolter (2004) entwickelte Kategorie der „nicht-traditionellen Studierenden", kurz: NTS, mit ihren drei Merkmalen genutzt. Als NTS gelten

(1) Studierende mit nicht geradlinigem Studienverlauf (z.B. Studium nach Ausbildung und/oder Berufstätigkeit),

(2) Studierende, die nicht die regulären Voraussetzungen erfüllen (z.B. ohne Abitur oder zweiter Bildungsweg), und

(3) Studierende, die nicht in üblicher Form von Vollzeit und Präsenz studieren (z.B. Teilzeit-, Abend- oder Fernstudium) (ebd.: 72).

Im Bereich von Lehre und Studium führt die wachsende Zahl an Studierenden zu einer Diversifizierung der Betreuungsanforderungen. Eine steigende Heterogenität der Studierenden geht mit veränderten Anforderungen an die didaktische und organisatorische Gestaltung von Lehrangeboten einher (vgl. Winter 2014: 46; Wiese 2014: 20 ff.). Mehrere Studien wiesen darauf hin, dass mit diesen Zielgruppen neue Anforderungen entstehen (Alheit/Rheinländer/Watermann 2008; Wilkesmann et al. 2012). Dieser Befund wurde vor allem als politische Herausforderung im Zuge der Bemühungen um Chancengerechtigkeit rezipiert (Hanft 2013). Dabei sind interessante Analogien zwischen individueller und institutioneller Heterogenität zu beobachten: Universitäten stehen durch die o.g. veränderten Rahmenbedingungen vor der Anforderung, ein Profil zu bilden, was zu vertikaler Differenzierung und „universitärer Ungleichheit" (Mittelstraß 2012: 27) führt, während verschiedene Hochschultypen nicht zuletzt interorganisationalen Nivellierungsprozessen ausgesetzt sind. Differenzierung und Homogenisierung von (institutionellen) Diversitäten und Heterogenitäten stehen somit zeitgleich nebeneinander (vgl. Mittelstraß 2010: 30).

Auch für die Perspektiven von Forschenden mit Lehraufgaben sind strukturell analoge Widersprüche zu identifizieren: Sie sollen ihre Individualität und Diversität als Potential in die Weiterentwicklung der Wissenschaft einerseits und der Organisation Universität andererseits einbringen.

Zugleich werden sie aber anhand der fachspezifisch nur graduell nuancierten Kriterien der Scientific Community bewertet, vorrangig nach internationaler Sichtbarkeit und Drittmittelerfolgen, nie primär nach Lehrqualität. Es überrascht daher nicht, dass auf didaktischer Ebene ähnliche Widersprüche bestehen: Aufgerufen wird zu besserem Umgang mit Heterogenität in der Lehre und Wertschätzung von Diversität, gleichzeitig führt die fortschreitende Definition von Standards eher zu Homogenisierung von Lehre (vgl. Reinmann 2015: 123).

1.2. Forschendes Lernen und eLearning in der (neuen) Lehre

Forschendes Lernen (FL) bezeichnet ein bereits in den 1970er Jahren thematisiertes Lehrformat (BAK 2009 [1970]). Schon Ende der 1960er Jahre beschäftigte sich die Bundesassistentenkonferenz im Zuge der Auseinandersetzung mit der Modernisierung der Hochschulen auch mit Themen der Hochschuldidaktik. Angelehnt an die Humboldt'sche Vorstellung von Bildung durch Wissenschaft forderte sie, das Studium als eine Einheit von Lernen und Forschen zu gestalten (vgl. BAK 2009 [1970]: 9). FL erfährt im aktuellen didaktischen Diskurs erneut Konjunktur (vgl. HRK 2014: 34–47).

Die enge Verknüpfung von Forschung und Lehre bei weitgehend selbstgeleitetem Lernen der Studierenden scheint sich einzufügen in den „shift from teaching to learning" (Huber 2004, 2009; Reinmann 2015), der für die „Post-Bologna-Massenuniversität" angestoßen und gefordert wird.

Eine häufig im Diskurs über Forschendes Lernen verwendete Definition stammt von Ludwig Huber (2009):

> „Forschendes Lernen zeichnet sich vor anderen Lernformen dadurch aus, dass die Lernenden den Prozess eines Forschungsvorhabens, das auf die Gewinnung von auch für Dritte interessanten Erkenntnissen gerichtet ist, in seinen wesentlichen Phasen – von der Entwicklung der Fragen und Hypothesen über die Wahl und Ausführung der Methoden bis zur Prüfung und Darstellung der Ergebnisse in selbstständiger Arbeit oder in aktiver Mitarbeit in einem übergreifenden Projekt – (mit)gestalten, erfahren und reflektieren" (ebd.: 11).

Es handelt sich erkennbar um ein konstruktivistisches Verständnis von Lehren und Lernen, das auf die prozesshafte Dimension von Handeln und Erfahren fokussiert und in einem Kontinuum zwischen kritischer Rezeption und eigener Produktion erfolgen soll. In der Hochschuldidaktik wird FL weniger als Methode denn als didaktisches Prinzip aufgeworfen, verbunden mit einem spezifischen Menschenbild, Lern-, Lehr-, Selbst- und Studierendenverständnis.

Die (Wissenschaft der) Hochschuldidaktik unterscheidet teilweise FL von anderen didaktischen Prinzipien und Methoden, zum Teil differenziert sie FL weitergehend, zum Beispiel von „Forschen üben" oder „Forschen verstehen lernen" (vgl. Reinmann 2015: 132) oder „Forschungsbasiertes, Forschungsorientiertes und Forschendes Lernen" (vgl. Huber 2014: 22ff.). Lernen zielt, ungeachtet der konzeptuellen Differenzierungen, wie Forschen auf die Erweiterung der Handlungs-, Begründungs- und Erklärungsfähigkeit ab – Kompetenzen, die in der Debatte um die Akademisierung der Berufswelt als besonders relevant beschrieben werden (Pasternack 2008a: 37ff.).

Pasternack plädiert am Ende einer Diskussion der Trends in der gegenwärtigen Hochschulreform für die Wiederherstellung der Einheit von Forschung und Lehre und insbesondere für FL, weil die Kernkompetenzen für Berufsfähigkeit in hochqualifizierten Berufen bzw. Professionen (Umgang mit Unbestimmtheit) genau die sind, die im Forschen gebraucht und geübt werden (Pasternack 2008b: 203, 205). National und international wird FL in diesem Zusammenhang gesehen und gefordert (vgl. Hellmer 2009; Tremp 2005).

In der jüngsten Vergangenheit wurde FL vermehrt in organisationale Strukturen implementiert. Viele Universitäten und Fachhochschulen haben FL in ihren Lehrleitbildern und Curricula institutionell verankert. Auch in der Außendarstellung (z.B. auf Homepages) präsentieren etliche Hochschulen ihr Angebot an Formaten Forschenden Lernens als Ausweis qualitativ hochwertige Lehrpraxis. Auch dem Qualitätspakt Lehre (QPL), einem vom Bundesministerium für Bildung und Forschung (BMBF) von 2011–2020 finanzierten und im Sinne des New Public Management als Wettbewerb konzipierten Förderprogramm, ist FL ein Anliegen. Von den insgesamt 460 geförderten Projekten werden 53 dem sogenannten Maßnahmenfeld „forschungsorientiertes Lehren und Lernen" zugeordnet, ein Hinweis für die explizite hochschulpolitische und institutionelle Akzeptanz des Formats (vgl. Mojescik/Pflüger/Richter 2019).

Noch mehr Projekte im QPL befassen sich mit dem Bereich eLearning und Digitalisierung, etliche Projekte haben sich sowohl FL als auch eLearning zugeordnet. Während FL von Didaktiker*innen als didaktisches Prinzip eingeordnet wird, stellt eLearning eher eine Methode der Umsetzung dar. Ihrer Kombination wird aber gerade vor dem Hintergrund von zunehmenden Heterogenitäten der Studierenden, veränderten Anforderungen an die Massenuniversität, der Akademisierung der Berufswelt und dem gesellschaftlichen Wandel im Zuge der Digitalisierung von der (Wissenschaft der) Didaktik ein hohes Integrationspotential und von der Hochschulpolitik ein hohes Innovationspotential zugeschrieben (Handke 2015; Hochschulforum Digitalisierung 2016; Reinmann 2015; Tremp 2015).

2. Empirische Forschung zum „Forschenden Lernen" in der Hochschullehre

Die empirische Basis des Beitrags bilden Daten des aktuell laufenden soziologischen Forschungsprojekts „Forschendes Lernen aus Perspektive von Organisation und Akteuren" (FLOAT) (gefördert durch inStudies, 2017–2020). Am Beispiel der Ruhr-Universität Bochum (RUB) werden im Rahmen des Projektes institutionelle Rahmenbedingungen, Praktiken und Deutungen in Bezug auf „Forschenden Lernens" seitens Universität und Lehrenden untersucht. Es wurden 22 problemzentrierte Interviews (Witzel 2000) geführt, davon 16 Interviews mit Lehrenden unterschiedlicher Statusgruppen (Professor*innen, promovierende und promovierte wissenschaftliche Mitarbeiter*innen) und unterschiedlicher Disziplinen

(Natur-, Geistes- und Gesellschaftswissenschaften), sechs Interviews mit Organisationsvertreter*innen, die im Rahmen von spezifischen Förderprogrammen involviert sind. Für diesen Beitrag wird auf die Interviews mit Lehrenden rekurriert. Die Interviews wurden inhaltsanalytisch in Orientierung an Kuckartz (2012) ausgewertet.

Um im Folgenden einen Eindruck zu vermitteln, was aktuell an Universitäten als akademisch rubriziert wird, erlaube ich mir die Verwendung recht langer Interviewausschnitte. Es gilt zu betonen, dass es sich keineswegs um die Behauptung eines repräsentativen Datensatzes mit hohem Generalisierungspotential handelt. Die im Folgenden angeführten Einblicke und Befunde sind vielmehr als Ansatzpunkt für weitere Forschung zu verstehen.

2.1. Forschendes Lernen und Lernendes Forschen

Forschen wird in den Interviews als zentraler Gegenstand der universitären Ausbildung begriffen und zugleich Universität (weiterhin) als Bildungsort für eine Elite beschrieben. Mit dieser Unterscheidung wird auch eine inhaltliche Akzentverschiebung begründet: Beim Forschenden Lernen geht es um das Lernen, aber auch (oder gar mehr) um das Forschen. Typisch ist das folgende Zitat:

> „Also, dass die meisten Leute denken, an der Uni, gerade wenn die Elite ausgebildet werden soll, dass die halt das Wissen einfach eingeflößt kriegen, das funktioniert aber halt einfach nicht. Und ich glaube, ich finde es eigentlich eine sehr gute Entwicklung, wenn man, also wenn es sich wirklich so entwickeln würde, dass wir jetzt überall forschendes Lernen hier angewendet werden würde, weil bei uns forschendes Lernen eben nicht nur ein Zweck ist, um zu lernen, sondern eben auch das Forschen an sich das ist, was man lernen soll und das ist das, was wir an der Uni halt praktisch mitgeben sollten, was wir aber nicht tun. Forschen lernt man erst in der Doktorarbeit hab ich den Eindruck." (Lehrende*r/Geisteswissenschaften).

Forschendes Lernen beschreibt konzeptuell zwar vorrangig eine Art des Lernens, Forschen aber ist die Praxis der Wissenschaft und steht damit im Zentrum des Lehrbemühens. Die Formulierung Lernendes Forschen scheint fast zutreffender. Zugleich wird die Kritik vorgebracht, dieses Ziel werde erst spät im Akademisierungs- bzw. Ausbildungsprozess vermittelt, nämlich an ihrem idealtypischen Endpunkt, der Doktorarbeit. Diese Kritik könnte als fachspezifisch gelesen werden.

Die Naturwissenschaftler*innen in unserem Sample beschrieben beispielsweise grundsätzlich jedes Handeln im Labor als Forschen, die Geisteswissenschaftler*innen hingegen überlegten weitergehend, ob Forschen der richtige Begriff für ihre Praxis sei. Sie alle kamen aber zu der Einschätzung, dass Forschen eine Form kritischer, theorie- und empiriegeleiteter Reflexion und Auseinandersetzung sei, allerdings nicht aus einer didaktischen Perspektive heraus, sondern auf der Grundlage ihrer individuellen professionellen Forschungsverständnisse. Und sie alle versuchten, Studierende so früh wie möglich dazu zu befähigen.

2.2. Forschen als Basisausbildung und Bestenselektion

Forschendes Lernen wird als omnipotenter Ansatz des Handelns und der Partizipation an Forschung thematisiert. Im Bachelor geht es um die Grundausbildung für eine breite Vielfalt von Studierenden, im Master steht die Selektion der Besten im Vordergrund. Die Einbeziehung von Studierenden als Kolleg*innen auf (fiktiver) Augenhöhe verlangt von Lehrenden einen Perspektivwechsel, denn Studierende sind dann nicht länger Objekte von Belehrung:

> „[W]enn ich sage, ‚Ich will forschendes Lernen unterrichten.‘, dann muss ich, glaube ich, als erstes diesen Schalter umlegen und sagen, ‚Ich habe hier einen Forscher vor mir.‘ Ich habe hier nicht einen Studenten, der was lernen muss oder dem ich was reintrichter, sondern ich muss rausfinden, wie ich den dazu kriege, dass er Fragen stellen kann. (Lehrende*r/Naturwissenschaften)

Diese Fiktion erfordert Einfühlungsvermögen und Geschick, denn es geht um einen komplexen Entwicklungsprozess, an dessen Ende steht, dass jemand Fragen stellen kann. Gemeint sind natürlich möglichst kluge und selbstständig entwickelte Fragen, ein Hinter-die-Fassade-Schauen und Kritikfähig-Sein – Bildungsideale, die unmittelbar an die Ideen Humboldts anschließen. Demgegenüber stehen aber Studierende, die mit dem Ziel studieren, als Absolvent*innen möglichst erfolgreich in die außeruniversitäre und nicht-wissenschaftliche Berufspraxis einzutreten.

Unter Bedingungen der Akademisierung der Berufswelt ist ein Studium vielfach notwendige Voraussetzung. Lehrende sind zudem mit heterogenen Studierenden konfrontiert, die längst nicht mehr nur Vollzeitstudierende sind:

> „[A]ber ich habe den Eindruck, dass die Leute schon auch tatsächlich so ein bisschen unter Strom stehen, ganz viele Arbeiten ja auch nebenbei und so. Und wenn man dann nicht sieht, warum mich das jetzt wirklich richtig weiterbringt, was ich hier mache, dann mache ich halt den Minimalaufwand einfach. Ja, ich glaube echt, Zwang ist das Einzige, was hilft (lacht).“ (Lehrende*r/Geisteswissenschaften)

Forschen als Anwendungsfall wissenschaftlichen Arbeitens entpuppt sich als voraussetzungsreich. Denn den Sinn und das Weiterführende zu entdecken, erschließt sich nicht von allein. Dies wird in diesem Zitat zurückgeführt auf geringe Zeitressourcen, in anderen Interviews auf geringe

Motivation oder Studierfähigkeit. Allen Begründungen gemeinsam ist: Minimalaufwand ist maximal unerwünscht, sein Vorhandensein rechtfertigt den Ausstieg aus FL und die Hinwendung zu frontaleren Formaten oder aber ein vermehrtes Einbeziehen von Zwang in FL.

Statt selbstständigem Lernen und Entdecken durch die Studierenden werden fortwährende Rahmungen und Kontextualisierungen sowie formale Vorgaben durch die Lehrenden als unerlässlich dargestellt. Dieser hohe und unerquickliche Aufwand führt aber nicht dazu, dass das Forschen selbst als Basisinhalt und Bestenselektion angezweifelt werden würde. Vielmehr muss das Format zielgruppen- bzw. qualifikationsstufenspezifisch angepasst werden:

> „Und ich finde es nach wie vor eigentlich ein spannendes Konzept zu sagen, was heißt das für unsere Grundausbildung im Rahmen des Bachelors? So diese Idee, ‚Die müssen verstehen wie Forschung passiert.' Und dann differenzieren wir es ja deutlich im Master in die, die Forschung machen können und wollen und die, die Forschung in irgendeiner anderen Form in die Praxis umsetzen. Ich wäre da sofort dafür, für eine stärkere Differenzierung im Bereich des Masters zu sagen ‚Wollt ihr nachher in ein Berufsbild gehen? Und dann gucken wir mit euch eben.'" (Lehrende*r/Naturwissenschaften)

Hier wird gut erkennbar, was – zumindest in dieser Fachdisziplin – in den Qualifikationsstufen vermittelt werden soll: Im Bachelor gilt es, Forschung zu verstehen, und im Master entscheidet sich, wer selbst forschen kann und für eine wissenschaftliche Laufbahn in Frage kommt oder wer in die „Praxis" bzw. ein „Berufsbild" geht. Interessanterweise wird hier die Laufbahn zur Forscher*in bzw. Wissenschaftler*in unbezeichnet gelassen und damit von anderen Berufsbildern abgegrenzt, ein Hinweis darauf, dass die akademischen Laufbahnstrukturen als weniger vorgefertigt bewertet werden.

An diesem Zitat ist auch der letzte Satz bemerkenswert: Es wird eine stärkere Unterscheidung von wissenschaftlichen und nichtwissenschaftlichen Bildungszielen befürwortet und damit indirekt berichtet, dass diese Unterscheidung noch nicht erfolgt und vor allem keine Zuständigkeit für die Begleitung beider Zielgruppen wahrgenommen wird. Die unterbleibende Differenzierung kann zweierlei bedeuten: Entweder werden alle Masterstudierende auf kein spezifisches Bildungsziel hin unterrichtet oder sie werden allesamt für ein spezifisches Ziel ausgebildet.

Ich vermute vor dem Hintergrund des gesamten Datensatzes und der Literatur, dass das (vielleicht unausgesprochene, habitualisierte oder präreflexive) Ziel eines großen Anteils von Lehrenden für Masterstudierende die Wissenschaft sein dürfte; eine Ausnahme bilden lediglich Studiengänge, die primär für konkrete nichtwissenschaftliche Berufsbilder ausbilden (in unserem Sample z.B. Rechts-, Sport- und Erziehungswissenschaften).

Dann wäre ein „gucken wir mit euch eben" eine ungewohnte Anforderung an Lehrende und Curricula. Lehrende müssten sich auch innerhalb der Masterausbildung mit der Vielfalt nichtwissenschaftlicher Berufsprofile auseinandersetzen und auf ebenjene mehr oder weniger gezielt vorbereiten; zumindest in Studiengängen, die nicht ohnehin auf nichtwissenschaftliche „Berufsbilder" ausgerichtet sind.

Wie ein roter Faden zieht sich bei aller Offenheit für Studierende die Orientierung an Selektion durch, verbunden mit einem konstitutiven Exzellenzstreben:

> „Das war am Schluss, waren es immer so ungefähr drei bis fünf Prozent der Studierenden, die das angenommen haben. Man muss schon ehrlich sagen, das war immer gezielt natürlich auch als so ein, ich will jetzt nicht Elite sagen, aber es war schon gedacht für die besten zehn Prozent. Es war klar, es ist on top, das ist extrem viel Aufwand. […] Das heißt wir haben abgezielt auf die Studierenden, die sehr früh erkannt haben, dass Forschung vielleicht das ist, wo sie irgendwann hinmöchten." (Lehrende*r Naturwissenschaften)

Hohe Anforderungen werden als Medium beschrieben, um die besten zehn Prozent mit Forschungsinteresse und -fähigkeit von der breiten Masse abzugrenzen, aus denen dann die Allerbesten hervorgehen. Ein Seminar so zu gestalten, dass es „on top" gestaltet und nur mit extrem viel Aufwand bewältigt werden kann, scheint sämtliche wissenschaftlichen Tugenden und Anforderungen zu spiegeln. Es scheint sich aber auch für Lehrende zu lohnen, sie rekrutieren über diese Seminare „auf Nierentest" nämlich ihre zukünftigen Mitarbeiter*innen und ihre Promovierenden und bauen ihre Netzwerke aus – diese Überlegung haben wir in allen Fachgebieten wiedergefunden.

2.3. Forschen in der Lehre als Notwendigkeit und Problem

Forschendes Lernen wird in unserem Sample bei aller Spitzenorientierung gleichsam als Bewältigungsstrategie im Umgang mit der hohen Anzahl von Studierenden aufgeworfen:

> „Zum einen will man eben der individuellen Betreuung gerecht werden, zum anderen muss man die Masse im Blick behalten und zum Dritten muss man das im Blick behalten, wofür man ja auch noch da ist, also jenseits der Lehre, so dass eigentlich Formate wie forschendes Lernen ganz zwangsweise resultieren, weil man eben die hohe Lehrbelastung dann irgendwie versuchen muss, geschickt mit der eigenen Forschung zu verbinden, ohne dass die Studierenden den Eindruck haben, naja, der benutzt uns nur als Forschungskaninchen." (Lehrende*r\Geisteswissenschaften).

Im Spannungsverhältnis zwischen Individualbetreuung, der (Massen-) Lehre und Forschungsaufgaben wird FL als effiziente Kombinationsmöglichkeit dargestellt. Hier wird FL weniger als Forschen mit Studierenden eingesetzt, sondern mehr als Beforschen von Studierenden. Das sollen die Forschungsobjekte selbst aber nicht merken, also wird eine neue Anforderung an Lehrende erkennbar: Verdecken und Verschleiern einer strategischen Nutzungs- und Verwertungslogik. Es wird also nicht die auf Rahmenbedingungen zugerechnete Notwendigkeit einer Verwertungslogik kritisiert, sondern ertragen, ausgehalten oder gar akzeptiert. Lediglich von Studierenden bemerkt werden soll diese Notwendigkeit nicht.

Warum aber erscheint die Tatsache, vielfältige Aufgaben durch Nutzung von Synergien handhabbar zu machen, potentiell stigmatisierungsfähig?

- Erstens, weil Studierende nicht den Eindruck haben sollen, als vermeintliche „Forschungskaninchen" objektiviert und funktionalisiert zu werden.

- Zweitens, weil Studierende als Kund*innen der Dienstleistung Lehre keinen Einblick bekommen sollen in die An- und Überforderungen der Dienstleistungsanbieter oder – versteht man Lehre nicht als Dienstleistung, sondern als Bildungsauftrag – die Studierenden Schutzbefohlene sind, deren Nutzung „nur als Forschungskaninchen" Irritationspotenzial hat.

- Drittens, und das scheint mir das Wichtigste zu sein, weil die *illusio* des akademischen Feldes sonst nicht tradiert werden kann, wenn Studierende den Eindruck hätten, die Lehrenden stünden unter Druck, hätten mit Überlastung und kollidierenden Fristen zu kämpfen und müssten die hohe Lehrbelastung geschickt mit der eigenen Forschung verbinden.

Verstärkt wird dies offenbar durch ein entsprechendes akademisches Selbst- und Lehrverständnis, das auch durch biografische Erfahrungen im eigenen hochschulischen Bildungsprozess geprägt wurde:

> „Also das kommt bei mir auch wirklich so aus dem Inneren heraus, angefangen mit der eigenen Studentenzeit, was hat man als Mangel empfunden, was hätte man gerne besser gemacht oder so … oder was fand man da als Vorbilder richtig gut" (Lehrende*r\Geisteswissenschaften).

Der eigene Studienverlauf, positive und negative Eindrücke und die Orientierung an Vorbildern beeinflussen die akademische Identität und die Lehrpraktiken. Mit der Prägung durch das Vorbild ist an Universitäten aber auch die Selektion und Distinktion nach innen verbunden, die mit der Orientierung an Breitenausbildung für außeruniversitäre und nichtwissenschaftliche Arbeitsfelder kollidieren kann. Zur Überwindung dieser eher klassisch-konservativ anmutenden Deutung soll FL nach den Intentionen von Hochschuldidaktik und Hochschulpolitik Modernisierung anbieten, enthält sich aber verbindlicher Definitionen und Abgrenzungen dazu, was FL ist, noch ist und vielleicht schon nicht mehr ist. Dadurch ist das Format einerseits besonders anschlussfähig, andererseits aber auch nur ein deutungsoffener Container.

Gleiches sehen wir im Zusammenhang mit eLearning, das wie FL in den Zusammenhang mit moderner Lehre und zeitgemäßer qualifizierter Hochschulausbildung gerückt ist. Die erweiterte und verstärkte Einbeziehung von Medien scheint im Zuge von Digitalisierungsstrategien zunehmend eine Erwartung an universitäre Lehre darzustellen. In unserem Material zeigt sich, dass Lehrende zögerlich reagieren, weil sie Medien- und Technikkompetenz *nicht* als Auftrag ihrer Lehre sehen, und wenn doch, dann nicht als lohnenswerten.

2.4. Forschen vermittels eLearning

Wie durch ein Brennglas zeigt sich, was als Bildungsauftrag von Lehrenden wahrgenommen wird, am Einsatz von eLearning im Rahmen von FL. Die Rückmeldung in unserem Sample ist eher kritisch bis ablehnend. Zwar wird die Ergänzung von analog durch digital grundsätzlich von den Lehrenden bejaht, aber entweder der Auftrag nicht als Bestandteil der eigenen Lehre bewertet oder die Rückmeldung von Studierenden als zu verhalten bewertet, um den hohen Aufwand von FL im Allgemeinen und Ergänzungen durch eLearning im Speziellen zu rechtfertigen.

Besonders wird der oben aufgeworfene und im FL konzeptuell eher fehlende Zwang problematisiert. Studierende sollen intrinsisch motiviert sein, müssen angesichts heterogener Voraussetzungen an der Massenuniversität aber immer wieder extrinsisch angeregt werden. Damit ist vor allem die (fehlende) Verbindlichkeit im virtuellen Raum voraussetzungsreich:

„Also Digitalisierung kann nur funktionieren meiner Meinung nach, wenn man das wirklich aktiv in Präsenz mit einbezieht. Weil die Leute machen einfach nichts selbstständig, wenn sie das Gefühl haben, sie müssen nicht." (Lehrende*r/Geisteswissenschaften)

Dass sie nicht automatisch wollen, nur weil Inhalte digitalisiert sind, und Lehrende sich zusätzlich vergegenwärtigen können/müssen, dass Studierende die Orientierung auf Forschung weder mitbringen noch regelmäßig entfalten, zeigt das folgende Zitat:

„Ja wir haben da viel Arbeit reingesteckt und die Idee war, dass die Leute quasi daheim sich nochmal alles angucken können und sich so selber ein bisschen ... austoben können. Und da wollte ich eine Umfrage am Ende starten, um die quasi ja Relevanz zu evaluieren. Und dann haben sich von einhundertachtzig Leuten, nach dreimaligem Bitten, fünf Leute beteiligt. Zwei fanden es ganz okay. Einer fand es nicht so spannend und der eine meinte, er hat es sowieso nicht benutzt. Also das würde ich sagen war wirklich enttäuschend. Das ist natürlich ein Nebenfach. Wie gesagt, die Leute sind nicht so motiviert. Aber ich ziehe da schon auch die Lehre mit raus, dass sich in dem Moment dann die Arbeit vielleicht nicht unbedingt lohnt. Das ist für Sie vielleicht nicht die beste, inspirierendste Nachricht, aber das eben halt leider so." (Lehrende*r/Naturwissenschaften)

Wenngleich das Medium nicht immer zur Teilhabe an Forschung motiviert, so scheint es ganz und gar unpassend für die Vermittlung von wissenschaftlichem Wissen, den Wertungen, Einordnungen und Diskussionen:

„Und dann … ist natürlich schon ein Unterschied, ob ich jetzt in der Vorlesung reingehe, ich weiß, da sind sechzig Leute drin, es ist nicht öffentlich. Also ich kann auch mal über ein Themengebiet lästern, ich kann auch mal unkorrekt sein, ich kann auch mal an einer Stelle nicht perfekt vorbereitet sein oder ob ich jede Vorlesung so halten muss, als würde mir quasi theoretisch die ganze Welt zugucken und vor allem alle Kollegen in Deutschland. Dann ist der Ton wahrscheinlich anders und ich weiß nicht, ob das der Vorlesung guttut." (Lehrende*r/Naturwissenschaften)

Das „akademische Insiderwissen" ist der Privatheit des persönlichen Kontakts in Vorlesung oder Seminar vorbehalten, im öffentlichen Raum der aufgezeichneten Vorlesung gelten kompetitive Maßstäbe. Dies wird als Einschränkung für die Vermittlung wissenschaftlichen Wissen eingeordnet.

3. Fazit

Universitäre Lehre bedeutet, das haben die Befunde gezeigt, auch unter den Bedingungen der Massenuniversität unverändert Bestenselektion. Forschen als Anwendungsfall von Wissenschaft entfaltet dabei große Passfähigkeit: Durch Forschen wird selektiert, aber auch gefördert und trotz knapper Zeitressourcen gleichzeitig die eigne Forschung forciert. Der „Aufstieg" des Konzepts Forschenden Lernens ist nicht nur einem didaktischen Wirkungsvermögen zu verdanken; sein aktueller Erfolg kann (direkt oder indirekt vermittelt) auf grundlegenden Veränderungsdruck auf Universitäten und Leistungsdruck auf Lehrende zurückgeführt werden. Forschen und FL eignen sich dabei besonders, um teilweise widersprüchliche Erwartungen des organisationalen Feldes zu befrieden: Einerseits sollen Universitäten als Massenuniversitäten Breitenförderung betreiben und andererseits Spitzenförderung von exzellenten Wissenschaftler*innen in spe.

Universitäten sollen – vermittelt über ihre (forschenden) Lehrenden – Praxisorientierung und Berufseinstieg fördern und zugleich Wissenschaftsorientierung. Weil Forschen und FL – weniger als Konzept denn als Begriff – so opak und mehrdeutig sind, lässt sich darunter alles vereinen und reaktualisieren, was als akademisch gilt. Es ermöglicht die Verknüpfung von „Humboldtscher Universitätsidee", Exzellenzinitiative und NPM im Lehrhandeln an der Universität der Gegenwart. Lehrende, die meist zugleich Forschende sind, müssen damit umgehen, auch wenngleich Didaktik und Lehre weder zwingend zu ihrer Ausbildung gehören noch zu Reputation führen.

FL, so deutet es sich vor dem Hintergrund der dargestellten empirischen Befunde an, ist für sie attraktiv, weil es die Zeit der Lehre auch für die Forschung erschließen und damit doppelt nutzen lässt. Zugleich ist FL potentiell mit neuem Ressourcenaufwand verbunden, insbesondere der Einsatz von eLearning, ohne dass dabei ein unternehmerischer *return on invest* garantiert ist. Ein ausreichend rechtfertigender Nutzen wird weder für die Weiterentwicklung von Wissenschaft oder den eigenen Werdegang noch für die Qualifizierung der Studierenden gesehen – außer FL und eLearning werden auf struktureller Ebene mit zusätzlichen Anreizen versehen (z.B. Drittmittel, Kontakte, Publikationen, Auszeichnungen) und damit in den Hochschulen institutionalisiert, sprich: reputationsfähig (nicht aber in der nichtwissenschaftlichen Praxis!).

Selbstverständlich sind die hier gezeigten Befunde keineswegs repräsentativ. Aber sie legen nahe, dass für die wissenschaftliche Debatte um Hochschulexpansion und Akademisierung stärker als bislang die Perspektive der Lehrenden mit ihren Sinnsetzungen und Praktiken einbezogen werden sollte.

Literatur

Alheit, Peter/Kathrin Rheinländer/Rainer Watermann (2008): Zwischen Bildungsaufstieg und Karriere Studienperspektiven „nicht-traditioneller Studierender", Zeitschrift für Erziehungswissenschaft, 11(4), S. 577–606.

BAK, Bundesassistentenkonferenz (2009 [1970]): Forschendes Lernen – Wissenschaftliches Prüfen, Bielefeld.

Baethge, Martin/Markus Wieck (2015): Wendepunkt in der deutschen Bildungsgeschichte. Neue Konstellation zwischen Berufsausbildung und Hochschulstudium, Mitteilungen aus dem SOFI, Jg. 9, H. 22, S. 2–6 .

Esdar, Wiebke/Julia Gorges/Elke Wild (2012): Karriere, Konkurrenz und Kompetenzen: Arbeitszeit und multiple Ziele des wissenschaftlichen Nachwuchses, die hochschule, 2/2012, S. 273–290.

Gülker, Silke (2011): Wissenschaftliches und künstlerisches Personal an Hochschulen. Stand und Zukunftsbedarf, Frankfurt a.M.

Handke, Jürgen (2015): Handbuch Hochschullehre Digital. Leitfaden für eine moderne und mediengerechte Lehre, Marburg.

Hanft, Anke (2013): Lebenslanges Lernen an Hochschulen. Strukturelle und organisatorische Voraussetzungen, in: Anke Hanft/Katrin Brinkmann (Hg.), Offene Hochschulen. Die Neuausrichtung der Hochschulen auf Lebenslanges Lernen, Münster, S. 13–29.

Hartmann, Michael (2006): Die Exzellenzinitiative – ein Paradigmenwechsel in der deutschen Hochschulpolitik, Leviathan, 2/2006, S. 447–465.

Hellmer, Julia (2009): Forschendes Lernen an Hamburger Hochschulen – Ein Überblick über Potentiale, Schwierigkeiten und Gelingensbedingungen, in: Ludwig Huber/Julia Hellmer/Friedericke Schneider (Hg.), Forschendes Lernen im Studium. Aktuelle Konzepte und Erfahrungen, Bielefeld, S. 200–223.

Herzog, Marius (2012): Karriere in der Lehre? Die Lehrorientierung wissenschaftlicher Mitarbeiter und ihre Bedeutung für die Wettbewerbsarena Lehre, die hochschule, 2/2012, S. 233–244.

Hochschulforum Digitalisierung (2016): The Digital Turn – Hochschulbildung im digitalen Zeitalter, Berlin; URL https://hochschulforumdigitalisierung.de/sites/defau lt/files/dateien/Abschlussbericht.pdf (15.7.2019).

HRK, Hochschulrektorenkonferenz 2014 (Hg.): Die engagierten Hochschulen. Forschungsstark, praxisnah und gesellschaftlich aktiv. Projekt nexus, Konzepte und gute Praxis für Studium und Lehre, Bonn.

Huber, Ludwig (2004): Forschendes Lernen. 10 Thesen zum Verhältnis von Forschung und Lehre aus der Perspektive des Studiums, die hochschule 2/2004, S. 29–49.

Huber, Ludwig (2009): Warum Forschendes Lernen nötig und möglich ist, in: Ludwig Huber (Hg.), Forschendes Lernen im Studium. Aktuelle Konzepte und Erfahrungen. Motivierendes Lehren und Lernen in Hochschulen, Bielefeld, S. 9–35.

Huber, Ludwig (2014): Forschungsbasiertes, Forschungsorientiertes, Forschendes Lernen: Alles dasselbe? Ein Plädoyer für eine Verständigung über Begriffe und Entscheidungen im Feld forschungsnahen Lehrens und Lernens, Das Hochschulwesen 62, S. 32–39.

Jacob, Anna K./Ulrich Teichler (2011): Der Wandel des Hochschullehrerberufs im internationalen Vergleich, Berlin.

Kreckel, Reinhard (2010): Zwischen Spitzenforschung und Breitenausbildung. Strukturelle Differenzierungen an deutschen Hochschulen im internationalen Vergleich, in: Heinz-Hermann Krüger/Ursula Rabe-Kleberg/Rolf-Torsten Kramer/Jürgen Budde (Hg.), Bildungsungleichheit revisited. Bildung und soziale Ungleichheit vom Kindergarten bis zur Hochschule, Wiesbaden, S. 235–256.

Kuckartz, Udo (2012) Qualitative Inhaltsanalyse. Methoden, Praxis, Computerunterstützung, Weinheim/Basel.

Mittelstraß, Jürgen (2012): Wissensgesellschaft und Hochschulentwicklung, Zeitschrift für Hochschulrecht, 11, S. 24–31.

Mojescik, Katharina/Jessica Pflüger/Caroline Richter (2019): Ökonomisierung universitärer Lehre? Befunde zur universitären Transformation am Beispiel des Forschenden Lernens, in: Nicole Burzan (Hg.), Komplexe Dynamiken globaler und lokaler Entwicklungen. Verhandlungen des 39. Kongresses der Deutschen Gesellschaft für Soziologie in Göttingen 2018; URL publikationen.soziologie.de/index. php/kongressband_2018/article/view/1081/1383 (5.11.2019).

Nida-Rümelin, Julian (2014): Der Akademisierungswahn. Zur Krise beruflicher und akademischer Bildung, Hamburg.

Pasternack, Peer (2008a): Die Akademisierung der Frühpädagogik. Dynamik an Hochschulen und Chancen für Fachschulen, in: Hilde von Balluseck (Hg.), Professionalisierung der Frühpädagogik, Opladen, S. 37–50.

Pasternack, Peer (2008b): Teilweise neblig, überwiegend bewölkt: Ein Wetterbericht zur deutschen Hochschulsteuerung, in: Barbara M. Kehm (Hg.), Hochschule im Wandel. Die Universität als Forschungsgegenstand, Frankfurt, S. 194–206.

Pasternack, Peer/Daniel Hechler/Julius Henke (2018): Die Ideen der Universität – Hochschulkonzepte und hochschulrelevante Wissenschaftskonzepte, Bielefeld.

Reinmann, Gabi (2015): Heterogenität und forschendes Lernen: Hochschuldidaktische Möglichkeiten und Grenzen, in: Benjamin Klages/Marion Bonillo/Stefan Reinders/Axel Bohmeyer (Hg.), Gestaltungsraum Hochschullehre. Potenziale nicht-traditionell Studierender nutzen, Opladen/Berlin /Toronto, S. 121–137.

Schimank, Uwe/Markus Winnes (2001): Jenseits von Humboldt? Muster und Entwicklungspfade des Verhältnisses von Forschung und Lehre in verschiedenen europäischen Hochschulsystemen, in: Erhard Reinders/Uwe Schimank (Hg.), Die Krise der Universitäten, Leviathan, Sonderheft 20, S. 295–325.

Szczyrba, Birgit/Timo van Treeck (2015): Educational Diversity: Anlass und Potenzial für Lehrkompetenzentwicklung, in: Benjamin Klages/Mation Bonillo/Stefan Reinders/Axel Bohmeyer (Hg.), Gestaltungsraum Hochschullehre. Potenziale nicht-traditionell Studierender nutzen, Opladen/Berlin /Toronto, S. 73–84.

Teichler, Ulrich/Andrä Wolter (2004): Zugangswege und Studienangebote für nicht-traditionelle Studierende, die hochschule, 2/2004, S. 64–80.

Torka, Marc/Andreas Knie (2010): Auf der Suche nach Innovation: Grenzgänger zwischen Wissenschaft und Wirtschaft, WSI Mitteilungen 5/2010, 242–248.

Tremp, Peter (2005): Verknüpfung von Lehre und Forschung: Eine universitäre Tradition als didaktische Herausforderung, Beiträge zur Lehrerbildung, 23. Jg., H. 3, S. 339–348.

Tremp, Peter (2015) (Hg.). Forschungsorientierung und Berufsbezug im Studium. Hochschulen als Orte der Wissensgenerierung und der Vorstrukturierung von Berufstätigkeit, Bielefeld.

Wiese, Mina (2014): Konzepte und Beispiele von Hochschulen in Deutschland: Ein Überblick, in: René Krempkow/Philipp Pohlenz/Nathalie Huber (Hg.), Diversity Management und Diversität in der Wissenschaft, Bielefeld, S. 15–34.

Wild, Elke/Wiebke Esdar (2014): Eine heterogenitätsorientierte Lehr-/Lernkultur für eine Hochschule der Zukunft (Fachgutachten), URL https://www.hrk-nexus.de/file admin/redaktion/hrk-nexus/07-Downloads/07-02-Publikationen/Fachgutachten_H eterogenitaet.pdf (15.7.2019).

Wilkesmann, Uwe/Alfredo Virgillito/Tobias Bröcker/Laura Knopp (2012): Empirische Untersuchungen zur Hochschulwirklichkeit, in: Michael Kerres/Anke Hanft/Uwe Wilkesmann/Karola Wolff-Bendik (Hg.), Studium 2020 – Positionen und Perspektiven zum Lebenslangen Lernen an Hochschulen, Münster, S. 59–81.

Winter, Sarah (2014): Good Practice von Hochschulen in einem Bundesland: Ein Zentrum für Kompetenzentwicklung für Diversity Management in Studium und Lehre an Hochschulen in NRW, in: René Krempkow/Philipp Pohlenz/Nathalie (Hg.), Diversity Management und Diversität in der Wissenschaft, Bielefeld, S. 35–48.

Witzel, Andreas (2000): Das problemzentrierte Interview, Forum Qualitative Sozial-forschung 1(1), Art. 22; URL http://nbn-resolving.de/urn:nbn:de:0114-fqs0001228 (15.7.2019).

WR, Wissenschaftsrat (2008): Empfehlungen zur Qualitätsverbesserung von Lehre und Studium, Drs. 8639-08, Berlin.

Die Rolle berufserfahrener Studierender bei der Akademisierung des Gesundheitssektors

Sigrun Nickel
Anna-Lena Thiele
Gütersloh

In den Pflege- und Gesundheitsberufen zeichnet sich seit einigen Jahren aufgrund der gestiegenen Anforderungen an medizinisch-technische Versorgungsleistungen und -strukturen ein Trend zur Akademisierung ab. Dieser spiegelt sich auch in einer zunehmenden Anzahl entsprechender Studienangebote, insbesondere in den Bereichen Pflege, Physio- und Ergotherapie, Logopädie und Hebammenwesen wider (Lull 2014; Friesacher 2013; WR 2012). Die Akademisierung in diesem Feld ist ein komplexes Veränderungsgeschehen, im Zuge dessen

> „sich die zu akademisierenden Fächer als wissenschaftliche Disziplinen etablieren und sich als solche gegenüber der herkömmlichen Fachschulausbildung legitimieren müssen. Dieser Prozess umfasst auch die Frage nach dem Mehrwert des Hochschulstudiums" (Friedrichs/Schaub 2011: 3).

Eine zusätzliche Herausforderung besteht für Hochschulen darin, dass im gesundheitswissenschaftlichen Bereich verstärkt Personen eine akademische Bildung nachfragen, die nicht dem im Hochschulbereich vorherrschenden Bild eines Vollzeitstudierenden entsprechen, welcher in der Schule eine Hochschulreife erworben hat und nach deren Erwerb mehr oder weniger direkt ins Studium gestartet ist. Stattdessen besteht in den Gesundheitsberufen ein wachsender Bedarf an einer Kombination von beruflich erworbenem Wissen mit einer akademischen (Weiter-)Qualifizierung. Hauptgrund dafür ist die zunehmende Komplexität des Versorgungsauftrags u.a. aufgrund neuer Möglichkeiten der Diagnostik, Therapie, Prävention, Rehabilitation und Pflege und eine damit einhergehende berufliche Differenzierung (WR 2012: 7). Vor diesem Hintergrund benötigen die dort Tätigen nicht nur den unmittelbaren Anschluss an die aktuellen Entwicklungen im Praxisfeld, sondern auch Lernstrategien, wie sie idealerweise im Rahmen einer akademischen Ausbildung vermittelt werden:

„Solch stetige Informations-, Wissens- und Kompetenzanpassungen sind nicht über traditionelle Weiterbildungen zu realisieren, sondern darüber, dass Mitarbeitende befähigt werden, sich selbstgesteuert Wissen und Kompetenzen fortlaufend anzueignen" (Hagemann 2017: 33).

Diese Entwicklung ist nicht nur auf den Gesundheitsbereich beschränkt, vielmehr nimmt die Heterogenität der Studierenden insgesamt zu (Nickel/Thiele 2017). Besonders rasant gestiegen ist seit einiger Zeit allgemein die Nachfrage nach Studienangeboten, die eine Verbindung von Berufsausbildung oder Berufstätigkeit mit einer akademischen Qualifizierung ermöglichen (Nickel/Püttmann/Schulz 2018). Aber auch der Hochschulzugang über den beruflichen Weg befindet sich im Aufwind (CHE 2019). Die Hochschulen haben auf diese Entwicklungen inzwischen reagiert, und zwar vor allem mit einer Ausweitung ihrer Angebote in den drei Bereichen duales Studium, Studium ohne (Fach-)Abitur sowie wissenschaftliche Weiterbildung.

Dieser Aufsatz will mit Hilfe empirischer Daten näher analysieren, wie umfangreich die Beteiligung von Personen aus dem Bereich Pflege und Gesundheit in den drei genannten Studienvarianten ist. Daran anschließend soll reflektiert werden, ob und welche diesbezüglichen Unterschiede zwischen Universitäten und Fachhochschulen bestehen und welche Schlussfolgerungen daraus zu ziehen sind.

1. Beteiligung Berufserfahrener an gesundheitswissenschaftlichen Studien- und Weiterbildungsangeboten

1.1. Erläuterungen zum Untersuchungsgegenstand

Personen, die sowohl über eine berufliche als auch über eine akademische Bildung verfügen, sind in Deutschland nach wie vor in der Minderzahl. Üblich ist es eher, sich im jugendlichen Alter auf einen Sektor zu fokussieren und dann dabei zu bleiben. Doch seit geraumer Zeit wächst die Zahl der Grenzgänger zwischen den beiden Säulen des deutschen Bildungssystems und auch auf politischer Seite sind verstärkt Anstrengungen unternommen worden, um die Durchlässigkeit zwischen beruflicher und akademischer Bildung zu erhöhen (Hemkes/Wilbers 2019).

Berufserfahrene Studierende werden häufig der Gruppe der nicht-traditionellen Studierenden zugerechnet. In der deutschen Fachliteratur werden unter nicht-traditionellen Studierenden in der Regel Personen verstanden, die Wege ins Studium und in Studienformen wählen, die jenseits des Mainstreams liegen. Diese Gruppe lässt sich in folgende drei Typen untergliedern (Teichler/Wolter 2004):

- Studierende, die nicht auf dem direkten Weg bzw. in der vorherrschenden zeitlichen Sequenz und Dauer zur Hochschule gekommen sind;
- Studierende, die nicht die regulären schulischen Voraussetzungen für den Hochschulzugang erfüllen;
- Studierende, die nicht in der vorherrschenden Form des Vollzeit- und Präsenzstudiums studieren.

Der erste Typ umfasst Studierende, die ihr (Fach-)Abitur auf dem zweiten Bildungsweg erworben, eine Begabtenprüfung abgelegt oder vor Aufnahme eines Studiums eine Berufsausbildung absolviert haben. Der zweite Typ meint Studierende, die weder eine allgemeine Hochschulreife noch eine Fachhochschulreife besitzen und sich allein über ihre berufliche Laufbahn für ein Studium qualifiziert haben. Dabei handelt es sich um Personen mit abgeschlossener Berufsausbildung plus Berufserfahrung oder einem zusätzlichen beruflichen Fortbildungsabschluss wie Meister, Fachwirt etc. Vereinfachend wird hier oft von Studierenden ohne Abitur gesprochen. Der dritte Typ inkludiert Personen, die nicht Vollzeit studieren wollen oder können. Diese bevorzugen stattdessen Teilzeitangebote oder zeitlich stark flexibilisierte Studiengänge, die berufsbegleitend absolviert werden können. Letztere sind vor allem in der wissenschaftlichen Weiterbildung anzutreffen (Nickel/Püttmann/Schulz 2018).

Nachfolgend sollen zwei der vorgestellten Typen nicht-traditioneller Studierender bezogen auf ihre Beteiligung an hochschulischen Bildungsangeboten im Gesundheitsbereich näher analysiert werden, und zwar Studierende ohne Abitur bzw. Fachhochschulreife und Teilnehmende an wissenschaftlicher Weiterbildung. Zu beiden Typen liegen bereits konkrete Hinweise vor, dass gesundheitswissenschaftliche Angebote für sie von großem Interesse sind (Nickel/Schulz/Hüdepohl 2018: 6; Hagemann 2017). Darüber hinaus soll aber auch noch ein weiterer Typ betrachtet werden, der in der oben vorgestellten Systematik nicht-traditioneller Studierender zwar nicht vorkommt, jedoch für die Akademisierung von Gesundheitsberufen eine zunehmende Rolle spielt: dual Studierende (Schiller/Müllerschön/Weber 2018).

Im Unterschied zu den Studierenden ohne (Fach-)Abitur und den Teilnehmenden in der wissenschaftlichen Weiterbildung, die in der Regel über eine längere Berufserfahrung verfügen, müssen dual Studierende diese durch eine parallele Berufsausbildung oder längere Praxisphasen in Unternehmen erst noch erwerben. Dennoch sollen sie im Rahmen dieses Aufsatzes der Gruppe der berufserfahrenen Studierenden zugerechnet werden, da sie durch die Kombination von beruflicher und akademischer

Bildung sehr nah an der Praxis sind und fortlaufend dort entsprechende Erfahrungen sammeln.

Es lässt sich beobachten, dass das duale Studium auch im Gesundheitssektor zunehmend an Bedeutung gewinnt:

> „Der Ausbau des Angebots erfolgte nicht nur rein quantitativ, sondern umfasst auch eine weitere fachliche Ausdifferenzierung. Nach wie vor dominieren wirtschafts- und ingenieurwissenschaftliche Fächer, aber auch neue Fachrichtungen, insbesondere im Bereich ‚Sozialwesen, Erziehung, Gesundheit und Pflege', sind hinzugekommen (Krone/Nieding/Ratermann-Busse 2019: 24).

Insgesamt liegt der Anteil der Personen, die im Studienjahr 2018/19 ein Studium im Bereich Gesundheitswissenschaften aufgenommen haben, bei 2,5 Prozent aller Studienanfängerinnen und -anfänger (vgl. StaBA 2019a, Tabelle 1.6). Auffallend ist dabei, dass von den etwas mehr als 13.000 statistisch erfassten Erstsemestern in diesem Bereich rund 10.000 weiblichen Geschlechts sind (ebd.). Hier spiegelt sich möglicherweise die Tatsache wider, dass es in den Gesundheitsberufen etwa dreimal so viele Frauen gibt wie Männer (Gesundheitsberichterstattung des Bundes 2019). Daraus resultierende geschlechtsspezifische Implikationen können bei der nun folgenden Betrachtung der drei Studierendentypen nicht mitberücksichtigt werden, für weitergehende Untersuchungen auf dem Gebiet ergeben sich in dieser Hinsicht aber sicherlich etliche lohnenswerte Forschungsfragen.

1.2. Duales Studium

Duale Studienangebote gibt es zwar bereits seit Längerem in Deutschland, doch erst in den 2000er Jahren hat ein regelrechter Boom eingesetzt (Krone/Nieding/Ratermann-Busse 2019: 17). Verglichen mit den Studienanfängerzahlen im traditionellen Bachelor- und Masterstudium ist das duale Studium quantitativ gesehen zwar immer noch eine überschaubare Größe. Betrachtet man jedoch die Entwicklung der Studienanfängerzahlen im Zeitverlauf, wird ein enormer Anstieg deutlich. Betrug der Anteil dualer Studienanfängerinnen und -anfänger an allen Erstsemestern im Bundesgebiet im Jahr 2005 noch magere 0,7 Prozent (2.340 Personen; AG Bildungsberichterstattung 2018: Tabelle F1-16web), lag die Quote im Jahr 2017 bereits bei 5,3 Prozent (27.212 Personen; Mordhorst/Nickel 2019). Die Einschreibungen im Bereich Pflege und Gesundheit machen dabei einen Anteil von fast 16 Prozent aus und haben sich damit im Vergleich zum Jahr 2005 mehr als verdoppelt, wobei allerdings über die Jahre etliche, nicht näher erklärbare Schwankungen zu erkennen sind (vgl. Übersicht 1).

Übersicht 1: Entwicklung des Anteils von Studienanfängerinnen und -anfängern im Bereich Pflege und Gesundheit im dualen Studium insgesamt 2005–2017

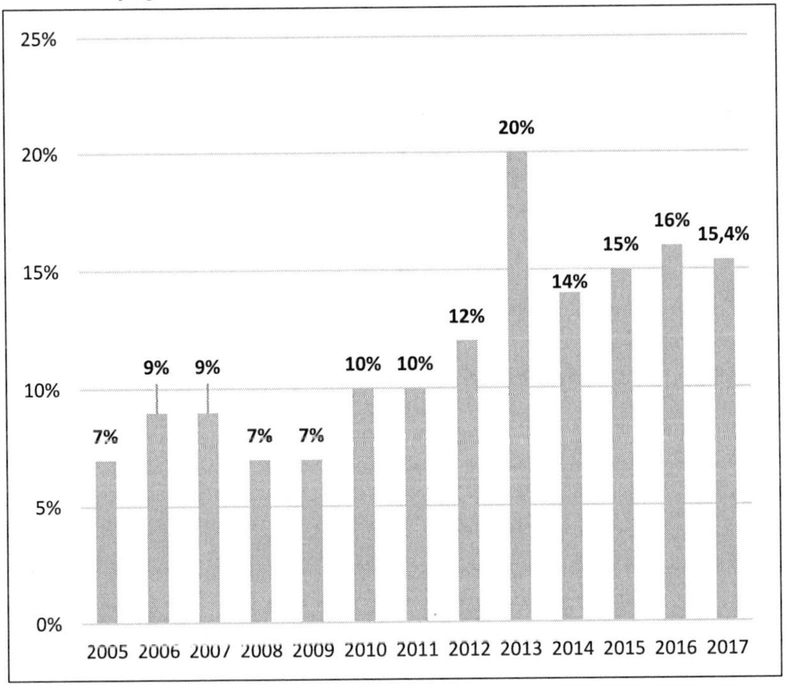

Quelle: eigene Darstellung auf Basis von AG Bildungsberichterstattung (2018: Tab. F1-16web) sowie Mordhorst/Nickel (2019); Angaben in Prozent

Duale Studienangebote werden in drei Typen untergliedert, deren gemeinsames Merkmal die Integration von beruflicher und akademischer Bildung ist, wenn auch in unterschiedlicher Ausprägung:

1. ausbildungsintegrierend (Berufsausbildung plus Studium),
2. praxisintegrierend (Studium plus längere Phasen in der Berufspraxis) und
3. berufsintegrierend (Berufstätigkeit plus Studium).

Seit Längerem ist insgesamt ein klarer Trend zum praxisintegrierenden dualen Studium beobachtbar (Krone/Nieding/Ratermann-Busse 2019: 24–25). Die ursprüngliche Idee, eine Berufsausbildung im Betrieb mit einem Studium an der Hochschule eng zu kombinieren, stellt hohe Anforderungen an die Kooperationsfähigkeit beider Partnerorganisationen. Studien zeigen, dass sich gerade bei der im Zentrum stehenden Verzahnung von Theorie und Praxis oft Qualitätsmängel zeigen (Nickel/Püttmann/ Schulz 2018: 381–416). Im Vergleich zur ausbildungsintegrierenden Version ist die praxisintegrierende Variante durch eine deutlich losere Kopplung von Theorie und Praxis gekennzeichnet. Bei der Verbindung des Studiums mit umfassenderen Praxisanteilen sind die Freiheitsgrade der beteiligten Partnerorganisationen größer, weil z.B. die Beachtung von Ausbildungsordnungen oder Anforderungen durch Kammerprüfungen eine weniger ausgeprägte Rolle spielen.

Im Gegensatz zum allgemeinen Trend zeigt sich bei den dualen Studienangeboten im Bereich Pflege und Gesundheit jedoch ein diametral entgegengesetztes Bild. Hier dominiert nach wie vor das klassische ausbildungsintegrierende Studienmodell. So waren in der Datenbank AusbildungPlus, einem bundesweiten Online-Verzeichnis dualer Studienangebote (BIBB 2019), im Mai 2019 insgesamt 114 duale Studienangebote im Bereich Pflege und Gesundheit registriert (siehe dazu auch Kapitel 2: Verteilung zwischen den Hochschultypen). Die deutliche Mehrheit davon, d.h. 85, waren ausbildungsintegrierend, 24 praxisintegrierend, vier berufsintegrierend und einer sowohl ausbildungs- als auch berufsintegrierend.

Studien zeigen darüber hinaus in jüngster Zeit ein sehr dynamisches Wachstum dualer Studiengänge im Bereich Sozialwesen/Erziehung/Gesundheit/Pflege: „Während der letzte Fachbereich in der Datenbank des BIBB 2004 noch nicht zu finden war, ist der Anteil insbesondere seit 2013 rasch gestiegen" (Krone/Nieding/Ratermann-Busse 2019: 25). Mittlerweile liegt der Anteil der dualen Studienangebote in der Fächergruppe Sozialwesen/Erziehung/Gesundheit/Pflege bei zehn Prozent (ebd.).

Ein Problem ist allerdings, dass dual Studierenden häufig nachgesagt wird, dass sie besonders leistungsfähig sein müssen, um der Doppelbelastung durch Ausbildung oder Praxisphasen im Unternehmen einerseits und einem Hochschulstudium andererseits gewachsen zu sein. Bei der Auswahl der dual Studierenden, welche überwiegend durch die Arbeitgeber erfolgt, kommt es deshalb des Öfteren zu einer Selektion, bei der weniger auf das Entwicklungspotenzial des Einzelnen als auf vorhandene Schulabschlüsse und -noten geachtet wird (Nickel/Püttmann/Schulz 2018: 64–67). Doch obwohl dieser Studienform in der Wirtschaft nach wie vor oft ein elitärer Nimbus anhaftet, weist die Mehrzahl der dual Studierenden keinen akademisch geprägten Bildungshintergrund auf (Krone/Nieding/ Ratermann-Busse 2019: 34).

1.3. Studium ohne (Fach-)Abitur

Das Studium ohne schulische Hochschulzugangsberechtigung ist seit 2009 im gesamten Bundesgebiet möglich. Seitdem hat die Zahl der Erstsemester, die sich ausschließlich über den beruflichen Weg für ein Studium qualifiziert haben, ein starkes Wachstum erlebt. Im Jahr 2017 betrug deren Anteil an allen Studienanfängerinnen und -anfängern im Bundesgebiet 2,9 Prozent, was 14.600 Personen entspricht (CHE 2019). Immerhin ein Drittel aller Studierenden ohne (Fach-)Abitur kommt aus den Sozial-, Gesundheits- und Erziehungsberufen (Wolter et al. 2019: 203).

Übersicht 2: Entwicklung des Studienanfängeranteils in der Fächergruppe Humanmedizin/Gesundheitswissenschaften an allen Erstsemestern ohne (Fach-)Abitur 2002–2017

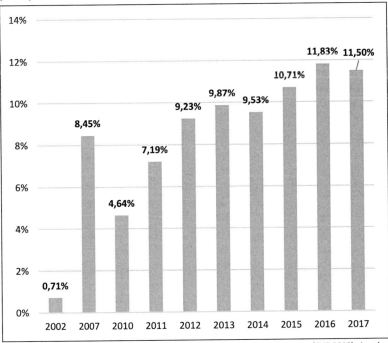

Quelle: eigene Berechnungen auf Basis von Daten des Statistischen Bundesamtes (CHE 2019); Angaben in Prozent

Bei der Wahl des Studienfachs spielt die Fächergruppe Humanmedizin/ Gesundheitswissenschaften für diese Zielgruppe eine wichtige Rolle. Mit einem Anteil von 11,5 Prozent (1.679 Personen) lag diese im Jahr 2017 bei den Erstsemestern ohne allgemeine Hochschulreife oder Fachhochschulreife an dritter Stelle hinter den Wirtschafts-, Rechts- und Sozialwissenschaften mit einem Anteil von rund 55 Prozent und den Ingenieurwissenschaften mit rund 21 Prozent (CHE 2019). Im Längsschnitt lässt sich eine kontinuierlich ansteigende Nachfrage beobachten, zumindest mit Blick auf die absoluten Zahlen: Wurden im Jahr 2002 nur 23 Erstsemester ohne (Fach-)Abitur in der Fächergruppe Humanmedizin/Gesundheitswissenschaften gezählt, waren es 2010 bereits 429, und 2015 stieg die Zahl dann auf 1.343, bevor sie 2017 ihren vorläufigen Höchststand erreichte. Prozentual gesehen verläuft die Entwicklung zwar auch deutlich aufsteigend, wenn auch nicht ganz so kontinuierlich (vgl. Übersicht 2).

Eine genaue Aufschlüsselung getrennt nach Humanmedizin (inkl. Zahnmedizin) und Gesundheitswissenschaften bezogen auf das Jahr 2017 zeigt, dass in dieser Fächergruppe rund 90 Prozent der beruflich Qualifizierten (rund 1.508 Personen) in einem gesundheitswissenschaftlichen Studiengang und zehn Prozent (rund 171 Personen) in Humanmedizin oder Zahnmedizin eingeschrieben sind (CHE 2019). Im Juni 2019 standen interessierten Personen ohne schulische Hochschulzugangsberechtigung bundesweit 201 grundständige und weiterführende Studiengänge im Bereich Pflege und Gesundheit zur Verfügung (ebd.).

Allgemein werden die Studierfähigkeit und der Studienerfolg von beruflich qualifizierten Studierenden immer wieder kritisch diskutiert. Zwar haben sich die Absolventenzahlen zwischen den Jahren 2007 und 2017 von knapp 1.900 auf 8.100 Personen gesteigert (ebd.), dennoch zeigen Untersuchungen, dass Studierende ohne schulische Hochschulzugangsberechtigung generell ein höheres Abbruchrisiko haben als traditionelle Studierende. Hierfür spielen neben leistungsbezogenen Gründen vor allem auch Probleme mit dem Zeitbudget und dem Zeitmanagement eine Rolle (Wolter et al. 2019: 209).

Zugleich wird aber auch deutlich, dass diejenigen, die ihr Studium fortführen, genauso erfolgreich sind wie ihre Kommilitonen mit allgemeiner Hochschulreife oder Fachhochschulreife: „Anders als oft befürchtet kann von einer Problemgruppe im Studium nicht die Rede sein" (Wolter et al. 2019: 213). Wichtig für den Studienerfolg dieser Gruppe ist die Erkenntnis,

> „dass sich der Hochschulzugang und das Studium für nicht-traditionelle Studierende nicht als ‚Sprung ins kalte Wasser' organisieren lassen, sondern spezifischer begleitender und unterstützender Maßnahmen bedürfen, die insbesondere die Gestaltung des Studiums betreffen" (ebd.: 214).

1.4. Wissenschaftliche Weiterbildung

Berufstätige aus dem Sektor Pflege und Gesundheit rücken auch zunehmend in den Fokus der Anbieter wissenschaftlicher Weiterbildung (Lull 2014). Was generell unter wissenschaftlicher Weiterbildung zu verstehen ist, darüber gibt es durchaus unterschiedliche Auffassungen. Dennoch hat sich auf einer übergeordneten Ebene eine Definition durchgesetzt, wonach es sich um eine akademische Qualifizierung auf Basis eines vorhandenen Berufs- und/oder Hochschulabschlusses handelt. Die Formate sind vielfältig: „weiterbildende Studiengänge, die zu regulären Abschlüssen führen (in der Regel zum Master) und die dann mindestens über ein Jahr, meist über zwei Jahre und bei Teilzeitstudium auch noch länger gehen; kürzere weiterbildende Programme, die zu Zertifikaten eigener Art führen; kooperative Programme, die zusammen mit außerhochschulischen Einrichtungen initiiert und durchgeführt werden" (Wolter 2011: 11).

Zudem folgt die wissenschaftliche Weiterbildung, anders als das herkömmliche Bachelor- und Masterstudium, einer marktlichen Logik, da sie ihre Finanzierung komplett durch Gebühreneinnahmen sicherstellen muss. Die unterschiedlichen Anbieter stehen in einem Wettbewerb miteinander. Doch trotz dieser Besonderheiten zählt die wissenschaftliche Weiterbildung inzwischen zu den gesetzlich verbrieften Kernaufgaben der deutschen Hochschulen (WR 2019).

Verlässliche quantitative Daten bezogen auf die wissenschaftliche Weiterbildung im gesamten Bundesgebiet zu erhalten, ist allerdings schwierig. So ergab eine Anfrage beim Statistischen Bundesamt (2019b), dass im Wintersemester 2017/18 der Anteil der Studierenden der Fächergruppe Gesundheitswissenschaften/Humanmedizin im Weiterbildungsstudium (Bachelorabschluss, Masterabschluss, Zertifikatsabschluss) bei 8,6 Prozent lag.

Allerdings entfallen davon 0,7 Prozent auf die Humanmedizin, obwohl es Weiterbildungsstudiengänge in diesem Bereich in Deutschland gar nicht gibt. Dies ist nur eine von etlichen Ungereimtheiten im Datensatz des Statistischen Bundesamtes. Eine valide quantitative Erhebung der Studierenden in den wissenschaftlichen Weiterbildungsangeboten z.B. nach Fächergruppen fehlt bislang auf nationaler Ebene (Stifterverband 2017: 42–44; Widany/Wolter/Dollhausen 2018; Wolter 2011: 16–17).

Es gibt jedoch, wie eingangs erwähnt, inzwischen eine Reihe wissenschaftlicher Untersuchungen, deren empirisch abgesicherte Befunde dafürsprechen, dass mittlerweile eine hohe Nachfrage nach berufsbegleitenden Weiterbildungsangeboten im Bereich Pflege und Gesundheit besteht.

So beispielsweise die zahlreichen Analysen bezüglich des von 2011 bis 2020 laufenden Bund-Länder-Förderprogramms „Aufstieg durch Bildung: offene Hochschulen", welches vor allem dem Aufbau wissenschaftlicher Weiterbildungsangebote dient. Insgesamt 109 Hochschulen und acht außerhochschulische Einrichtungen aus ganz Deutschland setzen hier entsprechende Projekte um. Erhebungen zeigen, dass der Bereich Pflege und Gesundheit in diesem Kontext inzwischen eine hohe Relevanz besitzt. Gemäß den jüngsten Daten entfallen 19,8 Prozent der Angebote auf diese Fachrichtung.

Damit liegt der Bereich Pflege und Gesundheit bei den Förderprojekten an zweiter Stelle hinter den Ingenieurwissenschaften, um die sich rund 25 Prozent der wissenschaftlichen Weiterbildungsangebote drehen (Nickel/Schulz/Thiele 2019: 39–46). Bei den Angeboten im Bereich Pflege und Gesundheit zeigt sich ein breites inhaltliches Spektrum, welches u.a. „Hebammenwissenschaften", „Angewandte Pflegewissenschaften", Patientensicherheitsmanagement", „Informations- und Versorgungskontinuität", „Pflege", „Evidenzbasierte Pflege", „Therapeutic Research", „Pflegedidaktik", „Interprofessionelle Gesundheitsversorgung" oder „Betriebliches Gesundheitsmanagement" umfasst.

Weiterhin fällt auf, dass es sich bei fast drei Viertel der Angebote im Bereich Pflege und Gesundheit um Kurzformate (u.a. Zertifikatsprogramme/-kurse sowie CAS Certificates of Advanced Studies oder DAS Diplomas of Advanced Studies) handelt, die sechs bis 30 Kreditpunkte (ECTS) umfassen. Ein möglicher Grund dafür ist, dass kürzere Weiterbildungsformate besser mit den Anforderungen im parallellaufenden Job vereinbart werden können als über mehrere Semester laufende Studiengänge. Auch die geringeren Gebühren könnten eine Rolle spielen.

Zurückgeführt werden kann die wachsende Zahl gesundheitswissenschaftlicher Weiterbildungsangebote auf die „gestiegenen Anforderungen an MitarbeiterInnen, die mit technischen Veränderungen, Personalknappheit und zunehmendem wirtschaftlichem Druck konfrontiert sind" (Hagemann 2017: 33). Bei den Teilnehmenden handelt es sich in der Regel um Personen mit beruflichen und familiären Verpflichtungen, was mit divergenten Zeitbudgets, Lerngewohnheiten und Lernzeiten einhergeht und zu einem Bedarf an zeitlich und räumlich flexiblen Studienmodellen führt. Vorteile zeigen sich in diesem Kontext insbesondere durch die individuelle Anpassung an den Lebensrhythmus sowie die Möglichkeit, das Lerntempo und die Vertiefungsmöglichkeiten flexibel bestimmen zu können.

Weiterhin ist die Berücksichtigung der Berufserfahrung der Teilnehmenden durch den Einsatz einer spezifischen Didaktik sowie die Möglichkeit der Anrechnung von beruflich erworbener Kompetenzen von zentraler Bedeutung (Eiben/Mazzola/Hasseler 2018; Feigl et al. 2016; Thiele/Nickel/Schrand 2019).

2. Verteilung zwischen den Hochschultypen

Bezogen auf die weitere Entwicklung des deutschen Hochschulsystems ist es generell eine wichtige Frage, welche Rollen die unterschiedlichen Hochschultypen bei den stattfindenden Akademisierungsprozessen derzeit spielen und zukünftig weiterhin spielen könnten oder sollten. Vor diesem Hintergrund soll noch ein genauerer Blick darauf geworfen werden, wie sich die drei untersuchten Studienformen im Bereich Pflege und Gesundheit und die Studierenden auf die unterschiedlichen Hochschultypen verteilen.

Eine Recherche in der Datenbank „AusbildungPlus" (BIBB 2019) zeigt, dass hier im Mai 2019 insgesamt 1.732 duale Studiengänge verzeichnet waren. Davon stammten 164 aus den Fächern „Sozialwesen/Erziehung/Gesundheit/Pflege", welche in einer Kategorie zusammengefasst sind. Davon sind 114 duale Studien dem Bereich Gesundheit und Pflege zugeordnet, was einem Anteil von 6,6 Prozent an allen in der Datenbank AusbildungPlus verzeichneten dualen Studiengängen entspricht. Nachfolgende Übersicht 3 zeigt deren Verteilung auf die unterschiedlichen Hochschultypen:

Übersicht 3: Verteilung dualer Studienangebote im Bereich Pflege und Gesundheit im Bundesgebiet nach Art der Hochschule

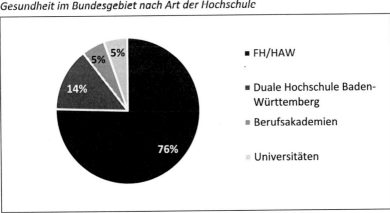

Quelle: eigene Berechnungen auf Basis von Daten der Datenbank „AusbildungPlus" (BIBB 2019), Stand Mai 2019; N = 114; Angaben Prozent

Die Fachhochschulen (FH) bzw. Hochschulen für angewandte Wissenschaften (HAW) dominieren hier also eindeutig. Dieser Befund korrespondiert mit den Ergebnissen anderer Erhebungen, wonach das duale Studium generell überwiegend an Fachhochschulen angeboten wird (AG Bildungsberichterstattung 2018: Tab. F1-16web; Nickel/Püttmann/Schulz 2018: 18–22). Dieser Trend lässt sich auch bezogen auf gesundheitswissenschaftliche Studiengänge allgemein im Bundesgebiet erkennen. So schrieben sich 91 Prozent der Erstsemester dieser Fachrichtung im Jahr 2017 an einer FH/HAW ein (StaBA 2019c).

Ähnliches lässt sich auch über die Studienanfängerinnen und -anfänger ohne (Fach-)Abitur sagen: Von denjenigen, die sich 2017 in einen gesundheitswissenschaftlichen Studiengang eingeschrieben haben, taten dies neun Prozent an einer Universität. 90,5 Prozent gingen an eine FH/HAW und nur 0,5 Prozent begannen an einer Pädagogischen oder Theologischen Hochschule (StaBA 2019d).

Wie bereits festgestellt, sind Studien zur Vermessung der wissenschaftlichen Weiterbildung in Deutschland bislang kaum vorhanden und zudem stehen hierzu auch keine umfassenden Online-Portale oder Datenbanken zur Verfügung. Deshalb lässt sich über die Verteilung der Angebote sowohl im Allgemeinen als auch speziell im Bereich Pflege und Gesundheit nur ausschnittsweise etwas sagen. Zu den momentan aussagekräftigsten Datenquellen gehören auch hier wieder die Erhebungen im Rahmen des Bund-Länder-Wettbewerbs „Aufstieg durch Bildung: offene Hochschulen" (vgl. Kapitel 1.4). Bezogen auf die Verteilung der gesundheitswissenschaftlichen Weiterbildungsangebote nach Hochschultypen er-

Übersicht 4: Verteilung wissenschaftlicher Weiterbildungsangebote im Bereich Pflege/Gesundheit im Bund-Länder-Wettbewerb „Aufstieg durch Bildung: offene Hochschulen" nach Art der Hochschule

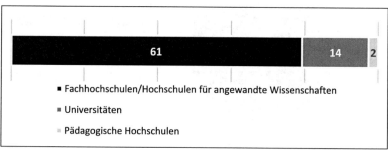

Quelle: eigene Berechnungen auf Basis der Daten einer Online-Befragung des CHE Centrum für Hochschulentwicklung 2017 und 2018 (Nickel/Schulz/Thiele 2018; Nickel/Schulz/Thiele 2019); Stand September 2018 bezogen auf die 1. und 2. Wettbewerbsrunde; N=77; Angaben in absoluten Zahlen.

gab sich im Mai 2019 die in Übersicht 4 dargestellte Momentaufnahme, die ebenfalls klar zugunsten der FH/HAW ausfällt.

3. Schlussfolgerungen und Ausblick

Die zurückliegenden Ausführungen haben gezeigt, dass berufserfahrene Studierende quantitativ gesehen eine wichtige Rolle bei der Akademisierung von Berufen im Sektor Pflege und Gesundheit spielen. Bezogen auf die drei untersuchten akademischen Bildungsformate – duales Studium, Studium ohne (Fach-)Abitur und wissenschaftliche Weiterbildung – konnten sowohl ein starkes zahlenmäßiges Wachstum gesundheitswissenschaftlich ausgerichteter Qualifizierungsangebote als auch ein starker Anstieg der Studierendenzahlen in diesem Fachgebiet nachgewiesen werden. Darüber hinaus wird deutlich, dass sich Akademisierungsprozesse in den Gesundheitsberufen überwiegend in den FH/HAW abspielen. Universitäten sind beim dualen Studium, dem Studium ohne (Fach-)Abitur und auch in der wissenschaftlichen Weiterbildungsangeboten im Bereich Pflege und Gesundheit nur begrenzt präsent.

Die Gründe dafür liegen auf der Hand: FH/HAW sind traditionell anwendungsorientiert, d.h. sie besitzen eine jahrzehntelang erprobte und ständig weiterentwickelte Expertise bei der Bildungsarbeit an der Schnittstelle zwischen Theorie und Praxis. Dadurch erreichen sie Zielgruppen, die Universitäten bislang weit weniger ansprechen:

> „Nur mit ihnen gelingt es, Bildungsreserven aus Schichten anzusprechen, die jedenfalls im gegenwärtigen Schulsystem den Weg zur Universität klassischen Zuschnitts nicht finden, ohne der Gefahr zu erliegen, die akademischen Abschlüsse qualitativ abzusenken" (Müller-Bromley 2013: 96).

Die Crux ist jedoch, dass der deutsche FH/HAW-Sektor insgesamt weniger Studienplatzkapazitäten aufweist als der Universitätssektor, obwohl die Nachfrage nach Qualifizierungsmöglichkeiten, die Berufsausbildung und Berufstätigkeit mit einem Studium verbinden, derzeit nicht nur im Bereich Pflege und Gesundheit, sondern in vielen Branchen steigt (Elsholz/Jaich/Neu 2018). Das betrifft sowohl das traditionelle Bachelor- und Masterstudium als auch das lebenslange Lernen in Form der wissenschaftlichen Weiterbildung. Forderungen und politische Initiativen, vor diesem Hintergrund die Studienplatzkapazitäten an den FH/HAW zulasten der Universitäten auszubauen, sind bislang alle im Sande verlaufen. Von daher wird der Druck auf die Universitäten weiterwachsen, sich mit dieser Entwicklung auseinanderzusetzen und mit der verstärkten Bereitstellung geeigneter Studienangebote darauf zu reagieren.

Darüber hinaus stehen Hochschulen insgesamt vor der Herausforderung, in ihren Lehrveranstaltungen eine inhaltliche Verzahnung von Theorie und Praxis vorzunehmen, denn auch Absolventen eines traditionellen Vollzeitstudiums müssen sich in der Regel nach dem Studienabschluss einen Arbeitsplatz außerhalb der Wissenschaft suchen:

> „Aus diesen Entwicklungen und zum Teil widersprüchlichen Anforderungen ergibt sich auch eine Reihe von Forderungen, die Gestaltung von Lehr-Lern-Prozessen in der Hochschule betreffend. Zum einen muss der Anschluss an Erfahrungswissen ermöglicht werden, etwa dadurch, dass Lernen sich auch an den Anforderungen des beruflichen Alltags orientiert, dass Praxisfälle aus dem Berufsleben der Studierenden als Lernmaterial mit einbezogen werden, vor allem aber dadurch, dass problembasiertes Lernen ermöglicht wird" (Pellert 2016: 80).

Für berufserfahrene Studierende spielt die Theorie-Praxis-Verzahnung eine noch wesentlichere Rolle als für traditionelle Studierende, denn ein erheblicher Teil ihres Kompetenzerwerbs hat in der Praxis stattgefunden bzw. findet weiterhin statt. Daher ist der Einbezug der Berufspraxis in den entsprechenden akademischen Bildungsangeboten des Bereichs Pflege und Gesundheit ein wichtiges Thema (Breuckmann 2018). Ob Theorie und Praxis eher nebeneinanderstehen oder tatsächlich miteinander verzahnt sind, ist eine Frage der didaktischen Kompetenz der Lehrenden, welche dafür spezifische Methoden benötigen. Hier gibt es oft noch Qualifizierungsbedarf.

Auf jedem Fall lässt sich feststellen, dass bei der Planung und Entwicklung von gesundheitswissenschaftlichen Studienangeboten ein besonderes Augenmerk darauf gelegt wird, dass die Lehrinhalte einen starken berufspraktischen Bezug aufweisen (Flaiz et al. 2014). Ob und in welcher Weise sich eine akademische Aus- bzw. Weiterbildung für berufserfahrene Personen ideell und materiell auszahlt, darüber liegen bislang keine abgesicherten Erkenntnisse vor. Eine interessante Forschungsfrage wäre es allemal.

Literatur

AG Bildungsberichterstattung, Autorengruppe Bildungsberichterstattung (2018): Bildung in Deutschland 2018. Ein indikatorengestützter Bericht mit einer Analyse zu Wirkungen und Erträgen von Bildung, Bielefeld; URL https://www.bildungsbericht.de/de/datengrundlagen/daten-2018 (20.5.2019).

BIBB, Bundesinstitut für Berufsbildung (2019): AusbildungPlus. Online-Portal für duales Studium und Zusatzqualifikationen in der beruflichen Erstausbildung, Bonn; URL https://www.bibb.de/ausbildungplus/de/index.php (7.5.2019).

Breuckmann, Michael (2018): Bildung zwischen Tradition und Zukunft, in Anke Simon (Hg.), Akademisch ausgebildetes Pflegefachpersonal. Entwicklung und Chancen, Berlin, S. 19–29.

CHE, Centrum für Hochschulentwicklung (2019): Studieren ohne Abitur. Der Online-Studienführer für alle beruflich Qualifizierten. Daten-Monitoring, Gütersloh; URL http://www.studieren-ohne-abitur.de/web/information/daten-monitoring/nachfrage-nach-studienfaechern/ (5.6.2019).

Feigl, Thorsten/Margitta Kunert-Zier/Lisa Luft/Michaela Röber/Melanie Schmidt/Eva-Maria Ulmer (2016): Anrechnung von Kompetenzen als Weg zur offenen Hochschule – Ein Stresstest für Lehrende und hochschulische Strukturen, in: Anke Hanft/Katrin Brinkmann/Stefanie Kretschmer/Annika Maschwitz/Joachim Stöter (Hg.), Organisation und Management von Weiterbildung und Lebenslangem Lernen an Hochschulen. Ergebnisse der wissenschaftlichen Begleitung des Bund-Länder-Wettbewerbs „Aufstieg durch Bildung: offene Hochschulen", Bd 2., Münster/New York, S. 129–140; URL https://www.pedocs.de/frontdoor.php?source_opus=14023 (29.5.2019).

Eiben, Anika/Rosa Mazzola/Martina Hasseler (2018): Digitalisierung in der wissenschaftlichen Weiterbildung im Bereich Gesundheit und Pflege. Herausforderungen und Chancen unter besonderer Berücksichtigung des Blended Learning Formates, Zeitschrift Hochschule und Weiterbildung (ZHWB) 1, S. 31–37; URL https://www.hochschule-und-weiterbildung.net/index.php/zhwb/article/view/240/254 (29.5.2019).

Elsholz, Uwe/Roman Jaich/Ariane Neu (2018): Folgen der Akademisierung der Arbeitswelt. Wechselwirkungen von Arbeits- und Betriebsorganisation, betrieblichen Qualifizierungsstrategien und Veränderungen im Bildungssystem, Düsseldorf; URL https://www.boeckler.de/pdf/p_study_hbs_401.pdf (5.6.2019).

Flaiz, Bettina/Benjamin Klages/Stefanie Kretschmer/Michael Kriegel/Franziska Lorz/Anja Lull/Jürgen Zieher (2014): Handreichung Pflege und Gesundheit. Handreichungen der wissenschaftlichen Begleitung des Bund-Länder-Wettbewerbs „Aufstieg durch Bildung: offene Hochschulen", O.O., S. 14–20; URL https://www.pedocs.de/volltexte/2017/12986/pdf/Handreichung_Pflege_und_Gesundheit_2014.pdf (27.6.2019).

Friedrichs, Anne/Heinz-Alex Schaub (2011): Akademisierung der Gesundheitsberufe Bilanz und Zukunftsperspektive, GMS Zeitschrift für Medizinische Ausbildung, Jg. 28, H. 4, S. 1–13; URL http://www.pflegeportal.ch/pflegeportal/pub/Akademisierung_der_Gesundheitsberufe_2387_1.pdf (14.05.2019).

Friesacher, Heiner (2014): Studienmöglichkeiten in der Pflege, Im OP 1, S. 34–44; URL https://www.thieme.de/statics/dokumente/thieme/final/de/dokumente/zw_im-op/Im_OP_Studienmoeglichkeiten.pdf (5.6.2019).

Gesundheitsberichterstattung des Bundes (2019): Gesundheitspersonal in 1000. Gliederungsmerkmale: Jahre, Deutschland, Geschlecht, Beschäftigungsart, Beruf. Gesundheitsberichterstattung (GBE) der Länder, Indikator 8.1.; URL http://www.gbe-bund.de (23.5.2019).

Hemkes, Barbara/Karl Wilbers (2019): Einführung: Herausforderung Durchlässigkeit – Versuch einer Näherung, in: Barbara Hemkes/Karl Wilbers/Michael Heister (Hg.), Durchlässigkeit zwischen beruflicher und hochschulischer Bildung, Leverkusen, S. 11–33.

Hagemann, Tim (2017): Der Wert akademischer Bildung im Sozial- und Gesundheitswesen, in: Michael Kriegel/Johanna Lojewski/Miriam Schäfer/Tim Hagemann (Hg.), Akademische und berufliche Bildung zusammen denken. Von der Theorie zur Praxis einer Offenen Hochschule, Münster/New York, S. 33–40.

Krone, Sirikit/Iris Nieding/Monique Ratermann-Busse (2018): Dual studieren – und dann? Eine empirische Studie zum Übergangsprozess Studium–Beruf dualer Studienabsolvent/inn/en, Düsseldorf; URL https://www.boeckler.de/pdf/p_study_hbs_413.pdf (24.5.2019).

Lull, Anja (2014): Akademisierung der Pflege- und Gesundheitsberufe in Deutschland, in: Bettina Flaiz/Benjamin Klages/Stefanie Kretschmer/Michael Kriegel/Franziska Lorz/Anja Lull/Jürgen Zieher (Hg.), Handreichung Pflege und Gesundheit. Handreichung der wissenschaftlichen Begleitung des Bund-Länder-Wettbewerbs „Aufstieg durch Bildung: Offene Hochschulen"; https://www.pedocs.de/volltexte/2017/12986/pdf/Handreichung_Pflege_und_Gesundheit_2014.pdf (14.5.2019).

Mordhorst, Lisa/Sigrun Nickel (2019): Grenzenloses Wachstum? Entwicklung des dualen Studiums in den Bundesländern, Gütersloh.

Müller-Bromley, Nicolai (2013): Zwei Welten des Akademischen – die Perspektive der Fachhochschulen, in: Tanjev Schultz/Klaus Hurrelmann (Hg.), Die Akademiker-Gesellschaft. Müssen in Zukunft alle studieren? Weinheim/Basel, S. 84–97.

Nickel, Sigrun/Vitus Püttmann/Nicole Schulz (2018): Trends im berufsbegleitenden und dualen Studium. Vergleichende Analysen zur Lernsituation von Studierenden und Studiengangsgestaltung, Düsseldorf; URL https://www.boeckler.de/pdf/p_stu dy_hbs_396.pdf (14.5.2019).

Nickel, Sigrun/Nicole Schulz/Laura Hüdepohl (2018): Medizin und Pharmazie studieren ohne Abitur, Gütersloh; URL http://www.che.de/downloads/CHE_AP_207_Studieren_ohne_Abitur_2018.pdf (28.5.2019).

Nickel, Sigrun/Nicole Schulz/Anna-Lena Thiele (2018): Projektfortschrittsanalyse 2017: Befragungsergebnisse aus der 1. und 2. Wettbewerbsrunde. Thematischer Bericht der wissenschaftlichen Begleitung des Bund-Länder-Wettbewerbs „Aufstieg durch Bildung: offene Hochschulen", URL https://de.offene-hochschulen.de/fyls/4593/download_file_inline/Zugriff (3.6.2019).

Nickel, Sigrun/Nicole Schulz/Anna-Lena Thiele (2019): Projektfortschrittsanalyse 2018: Entwicklung der 2. Wettbewerbsrunde im Zeitverlauf seit 2016. Thematischer Bericht der wissenschaftlichen Begleitung des Bund-Länder-Wettbewerbs „Aufstieg durch Bildung: offene Hochschulen"; URL https://www.pedocs.de/vollt exte/2019/16628/pdf/Nickel_et_al_2019_Projektfortschrittsanalyse_2018.pdf (3.6. 2019).

Nickel, Sigrun/Anna-Lena Thiele (2017): Öffnung der Hochschulen für alle? Befunde zur Heterogenität der Studierenden, in: Michael Kriegel/Johanna Lojewski/Miriam Schäfer/Tim Hagemann (Hg.), Akademische und berufliche Bildung zusammen denken. Von der Theorie zur Praxis einer Offenen Hochschule, Münster/New York, S. 43–59.

Pellert, Ada (2016): Theorie und Praxis verzahnen. Eine Herausforderung für Hochschulen, in: Eva Cendon/Anita Mörth/Ada Pellert (Hg.), Theorie und Praxis verzahnen. Lebenslanges Lernen an Hochschulen. Ergebnisse der wissenschaftlichen Begleitung des Bund-Länder-Wettbewerbs „Aufstieg durch Bildung: offene Hochschulen", Bd. 3, Münster/New York, S. 69–85; URL https://www.pedocs.de/front door.php?source_opus=14544 (27.6.2019).

Schiller, Benjamin/Bernd Müllerschön/Joachim Weber (2018): Duales Studium und die Akademisierung der Gesundheitsfachberufe. Anforderungen und praktische Umsetzung aus Sicht des Hochschul-Managements, in: Anke Simon (Hg.), Akademisch ausgebildetes Pflegefachpersonal. Entwicklung und Chancen, Berlin, S. 3–15

StaBA, Statistisches Bundesamt (2019a): Bildung und Kultur. Studierende an Hochschulen (Vorbericht). Wintersemester 2018/2019. Fachserie 11, Reihe 4.1. Excel-Version; URL https://www.destatis.de/DE/Themen/Gesellschaft-Umwelt/Bildung-

Forschung-Kultur/Hochschulen/Publikationen/Downloads-Hochschulen/studieren
de-hochschulen-vorb-2110410198005.xlsx?__blob=publicationFile&v=2 (24.5.2019).

StaBA, Statistisches Bundesamt (2019b): Studierende nach Hochschulart, angestrebter Abschluss und Studienbereich Gesundheitswissenschaften allgemein und Humanmedizin im Wintersemester 2000/01, 2010/11 und 2017/18, Wiesbaden.

StaBA, Statistisches Bundesamt (2019c): Studienanfänger im 1. Hochschulsemester insgesamt sowie in einem dualen Studium nach Hochschulart und ausgewählten Studienbereichen im Studienjahr 2017, Wiesbaden.

StaBA, Statistisches Bundesamt (2019d): Studienanfänger im 1. Hochschulsemester nach Hochschulart, Art der Hochschulzugangsberechtigung und ausgewählten Studienbereichen im Studienjahr 2017, Wiesbaden.

Stifterverband, Stifterverband für die deutsche Wissenschaft (2017): Hochschul-Bildungs-Report 2020. Jahresbericht 2017/18. Höhere Chancen durch höhere Bildung? Halbzeitbilanz 2010 bis 2015, Essen; URL http://www.hochschulbildungsre port.de/ (29.5.2019).

Teichler, Ulrich/Andrä Wolter (2004): Studierchancen und Studienangebote für Studierende außerhalb des Mainstreams in Deutschland. Eine Bestandsaufnahme anlässlich der Diskussion über die Zukunft der HWP – Hamburger Universität für Wirtschaft und Politik, HWP-Magazin Spezial 2, Hamburg.

Thiele, Anna-Lena/Sigrun Nickel/Michaela Schrand (2019): Umgang mit den Bedürfnissen heterogener Zielgruppen in der wissenschaftlichen Weiterbildung. Thematischer Bericht der wissenschaftlichen Begleitung des Bund-Länder-Wettbewerbs „Aufstieg durch Bildung: offene Hochschulen"; URL https://www.pedocs.de/voll exte/2019/17303/pdf/Thiele_Nickel_Schrand_2019_Umgang_mit_den_Beduerfni ssen_heterogener_Zielgruppen.pdf (18.6.2019).

Widany, Sarah/Andrä Wolter/Karin Dollhausen (2018): Monitoring wissenschaftlicher Weiterbildung: Status quo und Perspektiven, in: Wolfgang Jütte/Matthias Rohs (Hg.), Handbuch Wissenschaftliche Weiterbildung, Wiesbaden, S. 1–26.

WR, Wissenschaftsrat (2012): Empfehlungen zu hochschulischen Qualifikationen für das Gesundheitswesen, Berlin; URL https://www.wissenschaftsrat.de/download/ar chiv/2411-12.pdf (5.6.2019).

WR, Wissenschaftsrat (2019): Empfehlungen zu hochschulischer Weiterbildung als Teil des lebenslangen Lernens. Vierter Teil der Empfehlungen zur Qualifizierung von Fachkräften vor dem Hintergrund des demographischen Wandels, Berlin; URL https://www.wissenschaftsrat.de/download/2019/7515-19.pdf (29.5.2019).

Wolter, Andrä (2011): Die Entwicklung wissenschaftlicher Weiterbildung in Deutschland: Von der postgradualen Weiterbildung zum lebenslangen Lernen, Beiträge zur Hochschulforschung, 33. Jg., H. 4., S. 8–35; URL http://www.bzh.bayern.de/u ploads/media/2011_4_Wolter.pdf (24.5.2019).

Wolter, Andrä (2016): Der Ort des dualen Studiums zwischen beruflicher und akademischer Bildung: Mythen und Realitäten, in: Uwe Faßhauer/Eckart Severing (Hg.), Verzahnung beruflicher und akademischer Bildung. Duale Studiengänge in Theorie und Praxis, Bielefeld, S. 39–60.

Wolter, Andrä/Gunther Dahm/Caroline Kamm/Christian Kerst/Alexander Otto (2019): Studienerfolg nicht traditioneller Studierender – Kriterien, Performanzen und Bedingungen, in: Barbara Hemkes/Karl Wilbers/Michael Heister (Hg.), Durchlässigkeit zwischen beruflicher und hochschulischer Bildung, Leverkusen, S. 199–217.

Die Institutionalisierung eines neuen akademischen Berufsfeldes und die Konstruktion beruflicher Zuständigkeit

Zur Logik der Akademisierung im Bereich der Lerntherapie

Christoph Schubert
Manfred Stock
Halle (Saale)

Mit dem Lernen von Heranwachsenden sind unterschiedliche berufliche Rollen befasst.[1] Grundlegend ist der schulische Bereich, für den Lehrer und Lehrerinnen zuständig sind. Aufgrund der pädagogischen Selektion, die im Rahmen der Schule institutionalisiert ist, werden dort Heranwachsenden notwendig auch Minderleistungen[2] beim Lernen zugeschrieben. Mittlerweile gibt es eine neue berufliche Gruppe, die diese Minderleistung als ein Problem aufgreift, für dessen Behebung sie Zuständigkeit beansprucht: die Gruppe der Lerntherapeuten.

Im Folgenden geht es um die Frage, welche Rolle Akademisierungsprozesse in diesem Zusammenhang spielen. Von besonderem Interesse ist dabei die Art und Weise, in der die genannten Minderleistungen von der Wissenschaft als Problem aufgegriffen und beschrieben werden, um die Zuständigkeitsansprüche von Lerntherapeuten mit Hochschulausbildung zu begründen. Es zeigt sich dabei im Falle der Lerntherapie ein eigentümliches Nebeneinander entgegengesetzter Logiken der Akademisierung. Die Akademisierung ist mit Blick auf den Binnenbereich des Berufsfelds durch massive Auseinandersetzungen um Zuständigkeit charakterisiert und zugleich, mit Blick auf das Verhältnis zu den bislang allein zuständigen Lehrern, durch eine Beziehung, die man symbiotisch nennen könnte. Beides treibt die Akademisierung der Lerntherapeuten an.

---

[1] Der Aufsatz ist im Zusammenhang des Forschungsprojektes „Expansion der Hochschulbildung und Akademisierung der Beschäftigung" entstanden, das von der DFG (STO 499/6-2) gefördert wird.

[2] „Minderleistung" wird im Folgenden als ein deskriptiver Begriff im Sinne von „unter dem Durchschnitt liegend" verwendet und nicht im Sinne des psychologischen Underachiever-Konzeptes. In dessen Rahmen zielt der Begriff eher auf Leistungen einer Person, die unter deren „eigentlichen" Möglichkeiten liegend angesehen werden.

1. Das Ausgangsproblem: Die systematische Erzeugung von „Minderleistungen" unter den institutionellen Bedingungen der Schule

Fragt man nach Berufsrollen, die mit „Lernen" befasst sind, so geraten zuerst Lehrer und Pädagogen in den Blick. Dabei geht es vor allem um die Aneignung von Kenntnissen und Fähigkeiten unter der Bedingung ihrer absichtsvollen Vermittlung im Schulunterricht. Das Maß der angeeigneten Kenntnisse und Fähigkeiten wird hier zum Kriterium der pädagogischen Selektion, also zum Medium der Unterscheidung von besseren und schlechteren Schülerleistungen. Mit Einführung der Schulpflicht können sich die Heranwachsenden kaum dieser pädagogischen Selektionen entziehen. Dabei beruhen die Bewertungen der Leistungen eines Schülers oder einer Schülerin vor allem auf einem Vergleich mit den Leistungen anderer Schüler und Schülerinnen und auf der Verteilung, die deren Benotungen bilden.

Zunächst ist die Leistungsbewertung streng spezifisch und bezieht sich nur auf einen in der Schule durch das Unterrichtsfach festgelegten Leistungsbereich. Aber diese spezifischen Bewertungen werden umstandslos zu Gesamtnoten und zu Abschlüssen, die vergeben oder nicht vergeben werden, aggregiert.

Es werden notwendig Schüler erzeugt, denen gute, und solche, denen schlechte Leistungen zugeschrieben werden. Denn vom Noten-„Durchschnitt", gleich auf welcher Ebene der Durchschnittsbildung, müssen Differenzierungen in beide Richtungen, also sowohl in Richtung der besseren als auch der schlechteren Noten vorkommen.[3] Ansonsten gelten die Aufgaben, die der Leistungsbewertung dienen, als unangemessen und als falsch gestellt. Diese Praxis einer an der Notenverteilung orientierten Notengebung produziert systematisch „Minderleister" im Sinne von Schülern, deren Leistungen regelmäßig unter dem Durchschnitt liegen. Dass die Schule nicht umhinkommt, auf diese Art und Weise „bessere" und „schlechtere" Schüler zu unterscheiden, ergibt sich daraus, dass unter den Bedingungen der modernen Gesellschaft die pädagogische Selektion im Bildungssystem die Voraussetzung ist für die soziale Selektion beim Zugang zu den ungleichen Positionen der Arbeitswelt, mit denen sich ungleiche Lebenschancen, Machtressourcen etc. verknüpfen. Allein unter

---

[3] Die Voraussetzungen und Folgen der pädagogischen Selektion können hier nicht ausführlich entwickelt werden. Grundlegend dazu: Luhmann/Schorr (1988: 250 ff.); Luhmann (2005) und die hervorragende Darstellung von Holzkamp (1993: 341 ff.) sowie Lenhardt (1984: 209 ff.).

Verweis auf die Leistung im Bildungssystem und durch die entsprechend erworbenen Abschlüsse und Zertifikate erscheint der ungleiche Zugang zu diesen stratifizierten Positionen als legitim.

Nur ein Teil der Schüler kann in weiterführende Schulen oder auf die Universität übergehen und damit in „hohe" Positionen gelangen. Zugleich gilt diese Verteilung von ungleichen Lebenschancen als „leistungsgerecht". Die Geltung dieser Vorstellung beruht auf den besonderen Arrangements, die eine Schule ausmachen: Die Altersgleichheit in der Klasse erzeugt die Fiktion, die Schüler verfügten über die gleichen Leistungsvoraussetzungen und Ausgangsbedingungen. Alle Schüler der Klasse erhalten den gleichen Unterricht, ihre Leistungen werden anhand von Aufgaben geprüft, die für alle gleich sind (Dreeben 1980: 59 ff.).

All dies hat die Funktion, die damit festgestellten Leistungsunterschiede den Schülern zuschreiben zu können und zwar als Ausdruck von Unterschieden ihrer inneren Dispositionen. Mangelnde Leistungen verdanken sich, so die damit institutionalisierte Vorstellung, Defiziten auf Seiten der Leistungsdisposition und der „Lernfähigkeit" der betroffenen Schüler. Bestandteil dieser Vorstellung ist die weitere Zurückführung dieser Unterschiede der Leistungsdispositionen und der „Lernfähigkeiten" auf Ursachen, die entweder als Ergebnis der außerschulischen „Sozialisation" oder als Ergebnis von gleichsam „angeborenen", biologisch programmierten inneren Bedingungen der Schüler betrachtet werden. Die einen Beobachter mögen dann eher auf „Mängel des Elternhauses", die anderen eher auf eine mangelnde „Begabung" verweisen.

Entgegen allen pädagogischen Phantasien begrenzen die sozialen Interaktionsbedingungen des Schulunterrichts großer Schülergruppen unter dem zeitlichen und sachlichen Zwang der Abarbeitung eines Curriculums strukturell die Möglichkeiten, sich mit individuellen Lernproblemen zu befassen (Holzkamp 1993). Dem entspricht das als „sachgerecht" verankerte Normalisierungsprinzip der Bewertung von Schülerleistungen. Es stellt den Rahmen für die faktische pädagogische Zuständigkeit der Lehrer bereit und lässt deren Begrenzung als gerechtfertigt erscheinen, indem es die Ursachen für Minderleistungen auf schul- und unterrichtsexterne Faktoren zurechenbar macht: Die Ursachen für Minderleistungen werden, wie bereits erwähnt, in die Person des Schülers verlagert, vor allem durch die naturalisierende Zurechnung auf Begabungs- oder Motivationsdefizite.

2. Die Reklassifikation von schulische Minderleistungen und Lernproblemen als „Lernstörungen"

Das in die Schule eingelassene Prinzip der Notennormalverteilung als Grundlage der Notengebung legt es nahe, weiterhin zu unterscheiden zwischen Minderleistungen, die im Bereich des „Normalen" streuen, und Minderleistungen, die außerhalb dieses Bereiches liegen. Dies kann sich auf spezifische Leistungsbereiche oder auf eine aggregierte Gesamtleistung beziehen. Damit geht einher, dass weitere Gesichtspunkte ins Spiel gebracht werden, auf die hin diese Minderleistungen, welche jenseits der Normalitätsgrenze liegen, als Ursachen zurückgeführt werden. So geht man davon aus, dass sie auf einer inneren Disposition beruhen, die ebenfalls die Normalitätsgrenze überschreitet und insofern als quasi-pathologisch gedeutet werden kann.

Die Zuständigkeit der Berufsrolle des Lerntherapeuten setzt an dem Punkt ein, an dem Minderleistungen jenseits der zunächst schulisch konstruierten Normalitätsgrenze liegen. Die Begründung eines Zuständigkeitsfeldes der Lerntherapie knüpft insofern an die schulstrukturell bedingte Ausgangslage an. Die Lerntherapie erschließt sich ihr berufliches Handlungsfeld auf dieser Grundlage. Im Zuge dessen wird die bis dahin pädagogische Zuständigkeit der Lehrer für Minderleistungen reklassifiziert und durch eine therapeutische Problem- und Zuständigkeitsdefinition ersetzt.

Diese Reklassifikationsbemühungen gehen von verschiedenen Bereichen und Akteursgruppen aus und beziehen sich wechselseitig aufeinander:

a) Wissenschaftliche Disziplinen dehnen ihre Perspektiven der Gegenstandskonstruktion auf den (ursprünglich der Pädagogik vorbehaltenen) Bereich der Lernminderleistungen aus und entwickeln je eigene theoretische Annahmen, die deren Entstehen erklären sollen. Sie reklassifizieren das Problem der Lernminderleistungen auf eine je spezifische Weise begrifflich-theoretisch.

b) Im engen Zusammenhang damit entstehen Studiengänge, mit denen sich die Vorstellung verknüpft, es könne für die so reklassifizierten Probleme ein wissenschaftlich begründetes Wissen für deren Lösung vermittelt und damit ein für den Problembereich zuständiges hochqualifiziertes Berufspersonal zur Verfügung gestellt werden.

c) Es formieren sich Verbände, die die Zuständigkeitsansprüche der sich zu etablieren versuchenden beruflichen Personalgruppen (im Rückgriff auf a und b) stabilisieren und durchzusetzen suchen.

d) Die durch die schulische Selektion negativ Betroffenen formieren sich (im Rückgriff auf a) als spezifische Klienten, indem sie die Reklassifikations- und die zugeordneten Problembewältigungsangebote auf sich beziehen und für sich in Anspruch zu nehmen suchen.

Im Folgenden soll dies auf der Grundlage von Ergebnissen einer empirischen Fallstudie im Einzelnen ausgeführt werden.

2.1. Wissenschaftliche Disziplinen

Der akademische Zugriff durch die Wissenschaft auf Minderleistungen knüpft schlicht an die strukturellen Klassifikationen an, die durch die schulischen Standards der pädagogischen Selektion erzeugt werden. Minderleistungen, die im Ergebnis der pädagogischen Selektion in der Schule jenseits des Normalitätsbereiches liegen, werden zum Gegenstand der wissenschaftlichen Analyse erhoben. Damit ist eine grundsätzliche Reklassifikation verbunden: Eine durch das schulische Selektionsgeschehen produzierte ‚übernormale' Minderleistung wird nun zur „Lernstörung". Der quasi-pathologische Charakter der ‚übernormalen' Minderleistung wird so konkret und begrifflich fassbar.

Der Modus der schulischen Leistungsklassifikation wird dabei insofern übernommen, als dass Lernstörungen ebenfalls ein spezifischer Charakter zugeschrieben wird: Sie betreffen die Lese- und Rechtschreibleistung bzw. die Leistung im Rechnen.

Je nach Bezugsdisziplin bzw. theoretischen Basisannahmen werden die Lernstörungen in ihrer wissenschaftlichen Analyse unterschiedlich gefasst und kausal erklärt. Auch hierbei wird an die bereits beschriebenen institutionalisierten Vorstellungen angeschlossen, die mit der schulischen Leistungsbewertung verbunden sind. Die strukturelle Logik der pädagogischen Selektion, die auf der Grundlage des Normalisierungsprinzips notwendig „bessere" und „schlechtere" Leistungen herstellt, wird als gegeben vorausgesetzt. Zur Veranschaulichung sei ein längeres Zitat erlaubt, das die in den derzeit gängigen wissenschaftlichen Manualen der Klassifikation psychischer Störungen zu findenden Kriterien für die Erkennung von Lernstörungen zusammenfasst:

> „Lernstörungen bezeichnen nichts anderes als Minderleistungen beim absichtsvollen Lernen. [...] Die erwarteten Leistungsergebnisse werden trotz angemessener Lernangebote nicht erreicht, sodass den betroffenen Schülerinnen und Schülern mehr oder minder umfangreiche Störungen des Lernens zugeschrieben werden. Weitgehend übereinstimmende Klassifikationen solcher Störungen finden sich in der ‚Internationalen Klassifikation Psychischer Störungen' der Weltgesundheitsorganisation (ICD-10) und in dem ‚Diagnosti-

schen und Statistischen Manual Psychischer Störungen' (DSM-IV-TR). [...] Nach beiden Diagnosesystemen sind Lernstörungen (oder ‚umschriebene Entwicklungsstörungen schulischer Fertigkeiten' nach ICD-F81) nur dann zu diagnostizieren, wenn gravierende Leistungsdefizite in einem spezifischen schulischen Inhaltsbereich festgestellt werden, zugleich aber gilt, dass sich die allgemeine Denkfähigkeit (Intelligenz) im ‚Normalbereich' befindet (IQ> 70) und das Niveau der schulischen (Minder-)Leistung deutlich übertrifft (sogenanntes Diskrepanzkriterium). Praktisch bedeutet dies, dass ein Kind, bei dem eine Lernstörung diagnostiziert wird, eine gravierende schulische Minderleistung im Vergleich zu seiner Altersgruppe aufweisen muss (was gemeinhin bei einem Prozentrang ≤10 % als gegeben gilt), zugleich aber über eine Intelligenz verfügt, die deutlich über dem Niveau seiner eigenen Schulleistung liegt (1.2 bis 1.5 Standardabweichungen bzw. 12 bis 15 T-Wert-Punkte). [...] Zusätzlich muss bei der Diagnose ausgeschlossen werden, dass Mängel in der Beschulung (z.B. Schulversäumnisse oder unqualifizierter Unterricht) für die Minderleistung verantwortlich sind. Sinnesstörungen oder neurologische Schädigungen sind gleichfalls auszuschließen." (Lauth et. al 2014: 17f.)

Mit der Verwandlung der ‚übernormalen' Minderleistung in eine Lernstörung wird deren Zurechnung auf die Merkmale einer inneren Disposition der Schüler bekräftigt. In psychologischer Perspektive werden als Ursachen vor allem Defizite in der Informationsverarbeitung im Gehirn, mangelnde metakognitive Fertigkeiten in Bezug auf die Kontrolle des eigenen Lernens und Motivationsdefizite gesehen (u.a. Lauth et. al 2014: 20f., Wilckens 2018).

Für „systemische" und „integrative" Ansätze entstehen Lernstörungen vor allem im Ergebnis sich verstärkender Selbstzuschreibungen. Wiederholte Erfahrungen mit Minderleistungen rufen demnach in den Schülern Versagensängste hervor, die dann neuerliche Misserfolge gleichsam vorprogrammieren und so das Kind in einen „Teufelskreis" bringen, der es bis in die völlige Selbstaufgabe treiben kann (Betz/Breuniger 1996).

Die Ursachenzuschreibungen der Zugänge im Bereich der Wissenschaft fallen im Einzelnen unterschiedlich aus. Sie zeichnen sich aber generell dadurch aus, dass sie ‚übernormale' Minderleistungen, die in der Schule entstehen, von einem pädagogischen Problem in ein psychisches Problem verwandeln und damit reklassifizieren. Sie tun dies, ohne das normalisierende schulische Bewertungsarrangement der pädagogischen Selektion in Frage zu stellen, sondern sie setzen es voraus.

Die Wissenschaft erzeugt sogleich das Instrument zu Feststellung des neuen Problems, indem sie Kriterien der Diagnose entwickelt. Und sie beansprucht auch die theoretischen Grundlagen für die Lösung des Problems, also für die Therapie, zu legen, indem sie versucht, die Entstehung des Problems kausal zu erklären. Sie erzeugt damit einen neuen Zuständigkeitsanspruch, der neben dem der Lehrer steht.

Mittlerweile gehen wissenschaftliche Analysen von Prävalenzraten für Lernstörungen aus, die zwischen sechs und acht Prozent der Schüler betragen (Hasselhorn/Schuchardt 2006), andere Studien sehen gravierende Leistungsschwächen bei 10 bis 18 Prozent der Schüler (Lauth et. al 2014: 20). Auf diese Weise hat die Wissenschaft Teil an der Erzeugung und Konstruktion eines Bedarfs für lerntherapeutische Leistungen.

2.2. Hochschulstudiengänge

Die Wissenschaft an den Hochschulen ist es auch, die mit der Einrichtung von lerntherapeutischen Studienprogrammen diesen kreierten Bedarf bedient. Bislang gibt es keinen allgemein anerkannten Abschluss für den Bereich der Lerntherapie und die Bezeichnung „Lerntherapeut" ist kein gesetzlich geschützter Titel. Jedermann kann also bislang lerntherapeutische Leistungen anbieten.

Mit der Einführung von akademischen Studienprogrammen für Lerntherapie an staatlichen Hochschulen wird zugleich ein allgemein, weil staatlich anerkannter Hochschulabschluss zur Verfügung gestellt, der damit auch ein Personal kategorisiert, das allgemein als befähigt gilt, den durch die Wissenschaft erzeugten Zuständigkeitsanspruch einzulösen (vgl. dazu grundsätzlich: Stock 2016, 2017). Dabei verschafft sich in den unterschiedlichen Studienprogrammen das Nebeneinanderbestehen verschiedener wissenschaftlicher Zugänge zum Themenbereich „Lernen" und „Lernstörungen" Ausdruck.

Nach 2010[4] wurden an einigen Universitäten und Pädagogischen Hochschulen BA- und vor allem MA-Studiengänge eingerichtet, die thematisch auf Lernprozesse oder Lerntherapien bezogen sind. Die gegenwärtig existierenden Studiengänge mit explizit und ausschließlich lerntherapeutischen Inhalten sind zum Großteil an erziehungswissenschaftlichen Fakultäten oder Pädagogischen Hochschulen beheimatet.[5] Sie treten mit dem Anspruch auf, ein anwendungsorientiertes Wissen für die sogenannte integrative Lerntherapie zu vermitteln. Andere Programme, die eher grundlagentheoretisch auf Prozesse des Lernens ausgerichtet sind, finden sich häufig an psychologischen Instituten. Bei allen beteiligten

---

[4] Einzige Ausnahme hierbei ist das Masterprogramm der TU Chemnitz, dieses wurde bereits 2007 eingerichtet.

[5] Dies sind: (1) Berufsbegleitender Bachelorstudiengang Integrative Lerntherapie (B.A.), TU Chemnitz; (2) Berufsbegleitender Masterstudiengang Integrative Lerntherapie (M.A.), TU Chemnitz; (3) Integrative Lerntherapie (berufsbegleitender Weiterbildungsmaster), Universität Hamburg; (4) Bachelor Integrative Lerntherapie, PH Schwäbisch Gmünd; (5) Master Bachelor Integrative Lerntherapie, PH Schwäbisch Gmünd

Hochschuldisziplinen lässt sich ein deutliches Wachstum der Anzahl der Studierenden und Absolventen feststellen. Neben Erziehungswissenschaft und Pädagogik expandiert insbesondere die Psychologie als Fach in den letzten Jahren enorm.[6] Insofern wird die Einrichtung und Annahme dieser Studienprogramme auch von der Expansion der Hochschulbildungsbeteiligung getragen.

Die Technische Universität Chemnitz, die Universität Hamburg und die Pädagogische Hochschule Gmünd sind gegenwärtig die einzigen Hochschulen, die Masterstudiengänge zur Integrativen Lerntherapie anbieten. In Chemnitz und Gmünd ist zudem jeweils auch ein Bachelor-Programm studierbar. Alle fünf Studiengänge müssen privat finanziert werden, die Spanne der Studienkosten reicht dabei von 2.500 € (Gmünd, BA) bis deutlich über 10.000 € für das jeweilige Studium. Zumeist kann man das Studium in Teilzeit und berufsbegleitend absolvieren. Zum Teil werden die Programme in Zentren, Institute oder Aninstitute für Weiterbildung ausgelagert, die offenbar extra zur Durchführung von Weiterbildungsstudiengängen eingerichtet wurden. Sie sind aber formell mit den Hochschulen verbunden, so dass die Hochschulen als Organisationen auch die akademischen Abschlüsse formell nach den Hochschulgesetzen der jeweiligen Länder als staatlich sanktionierte Titel vergeben können.

Das seit 2014 von der Universität Hamburg angebotene Masterprogramm wird von dieser in Kooperation mit der Universität Hannover und dem Fachverband für integrative Lerntherapie e V. (FiL) durchgeführt. Mit den Studiengängen werden erstmalig staatliche Hochschulabschlüsse für das Feld der Lerntherapie bereitgestellt. In der Studiengangsbeschreibung der PH Schwäbisch Gmünd heißt es dazu explizit:

„Der Studiengang trägt zur Professionalisierung[7] des Feldes der Lerntherapie bei. Nicht zuletzt erwerben Absolventinnen und Absolventen mit dem akademischen Titel ‚Master of Arts‘ einen Qualitätsnachweis gegenüber Eltern, Bildungseinrichtungen und Kostenträgern." (PH Schwäbisch Gmünd 2019)

Voraussetzung für alle drei Masterstudiengänge ist ein erster Hochschulabschluss. Der Anspruch, praxisorientiert auszubilden, wird dadurch ver-

---

[6] Seit 2007 hat sich die Anzahl der Studierenden der Psychologie mehr als verdoppelt auf über 80.000 im Wintersemester 2017/2018.

[7] Die Formulierung deutet zugleich darauf hin, dass der Abschluss noch nicht jenen Grad einer wohl strategisch angezielten „Professionalisierung" repräsentiert, wie er sich im Bereich der Psychologie mit dem geschützten Titel eines „Psychologischen Psychotherapeuten" verbindet. Der Titel „Psychologische Psychotherapeut" ist eine staatlich geschützte Berufsbezeichnung, die mit einer Approbation einhergeht. Ihr Erwerb setzt einen MA-Abschluss als „Psychologe" (eine ebenfalls geschützte Berufsbezeichnung) voraus sowie eine sich daran anschließende dreijährige Vollzeitausbildung, die durch das Psychotherapeutengesetz normiert ist. Der Titel ist die Voraussetzung, um eine Kassenzulassung zu erhalten.

stärkt, dass – zumindest in Hamburg und Gmünd – ebenfalls eine mindestens einjährige Berufserfahrung nötig ist. Dort werden als Zielgruppe der Studiengänge „ErgotherapeutInnen, LogopädInnen, LehrerInnen, SozialpädagogInnen, PsychologInnen, LerntherapeutInnen mit erstem Hochschulabschluss [sowie] AbsolventInnen aus Gesundheits- und Heilberufen" (Universität Hamburg 2019) benannt.

Nach Abschluss des Studiums können die Absolventen, so heißt es, Lernschwierigkeiten „diagnostizieren", „beurteilen" und „bestimmen", „individuell auf die Person zugeschnittene Lernumgebungen gestalten" und mit Kindern „gezielt arbeiten" (PH Schwäbisch Gmünd 2019). Während es in den Masterstudiengängen vor allem um die Vermittlung eines anwendungsorientierten Wissens geht, soll in den BA-Studiengängen sowohl das „wissenschaftlich fundierte" Grundlagenwissen eines grundständigen Studiums als auch „anwendungsorientiertes" Wissen vermittelt werden (TU Chemnitz 2019).

Neben diesen anwendungsorientierten Studiengängen existieren einige Studiengänge im Bereich der universitären Psychologie, die auf die psychische Aktivität des Lernens spezialisiert und eher forschungsorientiert sind. Sie unterscheiden sich von den bisher beschriebenen Studiengängen deutlich. Gegenwärtig lassen sich sieben Studiengänge identifizieren,[8] die hauptsächlich die Psychologie des Lernens thematisieren, darunter sechs Masterprogramme und ein Bachelorstudiengang.

Im Gegensatz zu den Studiengängen der integrativen Lerntherapie fallen hier bei sechs der sieben Studiengänge keine Studiengebühren an, da sie öffentlich finanziert sind, und fünf Programme sind nur in Vollzeit zu studieren. Lediglich der Studiengang der TU Kaiserslautern ist berufsbegleitend, als Fernstudium und als privat zu finanzieren konzipiert. Die Curricula der Studiengänge enthalten einerseits grundlagentheoretisches Wissen und Forschungsmethoden, andererseits geht es um Verfahren der Diagnose, des Messens und Testens psychologischer Auffälligkeiten. Zwar gibt es zum Teil Module für klinische Psychologie, aber kein einziges Modul beschäftigt sich mit Therapieformen.

---

[8] Dies sind: (1) Masterstudiengang Interdisziplinäre Lehr-Lernforschung (ILLF), Universität Augsburg; (2) Bachelor-Studiengang Lehr-, Lern- und Trainingspsychologie, Universität Erfurt; (3) Master Psychologie mit dem Schwerpunkt Lehren, Lernen und Kompetenzentwicklung, Universität Erfurt; (4) Kognitionspsychologie, Lernen und Arbeiten, Universität Freiburg; (5) Masterstudiengang Psychologie des Lernens und Lehrens, PH Freiburg; (6) Psychologie kindlicher Lern- und Entwicklungsauffälligkeiten: Grundlagen, Diagnose, Intervention, TU Kaiserslautern; (7) M.Sc. Psychology: Learning Sciences, Universität München

Die verschiedenen Studienprogramme zielen auf ähnliche berufliche Einsatzbereiche. Die TU Kaiserslautern fasst diese prägnant zusammen:

„Tätigkeitsfelder, für die dieses Studium qualifiziert, sind die verantwortliche Arbeit in den Bereichen Diagnostik und Intervention, die Beratung von Einrichtungen und Betroffenen sowie Leitungstätigkeiten und wissenschaftliche Arbeit im Kontext der Lern- und Entwicklungsförderung" (TU Kaiserslautern 2019).

Einige Studiengänge weisen explizit darauf hin, dass der Abschluss des jeweiligen Programms nicht zur Führung der Berufsbezeichnung „Psychologe/Psychologin" (TU Kaiserslautern 2019) berechtigt bzw. nicht als Basis für eine weitere berufliche Laufbahn im Bereich der klinischen Psychologie (Universität Erfurt 2019a) oder für die weitere Ausbildung zum approbierten Psychologischen Psychotherapeuten[9] anerkannt wird (Universität Erfurt 2019b). Die Berufsbezeichnung „Psychologe" ist in Deutschland ein geschützter Berufstitel, den man nur nach Absolvierung eines entsprechend inhaltlich ausgerichteten Studiengangs führen darf.

Massive Bemühungen zur Akademisierung des beruflichen Handelns im Bereich der Lerntherapie gehen auch von der Psychologie aus und zwar vom Berufsverband Deutscher Psychologinnen und Psychologen (BDP). Diese Bemühungen zielen darauf ab, die Zuständigkeit für die Diagnose und therapeutische Behebung von Lernstörungen an Voraussetzungen zu binden, die allein mit dem Abschluss eins akademischen Psychologiestudiums gegeben sind, das zur Führung der Berufsbezeichnung „Psychologe" berechtigt.

2.3. Berufsverbände

2015 hat der Berufsverband Deutscher Psychologinnen und Psychologen (BDP) den Titel „Psychologischer Lerntherapeut" als Berufsbezeichnung zertifiziert. „Lerntherapie", so lautet die Begründung, sei eine „genuin psychologische Tätigkeit" (BDP 2015: 1). Die Zuerkennung, so heißt es weiter, sei an das „Vorliegen der grundlegenden Voraussetzungen für die erfolgreiche Durchführung von Lerntherapie, nämlich ein mit dem Diplom- oder Mastertitel abgeschlossenes, vom BDP anerkanntes Psychologie-Studium" (ebd.) gebunden sowie an den Besuch von lerntherapeutischen Weiterbildungen, die die „Deutsche Psychologen Akademie" anbietet. Der so zu erwerbende Titel „Psychologischer Lerntherapeut" sei allein den Absolventen von MA-Studiengängen der Psychologie vorbehalten.

---

[9] vgl. Fußnote 7

Im Gegensatz zu den pädagogisch vorgebildeten Akademikern und Therapeuten der integrativen Lerntherapie seien allein die psychologisch Ausgebildeten berechtigt, Diagnostik und Therapie zu betreiben (BDP 2014). Damit erklärt die Psychologie in der Form ihres Berufsverbandes die Absolventen ihrer MA-Studiengänge und Weiterbildungskurse für diesen Bereich des beruflichen Handelns als allein zuständig.

Dieser durch den Berufsverband artikulierte Exklusivitätsanspruch richtet sich gegen die Versuche zur Institutionalisierung der integrativen Lerntherapie als Therapieform, die sich in der Einführung der genannten Studienprogramme ausdrückt und die ihrerseits verbandspolitisch durch den Fachverband für Integrative Lerntherapie (FiL) abgestützt ist. Der bereits 1989 gegründete Verband setzt sich seinem Namen entsprechend für die Therapieform der integrativen Lerntherapie ein, deren wissenschaftliches Konzept im Wesentlichen von Betz und Breuninger (1996) erarbeitet wurde. Der Fachverband bietet eine Zertifizierung als „Lerntherapeut/in FiL" durch eine entsprechende Weiterbildung seit 2003 an (Lipka/Orloff 2014).

Dieses Zertifikat ist mittlerweile weit verbreitet; es ist aber berufsrechtlich nicht anerkannt. Als einen Schritt, um eine solche Anerkennung in Zukunft zu erlangen, hat der Fachverband 2003 eine Weiterbildungsordnung mit Richtlinien zur Zertifizierung verabschiedet (FiL 2003).[10] Das darin vorgeschlagene Curriculum der Weiterbildungen umfasst neben pädagogischen, psychologischen, medizinischen, ergotherapeutischen, logopädischen, deutsch- und mathematikdidaktischen Inhalten auch in beachtlichem Umfang mit 600 von 1400 Unterrichtseinheiten (43 %) praktische Einheiten, bestehend aus Hospitationen, Super- und Intervisionen.

Diese Weiterbildungsordnung diente auch der Bundesagentur für Arbeit als Vorlage für eine Berufsbildbeschreibung „Lerntherapeut/in", die damit vollkommen die Berufsdefinition übernahm, die vom FiL ausgearbeitet wurde.[11] Als grundlegender theoretischer Ausbildungsinhalt wird in der Berufsbildbeschreibung das oben genannte „'Teufelskreis'-Modell" (also das Konzept von Betz/Breuninger) genannt; als Abschlussbezeichnung wird „Lerntherapeut FiL/Lerntherapeutin FiL" oder „Integrativer Lerntherapeut/Integrative Lerntherapeutin" angegeben (BA 2008).

---

[10] So heißt es bei den Autoren der Ordnung: „Im Rahmen einer anzustrebenden berufsrechtlichen Anerkennung ist diese Weiterbildungsordnung auch als Grundlage einer Ausbildungsordnung geeignet" (FiL 2003: 3).

[11] Berufsbildbeschreibungen der Bundesagentur für Arbeit dienen dazu, die Qualifikationen von Personen einem bestimmten Beruf zuzuordnen, um auf dieser Basis beispielsweise Stellenangebote statistisch zu erfassen oder ausländische Berufsabschlüsse anzuerkennen.

Damit gelang es dem Fachverband nicht nur, die Integrative Lerntherapie als eigene Form der Lerntherapie gegenüber anderen Ansätzen zu profilieren, sondern dieser Therapieform auch eine allgemeine Zuständigkeit zuzuschreiben. 2013 wurde vom Fachverband eine eigene Definition des Berufsbildes veröffentlicht, die zwar nur wenig über die Therapieform und praktische Arbeit eines Lerntherapeuten aussagt, dafür jedoch Zugangsvoraussetzungen für den Beruf fordert. Verfügen müssen Lerntherapeuten demnach über

„ein abgeschlossenes Hochschulstudium mit pädagogisch-psychologischer Ausrichtung oder alternativ eine medizinisch-therapeutische oder pädagogische Berufsausbildung und mehrjährige Berufspraxis sowie ein weiterbildendes Master- oder Bachelorstudium Lerntherapie oder eine Weiterbildung bei einem privaten Anbieter bzw. der Nachweis entsprechender Fortbildungen gemäß der Weiterbildungsordnung" (gemeint ist hier die Weiterbildungsordnung des FiL) (Lipka/Orloff 2014: 74f.).

2017 legte der Fachverband dann ein Leitbild zur Therapieform und Behandlung von Lernstörungen vor (Bender et al. 2017). Neben einer ausführlichen Darstellung von Symptomatik und Prävalenz von Lernstörungen versucht der Fachverband damit, ein eigenes Berufsfeld zu institutionalisieren:

„Der Fachverband für integrative Lerntherapie e. V. hat das Ziel, die Lerntherapie als adäquate Therapieform bei Lernstörungen und das Berufsbild Lerntherapeut/in zu etablieren. Zum Schutz der betroffenen Kinder, Jugendlichen und Erwachsenen sollen nur Lerntherapeut/innen mit einer entsprechenden Qualifikation eine Lerntherapie anbieten können. Mit der Beschreibung der Therapieform ist ein wesentlicher Meilenstein für dieses Ziel erreicht." (ebd.: 72)

Ein zentrales Element im Rahmen dieser Bemühungen ist die Einrichtung der genannten Hochschulstudiengänge für integrative Lerntherapie, deren staatliche Abschlüsse zugleich durch den Fachverband zertifiziert werden.

Forciert werden die Bemühungen um berufsrechtliche Anerkennung mit der Gründung des Berufsverbandes für Lerntherapeut*innen (BLT) im Jahr 2018. Dieser Verband setzt sich ein für die

„Anerkennung des Berufs Lerntherapeut, Anerkennung der Lerntherapie als adäquate Behandlungsform bei Lernstörungen, Aufklärung der Öffentlichkeit über den Beruf und das lerntherapeutische Angebot, die Sicherung einheitlicher Standards für die Aus-/Weiterbildung [sowie] Berufsbedingungen, inklusive einer fairen Bezahlung, die dem Therapieangebot und der Ausbildung der Therapeuten entsprechen" (BLT 2018: 2).

Der Verband vertritt ein Berufsbild, das sich am Konzept der integrativen Lerntherapie orientiert. Zudem grenzt sich der Verband von jenen scharf ab, die ohne Hochschulstudium für sich beanspruchen, als Lerntherapeuten tätig zu sein. Lerntherapeut wird im Berufsbild ausdrücklich als „akademischer Beruf" (BLT 2019) geführt, mit dem Verweis, dass ein Hochschulabschluss „in der Regel die Voraussetzung für eine lerntherapeutische Aus-/Weiterbildung" (ebd.) sei. Vom Berufsverband werden die BA- und MA-Abschlüsse der oben genannten Studiengänge für integrative Lerntherapie anerkannt und natürlich das Weiterbildungszertifikat des FiL.

2.4. Formierung eines Klientenstatus

Bereits in den 1970er Jahren haben sich Eltern organisiert, deren Kinder im Rahmen der schulischen Selektion durch Leistungsschwächen im Lesen, Schreiben und Rechnen auffielen. In jener Zeit begann die Wissenschaft systematisch schulische Minderleistungen und Lernprobleme in diesen Bereichen als Gegenstand in den Blick zu nehmen, und es setzte jener Reklassifikationsprozess ein, der ,übernormale' schulische Minderleistungen in „Lernstörungen", also in ein therapierbares Syndrom quasipathologischen Charakters verwandelte. Betroffene formierten sich in den Initiativen als Klienten, die diese klassifikatorische Zuordnung für sich einforderten.

Bis heute ist dies von großen Unschärfen begleitet, denn die Wissenschaft formulierte (und formuliert noch immer) ganz unterschiedliche Theorien und therapeutische Konzepte. Die Initiativen suchten den Kontakt mit der Wissenschaft, um so ihr Anliegen auf einer akademischen Grundlage zu substanziieren. Dies mündete ein in die Gründung eines Bundesverbandes Legasthenie und Dyskalkulie (BVL). Durch sein Anliegen, wissenschaftlich begründete Argumente heranzuziehen, um den eigenen Status eines im hohen Maße negativ von der pädagogischen Selektion Betroffenen in den legitimen Empfänger einer therapeutischen Leistung zu verwandeln, treibt der Verband von der Klientenseite her die Akademisierung dieser Leistung selbst mit voran. Entsprechend heißt es in der Präambel des Verbandes:

> „Trotz der großen Anzahl umfangreicher wissenschaftlicher Studien, die das Phänomen der Legasthenie oder Dyskalkulie beschreiben, fehlt es in der Öffentlichkeit noch immer an der notwendigen Kenntnis und Akzeptanz. Über wissenschaftlich anerkannte und in der Praxis bewährte Verfahren kann heute eine Legasthenie oder Dyskalkulie festgestellt werden. Trotzdem wird bei vielen Kindern deren Legasthenie und Dyskalkulie nicht oder zu spät erkannt. Viele Betroffene durchlaufen und durchleiden auch heute noch eine Odyssee durch unser Bildungssystem. [...] Es muss durch die Kultusministerien dafür gesorgt werden, dass einerseits eine frühzeitige Erkennung in der Schule erfolgt und andererseits Bestimmungen verabschiedet werden, die den Betroffe-

nen eine angemessene Förderung und einen Nachteilsausgleich verschaffen. Diagnostik und Förderung müssen auf wissenschaftlichen Erkenntnissen basieren. […] Die notwendige Förderung und Therapie muss zu den Leistungen des Staates zählen und darf nicht von der finanziellen Leistungsfähigkeit der Eltern abhängig sein. Es ist unsere gemeinsame Verantwortung für Menschen mit Legasthenie und Dyskalkulie Rahmenbedingungen zu schaffen, die ihnen eine ihrem Potenzial angemessene Ausbildung und Berufslaufbahn sichern." (BVL 2019: 1)

Mittlerweile ist der Bundesverbandes Legasthenie und Dyskalkulie als Betroffenenvertretung fest institutionalisiert. Es kann durchaus auch als Moment dieses Institutionalisierungsprozesses gedeutet werden, dass der Verband eine Eindeutigkeit im Hinblick auf die unterschiedlichen theoretischen und therapeutischen Konzepte herzustellen sucht, allein um die Konstruktion der Klientenrolle von je partikularen Subsumtionen unter dieses oder jenes Konzept abzulösen und im Rückgriff auf ein universal vertretbares zu begründen. Entsprechend hat sich der Verband eindeutig positioniert. 2018 ruft er gemeinsam mit dem FiL den bereits erwähnten Berufsverband für Lerntherapeut*innen (BLT) ins Leben, der sich eindeutig und ausschließlich zur Integrativen Lerntherapie als der für ihn adäquaten Form der Lerntherapie bekennt und diese vertritt.

3. Schlussfolgerung

Im Fall der Lerntherapie wird eine eigentümliche Dynamik der Akademisierung eines neuen Berufsfeldes deutlich. Die Akademisierung der Lerntherapie wird vorangetrieben zum einen durch Auseinandersetzungen um die berufliche Zuständigkeit und um die als angemessen geltenden Formen der Diagnose und Therapie. Dies vollzieht sich auf der Ebene (a) der Wissenschaft, (b) der Studienprogramme, (c) von Berufsverbänden und (d) der Formierung eines Klientenstatus. Dabei wird an Reklassifikationsprozesse angeschlossen, die vor allem auf der Ebene der wissenschaftlichen Disziplinen und der Fachstudiengänge in Gang gesetzt werden. Das Feld der Lerntherapie zeichnet sich dabei durch ein Nebeneinander von gegenläufigen Logiken der Akademisierung aus.

Im ‚Binnenbereich' des Berufsfeldes wird die Akademisierung angetrieben durch die Auseinandersetzungen um Zuständigkeit. Akademische Titel werden dabei zu einer zentralen Instanz der Markierung von Zuständigkeit. Für die Bearbeitung des beruflichen Handlungsproblems werden unterschiedliche therapeutische Konzepte ins Feld geführt, die jeweils für sich in Anspruch nehmen, wissenschaftlich begründet zu sein. Zugleich entzieht sich das Handlungsfeld der Sache nach wissenschaftlich allgemein anerkannten Nachweisen bezüglich der Brauchbarkeit dieser Konzepte, weil die Kausalannahmen, die ihnen zugrunde liegen, in gleichsam parallelen wissenschaftlichen Welten operieren. Diese diffuse Situation treibt die Auseinandersetzungen im Binnenbereich um so mehr an.

Demgegenüber ist die Situation mit Blick auf den ‚Außenbereich' des Berufsfeldes eine gänzlich andere. Die in diesem Bereich angesiedelten Lehrerrollen werden in ihrer Zuständigkeit nicht beschnitten, sondern sie werden entlastet, nämlich in Bezug auf die Zuständigkeit für jene Schüler, die in der Schule als ‚übernormale' Minderleister im Rahmen der pädagogischen Selektion ‚aussortiert' werden. Das schulische Arrangement wird dabei auch von der Lerntherapie als in sich ‚sachgerecht' anerkannt (und insofern ideologisch verklärt) und dem Lehrer wird bestätigt, dass die Minderleistungen nicht seinen eigenen pädagogischen Bemühungen, sondern einer besonderen, quasi-pathologischen Disposition der Schüler zuzuschreiben sind, die sich seinem Zugriff damit ohnehin entziehen.

Ist die Akademisierung mit Blick auf den Binnenbereich des Berufsfelds durch massive Auseinandersetzungen um Zuständigkeit charakterisiert, die auf allen Ebenen ausgetragen wird, so nimmt sie mit Blick auf das Verhältnis zu den bislang allein zuständigen Lehrern eher die Form einer Symbiose an. Die schulstrukturell verankerte Bestimmung der Lehrerrolle befördert die Akademisierung der Lerntherapie ebenfalls.

Literatur

BA, Bundesagentur für Arbeit (2008): Lerntherapeut/in – Die Ausbildung im Überblick; URL https://berufenet.arbeitsagentur.de/berufenet/archiv/59044.pdf (2.4.2019)

BDP, Berufsverband Deutscher Psychologinnen und Psychologen (2014): Ein neues Berufsbild. Psychologischer Lerntherapeut BDP (von Martina Petri); URL https://www.bdp-klinische-psychologie.de/service/downloads/FG17%20Neues%20Berufsbild%202014%20Psychologischer%20Lerntherapeut%20BDP.pdf (24.7.2019).

BDP, Berufsverband Deutscher Psychologinnen und Psychologen (2015): Informationsblatt zur Zertifizierung zum Psychologischen Lerntherapeuten / zur Psychologischen Lerntherapeutin BDP; URL https://www.psychologenakademie.de/wp-content/uploads/infoblatt-psychologischer-lerntherapeut.pdf (24.7.2019).

Bender, Franziska/Katharina Brandelik/Kerstin Jeske/Marlies Lipka/Cordula Löffler/ Gerd Mannhaupt/Carl L. Naumann/Marianne Nolte/Gabriele Ricken/Heinz Rosin/ Gerheid Scheerer-Neumann/Michael von Aster/Maria von Orloff (2017): Die integrative Lerntherapie, Lernen und Lernstörungen, Vol. 6, Heft 2. S. 65–73.

Betz, Dieter/Helga Breuninger (1996): Teufelskreis Lernstörungen. Theoretische Grundlegung und Standardprogramm, Weinheim.

BLT, Berufsverband für Lerntherapeut*innen (BLT) (2018): Ein Beruf beendet sein Schattendasein – Gründung des Berufsverbandes für Lerntherapeut*innen (BLT); URL https://www.lerntherapie-fil.de/images/2018/PM_Gr%C3%BCndungBerufsverband.pdf (2.4.2019).

BLT, Berufsverband für Lerntherapeut*innen (BLT) (2019): Berufsbild Lerntherapeut*in (Kurzversion); URL https://www.berufsverband-fuer-lerntherapeutinnen.d

e/seite/372772/berufsbild.html (24.9.2019).

BVL, Bundesverband Legasthenie und Dyskalkulie (2019): Satzung des BVL; URL https://www.bvl-legasthenie.de/images/static/pdfs/BVL_Satzung.pdf (24.9.2019)

Dreeben, Robert (1980): Was wir in der Schule lernen, Frankfurt a.m.

FiL, Fachverband für integrative Lerntherapie (2003): Weiterbildungsordnung und Richtlinien zur Zertifizierung, Osnabrück.

Hasselhorn, Marcus/Kirsten Schuchardt (2006): Lernstörungen. Eine kritische Skizze zur Epidemiologie, Kindheit und Entwicklung, Vol. 15, Heft 4. S. 208–215.

Holzkamp, Klaus (1993): Lernen. Subjektwissenschaftliche Grundlegung, Frankfurt a.M.

Lauth, Gerhard W./Joachim C. Brunstein/Matthias Grünke (2014): Lernstörungen im Überblick: Arten, Klassifikation, Verbreitung und Erklärungsperspektiven, in: Gerhard W. Lauth/Matthias Grünke/Joachim C. Brunstein (Hg.), Interventionen bei Lernstörungen. Förderung, Training und Therapie in der Praxis, Göttingen, S. 17–31.

Lenhardt, Gero (1984): Schule und bürokratische Rationalität. Frankfurt a.M.

Lipka, Marlies/Maria von Orloff (2014): Ein Beruf stellt sich vor, Lernen und Lernstörungen, Vol. 3, Heft 1. S. 72–75.

Luhmann, Niklas (2005): Codierung und Programmierung. Bildung und Selektion im Erziehungssystem, in: Ders., Soziologische Aufklärung 4, Wiesbaden, S. 193–213.

Luhmann, Niklas/Karl Eberhard Schorr (1988): Reflexionsprobleme im Erziehungssystem, Frankfurt a.M.

PH Schwäbisch Gmünd (2019): Ziele des Studiengangs; URL https://www.integrative-lerntherapie.de/studium/master-integrative-lerntherapie/ziele/ (30.7.2019).

Stock, Manfred (2016): Arbeitskraft- und Stellentypisierungen. Organisationssoziologische Überlegungen zum Zusammenhang zwischen Bildung und Beschäftigung, in: Maja S. Maier (Hg.), Organisation und Bildung. Theoretische und empirische Zugänge, Wiesbaden, S. 73–91.

Stock, Manfred (2017): Hochschulexpansion und Akademisierung der Beschäftigung, Soziale Welt Vol. 68, Heft 4. S. 347–364.

TU Chemnitz (2019): Berufsbegleitender Bachelorstudiengang Integrative Lerntherapie (B.A.); URL https://www.tuced.de/studiengaenge/ba-integrative-lerntherapie/ (30.7.2019).

TU Kaiserslautern (2019): Psychologie kindlicher Lern- und Entwicklungsauffälligkeiten: Grundlagen, Diagnose, Intervention; URL https://www.zfuw.uni-kl.de/fern studiengaenge/science-engineering/psychologie-kindlicher-lern-und-entwicklungs auffaelligkeiten/ (1.8.2019).

Universität Erfurt (2019a): Bachelor-Studiengang Lehr-, Lern- und Trainingspsychologie; URL https://www.uni-erfurt.de/studium/studienangebot/ba/lltp/#c104490 (1.8.2019).

Universität Erfurt (2019b): Master Psychologie mit dem Schwerpunkt Lehren, Lernen und Kompetenzentwicklung; URL https://www.uni-erfurt.de/studium/studienange bot/master/psychologie/ (1.8.2019).

Universität Hamburg (2019): Integrative Lerntherapie; URL https://www.zfw.uni-ham burg.de/weiterbildung/kommunikation-paedagogik-didaktik/integrative-lerntherap ie.html (30.7.2019).

Wilckens, Susanne (2018): Lese-Rechtschreib-Störung und Bildungsbiografie. Die Bedeutung des schulischen Schriftspracherwerbs für die Identitätsentwicklung, Wiesbaden.

Professionell (statt) repressiv?

Akademisierung der Polizei zwischen Reflexivitätsgewinn und Sicherheitsillusionen

Christiane Schnell
Christian Schäfer
Frankfurt am Main

Bereits zu Beginn des 20. Jahrhunderts wurde eine Debatte darüber geführt, ob polizeiliche Arbeit durch akademische Bildung gewinnt oder nicht vielleicht sogar Schaden nehmen könnte. Befürchtet wird bis heute, dass gar zu nachdenkliche „Polizeiprofessoren" nicht mehr in der Lage wären, im Zweifel frühmorgens auf Kommando eine Tür einzutreten (Frevel 2012: 29). Gleichwohl ist die Polizeiausbildung mittlerweile bis in die Schutzpolizei als Hochschulstudium organisiert.[1]

Dabei haben die europaweite Harmonisierung von Bildungsabschlüssen, neue Formen von Terrorismus und die Digitalisierung, sowohl im Bereich der Kriminalität als auch ihrer Verfolgung, eine wichtige Rolle gespielt. Die Akademisierung der Polizei sollte zudem auch der Erkenntnis Rechnung tragen, dass die Gewährleistung der inneren Sicherheit in einer demokratisch verfassten, sich wandelnden Gesellschaft ein komplexes Unterfangen darstellt. Nicht zufällig wird die polizeiliche Ausübung des Gewaltmonopols in den Sozialwissenschaften überwiegend kritisch diskutiert (Fassin 2013).

Im Folgenden wird – geleitet von eigenen systematischen Beobachtungen an zwei deutschen Hochschulen sowie einer Dokumentenanalyse – die These verfolgt, dass die Akademisierung in der deutschen Polizei strukturell zwar weit fortgeschritten, indes im Kern inkonsequent geblieben ist. Statt die berufliche Praxis theoretisch zu unterfüttern, um ein angemessenes, situativ reflexives Vorgehen unter Hinzuziehung relevanter Wissensbestände zu ermöglichen, scheint die Kluft zwischen Theorie und Praxis in der Polizei längst nicht überwunden (vgl. Dewe/Gensicke i.E.).

---

[1] Die tätigkeitsübergreifende Akademisierung der Polizeiausbildung steht im Zusammenhang mit der Abschaffung des mittleren Dienstes seitens des Bundeskriminalamts sowie in den Bundesländern Bremen, Hessen, Niedersachsen, Nordrhein-Westfalen, Rheinland-Pfalz und Saarland.

1. Akademisierung als zeitgemäße Weiterentwicklung der Polizei

Der Prozess der Akademisierung der Polizei begann Ende der Siebziger- und Anfang der Achtzigerjahre in Bund und Ländern mit der Errichtung von dezentralen Fachhochschulen bzw. Fachbereichen für die polizeiliche Ausbildung an Verwaltungsfachhochschulen. Dort konnte zunächst während eines dreijährigen dualen, praxisintegrierenden Studiums der akademische Abschluss eines Diplomverwaltungswirts und damit die Qualifikation für den gehobenen Polizeivollzugsdienst erworben werden.

Zahlreiche Fachhochschulen wurden mittlerweile in Hochschulen umgewandelt, die nunmehr statt des Diploms den Bachelor of Arts (B.A.) verleihen.[2] Die Ausbildung des höheren Polizeivollzugsdienstes wurde schließlich mit der Umwandlung der Polizeiführungsakademie in die Deutsche Hochschule der Polizei (DHPol) im Jahr 2006 verwissenschaftlicht. In einem formalen Sinne ist die Ausbildung für die Laufbahnen des gehobenen und höheren Polizeivollzugsdienstes für alle Tätigkeitsbereiche in der Polizei damit inzwischen akademisiert (Asmus 2017: 26).

Dieser Prozess wurde initiiert und beeinflusst von strukturellen Veränderungen im Bildungssystem, auf dem Arbeitsmarkt und in der Polizei selbst. Außerdem können zeitgeschichtliche und gesellschaftliche Entwicklungen in einen Zusammenhang mit der Akademisierung gestellt werden.

1.1. *Aufwertung und strukturelle Angleichung*

Änderungsbedarf in der polizeilichen Ausbildung ergab sich zunächst aus der Abschaffung des mittleren Dienstes und der Umstellung auf die zweigeteilte Laufbahn bei mehreren Bundes- und Länderpolizeien.[3] Ziel der Laufbahnreform war vor allem die Anhebung der Besoldungen und die Angleichung an das Lohnniveau (vgl. Ammermann 2009: 11). Abitur bzw. Fachhochschulreife und Diplom avancierten zum Standard für den Eintritt in die Polizei. Damit sollte dem relativen Statusverfall im Kontext allgemeiner Akademisierungsprozesse entgegengewirkt und der Polizeiberuf zukunftsfähig und attraktiv gemacht werden.

---

[2] An einigen Fachhochschulen wurde dieser Schritt nicht nachvollzogen, z.B. werden auf Bundesebene die Absolventen der Bundespolizei im Unterschied zu denjenigen des Bundeskriminalamts immer noch diplomiert.

[3] Für eine zweigeteilte Laufbahn entschieden sich Hessen, Niedersachsen, Nordrhein-Westfalen, Rheinland-Pfalz, Saarland und im Bund das BKA.

Eine weitere Reaktion auf Veränderungen im Arbeitsmarkt und im Bildungssystem stellte einige Jahre später die zumindest teilweise auch von polizeilicher Seite vollzogene „Modularisierung" und „Bachelorisierung" der Ausbildung dar.[4] Mit dem sogenannten Bolognaprozess sollte die Mobilität von Studierenden, Lehrenden und Graduierten in Europa durch vergleichbare Studienleistungen und Abschlüsse gefördert werden (Bologna-Erklärung 1999: 3 f.). Inzwischen ist ein an einer polizeilichen Hochschule erworbener Bachelor of Arts die für den gehobenen Polizeivollzugsdienst regelmäßig vorgesehene Graduierung.

1.2. Gesellschaftlicher Wandel und polizeilicher Modernisierungsdruck

Die Forderung, die Polizei und ihre Ausbildung zu reformieren, geht historisch auf die Zeit der sozialen Bewegungen zurück und bezieht sich auf das Wechselverhältnis zwischen Polizei und Zivilgesellschaft. Rafael Behr führt hier als wichtigen Meilenstein in der bundesdeutschen Polizeigeschichte das 1973 von der Innenministerkonferenz in Auftrag gegebene und zwei Jahre später veröffentlichte „Saarbrücker Gutachten" an (Behr 2016: 13).

Diese erste große sozialwissenschaftliche Analyse der deutschen Polizei beförderte entscheidend eine neue Grundlagenbestimmung der Polizeiarbeit (ebd.: 14). Sowohl die Frage nach dem Prestige des Polizeiberufs als auch die gesellschaftspolitische Verortung der Polizei wurden hier in den Blick genommen. Erstmals wurde das Spannungsverhältnis zwischen Gemeinwohl und Staatswohl problematisiert und der Zivilgesellschaft eine neue, größere Bedeutung zugemessen.

Im historischen Rückblick wird das Gutachten als wichtiger Wendepunkt und Beitrag zur „Zivilisierung der Polizei" betrachtet. Diese Entwicklung setzte sich im gesellschaftspolitischen Klima der Achtzigerjahre fort. Die polizeiliche Handlungsnorm eines ungebremst repressiven Vorgehens, wie sie bei den Studentenunruhen seit den späten Sechzigerjahren bis zum deutschen Herbst Praxis war, geriet zunehmend unter Druck. Zaghaft entstand eine neue Polizeiphilosophie, die sich vor dem Hintergrund der weite Teile der Gesellschaft einschließenden, von der Friedensbewegung und der Antiatomkraftbewegung initiierten Protestkultur ihren Weg bahnte (Behr 2016: 16).

---

[4] An einigen Fachhochschulen wurde dieser Schritt nicht nachvollzogen, z.B. werden auf Bundesebene die Absolventen der Bundespolizei im Unterschied zu denjenigen des Bundeskriminalamts immer noch diplomiert.

Dieser Wandel im gesellschaftlichen Verständnis von Polizei, aber auch in der polizeilichen Selbstwahrnehmung wurde von verschiedenen Entscheidungen des Bundesverfassungsgerichts zur Versammlungsfreiheit[5] vorangebracht. Mit diesen Entscheidungen wurde nicht nur der hohe Stellenwert der Meinungs- und Versammlungsfreiheit höchstrichterlich anerkannt, sondern auch das Verhältnis von öffentlicher Sicherheit und Grundrechtsausübung neu bestimmt. Meinungs- und Versammlungsfreiheit standen nicht mehr im Gegensatz zur öffentlichen Sicherheit, sondern vielmehr in einem dialektischen Verhältnis zueinander.

Mit der Akademisierung der Polizei sollte der Einsicht Rechnung getragen werden, dass Gesellschaftskritik und Protest Berechtigung haben und ihre Unterdrückung nicht nur demokratisch illegitim, sondern auch gesellschaftspolitisch dysfunktional ist. Dies wird auch auf der Mikroebene erkennbar, im Erleben von PolizistInnen, die soziale Komplexität, Meinungspluralität und Modernisierungsdruck buchstäblich am eigenen Leibe und in ihrem eigenen sozialen Umfeld erfuhren. So wurden allzu simple Feindbilder nicht zuletzt dadurch konterkariert, dass die PolizistInnen sich mit den Interessen der regionalen Bevölkerung teilweise identifizieren konnten, ihnen die Protestgruppen der Friedens- und Ökologiebewegung sozial und weltanschaulich näherstanden als dies beispielsweise bei der Studentenbewegung der Fall war (Behr 2016: 16 mit Verweis auf Winter 1998: 203).

Sowohl aufgrund verfassungsgerichtlicher Rechtsprechung als auch subtil, über Verunsicherungen im Selbstverständnis von PolizistInnen, wurde somit eine Neuorientierung der Polizei vorbereitet. Wichtig, auch im Hinblick auf die weitere Entwicklung, ist, dass der Anlass hierfür innergesellschaftliche Konflikte waren. So rückte in dieser historischen Konstellation über verschiedene Wege die Erkenntnis in das polizeiliche Bewusstsein, dass die Aufgabe, gesellschaftliche Ordnung herzustellen und zu verteidigen, erheblich komplizierter ist, als es die von der Gut-Böse-Dichotomie geprägte, traditionelle Polizeikultur unterstellt.

Auch die in dieser Phase erstarkende empirische Polizeiforschung unterstützte diese Entwicklung. Auf wissenschaftlicher Grundlage wurde zur Entmystifizierung des polizeilichen Alltags beigetragen. Polizeiwissenschaftliche Studien kamen zu dem Ergebnis, dass die Kriminalitätsbekämpfung tatsächlich einen geringeren Anteil der polizeilichen Arbeit ausmacht als dies medial transportiert und im „Crime-fighter"-Habitus polizeikulturell stilisiert wird.

---

[5] Brokdorf-Beschluss vom 14.05.1985, AZ 1 BvR 233/81, BVerfGE 69, 315ff., und Mutlangen-Urteil vom 11.11.1986, AZ 1 BvR 713/83, BVerfGE 73, 206ff.

Feltes verwies auf der Basis empirischer, angloamerikanischer Studien aus den Achtziger- und frühen Neunzigerjahren auf die Aufgabe einer zeitgemäßen Polizei als Konfliktschlichtungs- und Hilfeleistungsinstanz (Feltes 1988; Feltes/Gramckow 1994; siehe auch Behr 2016: 17). Politisch flankiert wurde diese Vorstellung von der Partei Die Grünen, die 1983 erstmals in den Bundestag einzog. Der programmatische Begriff der Bürgerschutzpolizei ist insoweit signifikant für eine Weiterentwicklung der Polizei. Über Bildung sollte eine „bessere und politisch reflektierte Polizei" erreicht werden (ebd.).

1.3. Neue Sicherheitslage und „smart Policing"

Neben dem gesellschaftlichen Wandel zeugte maßgeblich die sogenannte neue Sicherheitslage in den letzten Jahrzehnten von der Notwendigkeit einer wissensbasierten Modernisierung der Polizei. Vor allem der internationale und hier insbesondere der islamistische Terrorismus, aber auch politischer Extremismus und das Kriminalitätsphänomen Cybercrime gelten seit einigen Jahren als neue Bedrohungen (PIS, FS 2008/2009: 6). Es wurde angenommen, dass mit der veränderten Sicherheitslage eine Komplexitätssteigerung der polizeilichen Aufgaben und des Policing einhergehe (Mähler 2009: 105).

Das bisherige Handwerkszeug polizeilichen Handelns wurde als überkommen und nicht mehr zeitgemäß deklariert. Vielmehr müssten technisches Verständnis entwickelt, polizeiliche Technik und Taktik angepasst und neue Ermittlungsansätze und -methoden gefunden werden (Voigt 2008: 32 f.; Neubert 2017: 219; Sterbling 2008: 90 f.). Auch Fremdsprachen- und multikulturelle Kompetenzen, die bereits zuvor für die polizeiliche Arbeit in einer ethnisch pluralisierten Gesellschaft gefordert worden waren, erlangten unter dem Eindruck transnationaler Kriminalität an Bedeutung. Waren es also in den Achtzigerjahren noch gesellschaftspolitische Gründe, welche zur Weiterentwicklung des Polizeiberufs drängten, wurden nun steigende Anforderungen auf dem Feld der Kriminalitätsbekämpfung selbst konstatiert.

Verglichen mit den Erwartungen an einen institutionellen Wandel, die in der Phase der sozialen Bewegungen an die Polizei herangetragen wurden, waren diese neuen Entwicklungen weniger, zumindest weniger offensichtlich gesellschaftspolitisch begründet und in diesem Sinne weniger ideologiebehaftet. Die Akademisierung der polizeilichen Ausbildung wurde nun als funktionale Notwenigkeit im Hinblick auf die Kriminalitätsbekämpfung im Zeichen des internationalen Terrorismus und Extremismus und der in alle Lebensbereiche vordringenden Digitalisierung betrachtet.

Freilich war auch diese Konstellation nicht frei von gesellschaftspolitischen Einflüssen. Unter anderem wirkte das sogenannte neue Steuerungsmodel, das betriebswirtschaftliche Effizienz in allen Bereichen der öffentlichen Hand reklamiert, in die Neuausrichtung der Polizei hinein. Auch sollte der gestiegenen Komplexität polizeilicher Arbeit aufgrund beschränkter finanzieller und personeller Ressourcen nicht mit Neueinstellungen, sondern vielmehr mit moderneren, mithin „smarteren Bekämpfungsansätzen" begegnet werden, wie die Begriffe „Smart Policing" oder „Predictive Policing" suggerieren.

Akademisierung und der Bewusstseinswandel hinsichtlich der Kompetenzvoraussetzungen zeitgemäßer Polizeiarbeit wurden somit zunächst aus dem Verhältnis zwischen Polizei und Zivilgesellschaft und später aus der Internationalisierung von Kriminalität und der Veränderung der Sicherheitslage abgeleitet. Wenngleich sich die impliziten Rollendefinitionen in den hier angeführten Konstellationen durchaus unterscheiden, führten sie doch gleichermaßen zu der Erkenntnis, dass das Polizieren in höherem Maß ‚auf Wissen basiert' werden müsste.

Die gleichsam doppelte Komplexitätssteigerung, sowohl hinsichtlich der gesellschaftlichen Kontextbedingungen als auch in Bezug auf die Kriminalitätsbekämpfung, erforderte die Fähigkeit, fachlich, methodisch und sozial kompetent auf nicht standardisierbare oder technisierbare Handlungsanforderungen zu reagieren (Dewe 2005). Die Ausbildung sollte als Bildungsprozess und nicht primär als Training oder als dauerhafte Übung hierarchisch geführter Einsätze gestaltet werden. Die intellektuelle Kapazität und das Einschätzungsvermögen von PolizistInnen sollte so auf ein Niveau gehoben werden, das ihnen erlaubt, in dem von Uneindeutigkeiten geprägten Feld der öffentlichen Sicherheit angemessen zu handeln und ihre Aufgabe selbstreflexiv auszuüben.

2.   Skeptische Akademisierung und das Primat der Praxis

Bei einer genaueren Betrachtung zeigt sich, dass erstens die Akademisierung der Ausbildung inkonsequent und lückenhaft geblieben ist und zweitens der beschrittene Weg der Verwissenschaftlichung der Polizeiausbildung zunehmend wieder verlassen wird.

2.1. Strukturelle und organisationale Deakademisierungstendenzen

Bereits die mit größerer Praxisnähe begründeten Grundentscheidungen, die Dauer des Studiums auf drei Jahre mit hohen Praktikumsanteilen zu beschränken und es nicht vollständig zu externalisieren, sondern Institutionen zu übertragen, die einerseits hochschulische Fachbereiche und andererseits organisatorisch in die Polizei eingegliedert sind, verdeutlichen auf einer formalen Ebene die grundlegende Skepsis gegenüber einer vollständigen Verwissenschaftlichung der Ausbildung. Ohlemacher bezeichnet die so entstandenen Bildungseinrichtungen als Organisationshybride, die zwei völlig unterschiedliche Systemlogiken, die der Wissenschaft und die der Polizei, beherbergen (Ohlemacher 2016: 15). Aber auch in Bezug auf die Studieninhalte wird erkennbar, dass der Wissenschaftlichkeit eine der Praxis nachgeordnete Bedeutung zugemessen wird und die Ausbildung nach wie vor vom Primat der Praxis (Spohrer 2015: 25 ff.) durchdrungen ist.

Indiz hierfür sind die Vielzahl außercurricularer Praxisvorträge, beispielsweise über gemeinsame Ermittlungsverfahren nach §13 IRG, die in das Studium implementiert wurden. Zudem werden theoretisch anspruchsvolle Inhalte, wie die Problematik grundrechtsintensiver Eingriffe bei Wohnraum- oder Telekommunikationsüberwachung, Durchsuchungen oder Festnahmen, regelmäßig in praktische Fälle eingebettet und in sogenannten Übungen am Fall oder in Form von Teamteachings unter Beteiligung von Praktikern vermittelt und so ihres methodisch-universellen Potentials beraubt.

Verlassen wurde der Weg der Akademisierung auch bei der Elitenformierung (Heuer 2003: 158). Qualifizierend für den aufbauenden Masterstudiengang an der DHPol und damit für den höheren Polizeivollzugsdienst sind nicht akademische Leistungen im Bachelorstudiengang, sondern eine postgraduelle Praxisbewährung und in einem Assessment Center von Polizeipraktikern erahnte Führungsqualitäten.[6]

Deakademisierungstendenzen lassen sich zudem aus verschiedenen polizeilichen Entwicklungen der letzten Jahre ableiten. Polizeiliche Herausforderungen werden zunehmend nicht mehr im Sinne des „Smart Policing" mit Qualität, sondern mit Quantität beantwortet. Vermehrt werden kommunale Polizeien mit behördlichen Bezeichnungen wie Stadtpolizei, Ortspolizei, Gemeindepolizei oder Ordnungspolizei gegründet, um Hilfspolizeibeamte ohne polizeiliche Ausbildung mit einfachen, vollzugspoli-

---

[6] Beurteilungen durch Vorgesetzte und eine Mindesttätigkeit

zeilichen Aufgaben betrauen zu können. Auch die Landes- und Bundespolizeien erfahren gegenwärtig eine massive personelle Aufstockung.

Um nun die Einstellungszahlen quantitativ erreichen zu können, werden Einstellungsvoraussetzungen abgesenkt und Überlegungen angestellt, das Studium unter Anerkennung externer Studienleistungen zu verkürzen oder die Möglichkeit von Bewährungsaufstiegen wieder einzuführen. Mithin werden akademische Standards aufgegeben und der Weg der Akademisierung verlassen.

Dies geht einher mit einer beständigen Ausweitung der Sicherheitsgesetzgebung, die der Polizei als Reaktion auf zeitaktuelle Entwicklungen neue gefahrenabwehr- und strafverfahrensrechtliche Befugnisse etwa im Gefahrenvorfeld, zur Onlinedurchsuchung, zum Zugriff auf Vorratsdaten oder zum Einsatz von Bodycams verleiht. Insbesondere die letztgenannte Befugniserweiterung verdeutlicht beispielhaft, wie mit repressiven Mitteln Kontrollverluste kompensiert werden sollen; dem zeitgemäßen Phänomen, dass Polizeieinsätze von Bürgern gefilmt werden, wird nicht mit akademisch erworbenen Konfliktlösungsstrategien oder dem Vertrauen auf die Rechtmäßigkeit des eigenen Handelns begegnet, sondern indem „zurückgefilmt" wird (vgl. Lehmann 2016: 267).

2.2. Esoterischer Praxisbegriff und Cop Culture

Erklärungen für die Inkonsequenz, mit der die Akademisierung der Polizeiausbildung beschritten wurde, finden sich auch auf kultureller Ebene. Wirkmächtig ist dabei insbesondere die Kritik der „Praxisferne" akademischer Bildung (Frevel 2012: 31). Polizeiliche Praxis wird im Gegensatz zu ‚abstraktem Wissen' definiert, dem seinerseits eher Störpotential zugerechnet wird. Statt berufspraktische Erfahrungen als Wissensressource zu verstehen, die sich explizieren und theoretisieren und im Kontext von gesellschaftlichen Veränderungen und neuen Anforderungen weiterentwickeln lassen, wird ein nachgerade esoterischer Praxisbegriff gepflegt, der neue Einflüsse systematisch abwehrt.

Untersuchungen der empirischen Polizeiforschung zur sogenannten ‚Cop Culture', begrifflich der amerikanischen Debatte entlehnt und auf den deutschen Kontext übertragen, belegen die Deutung des Praxisbegriffs als Schließungsmechanismus. Die „Polizistenkultur" basiert demnach auf dem komplexitätsreduzierenden und identitätsstiftenden Mythos, es wäre die Aufgabe der Polizei, den stets von außen bedrohten gesellschaftlichen Frieden zu verteidigen. Dass im Dienste dieser Aufgabe

Gefahren für Leib und Leben heroisch in Kauf genommen werden, unterstützt die gemeinschaftsbildende Funktion dieser Vorstellung.[7]

Behr diagnostiziert in Anlehnung an Rommelspacher (1995) eine „homogenitätszentrierte Dominanzkultur" (Behr 2016: 29), die gleichermaßen androzentrisch wie ethnozentrisch ausgerichtet ist und eine Unterordnung unter die innerpolizeiliche Ordnung erwartet. Gerade letzteres, die Assimilationsbereitschaft und die Unterordnung unter Organisationsregeln und -hierarchien, ist dabei keineswegs auf die kollegiale (Polizisten-) Gemeinschaft beschränkt, sondern wird durchaus auch von der institutionellen Polizeikultur bedient und bestätigt (ebd.: 30). Dass die Hochschulen an die Struktur der Polizei gebunden sind, erklärt sich somit auch mit dem besonderen Stellenwert, welcher der beruflichen Sozialisation innerhalb der Polizei für das Funktionieren polizeilicher Hierarchien beigemessen wird (Möllers 2015: 41).

2.3. Handlungssicherheit statt (nicht durch) Reflexivität

Die Akademisierung der Polizei bewegt sich in dem Widerspruch, dass zeitgemäße Polizeiarbeit eine wissenschaftlich-methodische Kompetenzentwicklung verlangt, diese jedoch mit dem als soziokulturellem Zement wirkenden Institutionenpatriotismus kollidiert. Der im Zuge einer akademischen Ausbildung möglicherweise gewonnene Reflexivitätsgewinn wird in der Institution Polizei kritisch betrachtet; soweit das Hochschulstudium den Anspruch erhebt, die Studierenden zum Verständnis und zur strukturierten Erprobung wissenschaftlicher Theorien zu befähigen, bedeutet dies auch, dass die Studierenden zur fundierten Ablehnung oder Veränderung von Verhaltensroutinen, Handlungsweisen und organisationalen Ritualen befähigt werden.

Demzufolge sind solche Grundlagenfächer und Geisteswissenschaften, die Kompetenzen zur Reflexion des eigenen Handelns vermitteln könnten, in den Curricula der polizeilichen Hochschulen stark unterrepräsentiert. In diesem Sinne sind auch Auseinandersetzungen mit virulenten Phänomenen wie Rechtsradikalismus in der Polizei, Kritik an Racial Profiling und Polizeigewalt oder die zuletzt bekannt gewordene Zunahme an Suiziden in der französischen Polizei in der Regel nicht in den Modulhandbüchern vorgesehen, sondern bleiben dem Engagement der Dozent-

---

[7] „Polizisten halten die Wirren und Spannungen des Dienstes aus, weil sie sich als Verteidiger einer *guten Ordnung* sehen, deren Zentrum ... die *Polizei* ist" (Behr 2016: 29, Hervorh. i. Orig.).

Innen überlassen, die oftmals befristet beschäftigt oder auf der Basis von Lehraufträgen arbeiten.

2.4. *Autoritätsverlust und Deprofessionalisierung*

Im Hinblick auf die Aufwertung des Polizeiberufs – vielmehr: auf die Vermeidung relativer Abwertung – erwies sich die Akademisierung nur bedingt als erfolgreich. Zwar wurde der mittlere Dienst abgeschafft und damit das Besoldungs- und Beschäftigungsniveau angehoben, aber ein Prestigegewinn war damit nicht verbunden. Auch wenn sich die Polizei selbst mittlerweile an studierte Berufsanfänger gewöhnt haben dürfte, wird ihnen in den Organisationseinheiten bis heute vermittelt, dass ihr Wissen keinen großen Wert hat (Ammermann 2009: 13).

Im gesellschaftlichen Kontext wird ein Autoritätsverlust der Figur des „Beamten in Uniform" wahrgenommen, der offenbar dazu beiträgt, dass die Verwissenschaftlichung eher als Depotenzierung denn als Statusgewinn verarbeitet wird. Vor diesem Hintergrund dürfte die offen getragene Dienstwaffe, ungeachtet dienstlicher Notwenigkeit, oftmals größere Bedeutung für das Selbstbewusstsein haben als das Bachelorzeugnis an der Wand.

3. Fazit

Es bleibt insgesamt festzustellen, dass der in den vergangenen Dekaden vollzogene polizeiliche Akademisierungsprozess, gemessen an den Anforderungen an eine zeitgemäße Polizeiarbeit, inkonsequent geblieben ist und gerade in den letzten Jahren verlangsamt oder sogar in sein Gegenteil verkehrt wurde. Forderungen an eine im Wortsinn zivilisierte, gebildete Bürgerpolizei, wie sie in den Achtzigerjahren formuliert wurden, erfuhren durchaus Widerhall in polizeilichen Leitbildern und schließlich auch in diversitätsorientierteren Rekrutierungsstrategien.[8]

Ein tieferer Wandel der Polizeikultur, wie er durch eine systematische Vermittlung von wissenschaftlich-fundiertem Kontextwissen und methodischer Reflexivität im Rahmen eines akademischen Studiums erreicht werden könnte, hat sich indes nicht vollzogen. Vielmehr steht zu befürchten, dass strukturelle Reformen in Richtung einer Polizeiausbildung auf Hochschulniveau tendenziell wieder zurückgenommen werden.

---

[8] Frauen können seit 1980 in den Polizeidienst treten, die Einstellung von Migranten ohne deutschen Pass wurde 1993 rechtlich legitimiert. Behr (2016) betont die Tragweite der Pluralisierung des „Polizeikörpers" im Hinblick auf die Modernisierung der Polizeikultur.

Trotz der inkonsequenten Umsetzung wäre es zu kurz gegriffen, die Akademisierung der Polizei gänzlich in Frage zu stellen. Tatsächlich wurde der Anspruch verfolgt, die Polizeiausbildung fortzuentwickeln und das Kompetenzprofil im akademischen Sinne zu erweitern. Inzwischen ist die akademisierte Polizeiausbildung zumindest soweit etabliert, dass bei den Studierenden die Erwartung besteht, auf die Anforderungen einer zeitgemäßen, demokratischen Polizeiarbeit nicht nur körperlich, sondern auch mental und intellektuell vorbereitet zu werden. Betrachtet man zudem den kleinen, aber ausgesprochen produktiven Bereich der empirischen Polizeiforschung, lässt sich die Stagnation oder Aushöhlung der Akademisierungsbestrebungen auch nicht mit einem Mangel an „eigenem" fachlichem Wissen erklären.

Vielmehr werden Ansätze, die ohnehin veränderungsträge Institution zu modernisieren, politisch untergraben. Die Einführung neuer, ungelernter Hilfspolizeien und die massive Neurekrutierung ohne entsprechend Anpassung der akademischen Infrastruktur deuten zumindest darauf hin. Vor dem Hintergrund von transnationalem Terrorismus und Cybercrime wurde eine veränderte Sicherheitslage diagnostiziert, der mit den herkömmlichen Mitteln polizeilichen Handelns nicht beizukommen sei.

Zweifellos stehen nicht nur die Polizei, sondern die westlichen Demokratien insgesamt vor neuen Herausforderungen, für die es keine einfachen Lösungen gibt. Statt auf eine systematische Perspektiverweiterung hinzuarbeiten und die Reflexivität und Kompetenzentwicklung von PolizistInnen soweit zu fördern, dass sie begründbare Handlungssicherheit auch unter Ungewissheitsbedingungen erlangen, wird vor allem an der Schraube repressiver Befugnisse gedreht.

So könnte die konsequente Folge einer inkonsequenten Akademisierung der Polizei ihre faktische Deprofessionalisierung sein. Bewegte sich die Diskussion um die Polizeiausbildung stets im Spannungsfeld zwischen reflektierten Praktikern und handlungssicheren Akademikern (Bernhardt et al. 2016: 24), scheint man sich im Zweifel wieder auf das überkommene Ideal handlungssicherer Praktiker verlassen zu wollen.

Literatur

Ammermann, Helge (2009): Die Akademisierung der Polizei und die Missachtung von vorhandenen Wissensressourcen im Veränderungsprozess der Polizeiorganisationen, in: Thomas Feltes (Hg.), Neue Wege, neue Ziele. Polizieren und Polizeiwissenschaft im Diskurs, Frankfurt, S. 11–24.
Asmus, Hans-Joachim (2017): Die Verwissenschaftlichung der polizeilichen Ausbildung, in: Sandra Schmidt/Waltraud Nolden/Thomas Enke/Carsten Schumann/ Matthias Tschupke (Hg.), Festschrift zum 20-jährigen Bestehen der Fachhoch-

schule Sachsen-Anhalt – Reflexion und Vision. Beiträge zur Entwicklung der Polizei. Frankfurt, S. 25–48.

Bernhardt, Madeleine/Jochen Christe-Zeyse (2016): Von reflektierten Praktikern und handlungssicheren Akademikern – Szenario für eine didaktische Synthese von Wissenschaft und Praxis in der Polizeiausbildung, in Bernhard Frevel/Herrmann Groß (Hg.), Empirische Polizeiforschung XIX: Bologna und die Folgen für die Polizeiausbildung, Frankfurt, S. 24–42.

Behr, Rafael (2016): Polizei.Kultur.Gewalt. Polizeiarbeit in der „offenen Gesellschaft". Lehr- und Studienbrief, Hamburg.

Der Europäische Hochschulraum. Eine gemeinsame Erklärung der Europäischen Bildungsminister v. 19.06.1999; URL https://www.bmbf.de/files/bologna_deu.pdf (19.4.2019).

Dewe, Bernd (2005): Perspektiven gelingender Professionalität, Neue Praxis 35(3), S. 259–268.

Dewe, Bernd/Dietmar Gensicke (i.E.): Theoretische und methodologische Aspekte des Konzeptes „Reflexive Professionalität", in: Christiane Schnell/Michaela Pfadenhauer (Hg.), Handbuch Professionssoziologie, Wiesbaden.

Fassin, Didier (2013): Enforcing Order: An Ethnography of Urban Policing, Cambridge.

Feltes, Thomas (1988): Polizeiliches Alltagshandeln, in: Günther Kaiser/Helmut Kury/Hans-Jörg Albrecht (Hg.), Kriminologische Forschung in den 80er Jahren. Projektberichte aus der Bundesrepublik Deutschland, Freiburg, S. 125–156.

Feltes, Thomas/Heike Gramckow (1994): Bürgernahe Polizei und kommunale Kriminalprävention. Reizworte oder demokratische Notwendigkeiten, Neue Kriminalpolitik 3/1994: S. 16–20.

Frevel, Bernhard (2012): Gilt Humboldts Ideal der Einheit von Forschung und Lehre? Ein essayistisches Plädoyer für die Forschung an Polizeihochschulen, in: Thomas Enke/Steffen Kirchhof (Hg.), Theorie und Praxis polizeilichen Handelns. Wie viel Wissenschaft braucht die Polizei?, Frankfurt, S. 29–40.

Heuer, Hans-Joachim (2003): Prozesse der Elitenformierung bei der Polizei – Zur Soziologie der Polizei-Führungsakademie, in: Hans-Jürgen Lange (Hg.), Die Polizei der Gesellschaft. Zur Soziologie der Inneren Sicherheit, Opladen, S. 157–175.

Lehmann, Lena (2016): Die Legitimation von Bodycams bei der Polizei – Das Beispiel Hamburg, in: Bernhard Frevel/Michaela Wendekamm (Hg.), Sicherheitsproduktion zwischen Staat, Markt und Zivilgesellschaft, Wiesbaden, S. 241–267.

Mähler, Michael (2009): Plural Policing. Neue Dimensionen der Sicherheitsarchitektur, in: Thomas Feltes (Hg.), Neue Wege, neue Ziele. Polizieren und Polizeiwissenschaft im Diskurs, Frankfurt, S. 105–116.

Möllers, Martin (2015): Müssen Kommissarinnen und Kommissare ein akademisches Hochschulstudium absolvieren? Zur Frage des Nutzens eines Diploms, in: Martin Möllers/Robert van Ooyen (Hg.), Bundespolizei – Hochschule – Innere Sicherheit. Festgabe für Bernd Brämer, Frankfurt, S. 35–60.

Neubert, Malte (2017): Cybercrime als polizeiliche Herausforderung, in: Sandra Schmidt/Waltraud Nolden/Thomas Enke/Carsten Schumann/Matthias Tschupke (Hg.), Festschrift zum 20-jährigen Bestehen der Fachhochschule Sachsen-Anhalt – Reflexion und Vision. Beiträge zur Entwicklung der Polizei. Frankfurt, S. 219–238.

Ohlemacher, Thomas (2016): Polizei und Wissenschaft an polizeilichen (Aus-)Bildungseinrichtungen: Eine schwierige Beziehung mit Perspektive, in: Bernhard

Frevel/Hermann Groß (Hg.), Empirische Polizeiforschung XIX: Bologna und die Folgen für die Polizeiausbildung, Frankfurt, S. 13–23.

Programm Innere Sicherheit (PIS), Fortschreibung 2008/2009, IMK-Beschluss v. 5.6.2009.

Rommelspacher, Birgit (1995): Dominanzkultur, Berlin.

Spohrer, Hans-Thomas (2015): Studium ohne Wissenschaft? Das Primat der Praxis am Beispiel des Hochschulstudiums der Polizei aus sozialwissenschaftlicher Sicht, in: Martin Möllers/Robert van Ooyen (Hg.), Bundespolizei – Hochschule – Innere Sicherheit. Festgabe für Bernd Brämer, Frankfurt, S. 25–34.

Sterbling, Anton (2008): Interkulturelle Kompetenz, Internationalisierung der Polizeiarbeit, Reform des Polizeistudiums, in: ders. (Hg.), Internationale Zusammenhänge und Erfahrungen der Weiterentwicklung der Polizeiausbildung. Beiträge zum X. Hochschuldidaktischen Kolloquium an der Hochschule der Sächsischen Polizei, Rothenburg, S. 89–106.

Voigt, Rüdiger (2009): Sicherheit in der „Risikogesellschaft". Wir Bürger als Sicherheitsrisiko?, in: Martin Möllers/Robert van Ooyen (Hg.), Jahrbuch Öffentliche Sicherheit 2008/2009, Frankfurt, S. 11–24.

Winter, Martin (1998): Politikum Polizei, Münster.

Akademisierung der Kleinkinderziehung
Frühpädagogische Hochschulausbildung und Praxis der Kindertagesbetreuung

Annett Maiwald
Halle (Saale)

Der Erziehungsberuf für die Kindertageseinrichtungen ist die einzige pädagogische Kernprofession in Deutschland, die nicht akademisiert wurde. Seit den 70er Jahren lagen detaillierte Modelle vor, die eine Einbeziehung des Kindergartens in das Bildungssystem empfahlen und für diesen neu zu ordnenden Elementarbereich auch eine spezialisierte Ausbildung vorsahen, die möglichst in die Lehramtsausbildung integriert werden sollte (Deutscher Bildungsrat 1970).

Diese Forderungen wurden bis heute nicht umgesetzt. Die sozialpädagogische Erzieherinnenausbildung an Fachschulen[1] (Janssen 2010) stellt hierzulande nach wie vor die dominierende Qualifizierungsform für das pädagogische Handlungsfeld der Kindertagesstätten dar; aus ihr rekrutiert sich der überwältigende Teil des dort beschäftigten Personals.

Demgegenüber ist eine recht dynamische Entwicklung innerhalb des Hochschulsystems selbst zu beobachten, die als eigenständiger thematischer Beitrag zur Qualifikation frühpädagogischer Fachkräfte gelten kann, ohne systematisch mit der Erzieherinnenausbildung in Zusammenhang zu stehen.

Das Phänomen der fortschreitenden Hochschulbildungsexpansion, vor allem die stete Zunahme anwendungsbezogener Studiengänge (Reisz/ Stock 2013), hat auch den Bereich der Pädagogik für die frühe Kindheit erfasst: Im Zuge der Umsetzung der Bologna-Hochschulstrukturreform und im Aufwind der bildungspolitischen Diskussion um die OECD-PISA-Studien, die auch die Bildungsbedeutsamkeit des Kindergartens problematisierte, entstanden vor ca. 10 bis 15 Jahren neuartige Studiengänge einer explizit ausbildungswissenschaftlich orientierten Frühpäda-

---

[1] Als sogenannte Breitbandausbildung ist sie für die Arbeit im Spektrum unterschiedlicher sozialpädagogischer Einrichtungen für den Altersbereich von 0 bis 27 Jahren konzipiert.

gogik,[2] die sich ganz überwiegend als Bachelorstudium an Fachhochschulen etablierte (Helm 2015; Pasternack 2015). Dieses akademische Ausbildungsangebot und seine Wirkungen in der Praxis der Kindergartenerziehung stehen im Zentrum des nachfolgenden Beitrags.

1. Justierung der Forschungsperspektive auf frühpädagogische Akademisierungsprozesse

Konkret geht es hierbei nicht um eine bildungsgeschichtliche Rekonstruktion der spezifischen Entwicklung als Studienfach oder um epistemologische Untersuchungen seiner distinkten Gegenstände als frühpädagogische Wissensobjekte, sondern aus einer handlungslogisch ausgerichteten Perspektive wird das Verhältnis von Hochschulausbildung und „akademischer" Praxis in den Blick genommen. Im Vergleich mit klassischen Akademisierungs- und Professionalisierungsprozessen, bei der die Ausübung eines praktischen, erfahrungsgeleiteten Handwerks und die theoretischen Prinzipien der *scientia* der Universität letztlich in einer akademischen Ausbildung für bestimmte Professionen mündeten (exemplarisch: der Arztberuf), markiert der Fall der Frühpädagogik eine bemerkenswerte hochschulische Parallelentwicklung. Dies insofern, als dass die fachschulische Erzieherinnenausbildung und die Studiengänge mit ihrer Wissensvermittlung und den von ihnen hervorgebrachten frühpädagogischen Absolventinnen nun nebeneinanderstehen.

Im Bestreben, die empirische Realität der Akademisierungsprozesse in diesem Feld herauszupräparieren, werden einzelne Aspekte frühpädagogischer Konzepte in ihrer curricularen Aufbereitung und ihren Vermittlungsformen im Studienfach in den Blick genommen und es werden daraufhin erste beobachtbare Effekte in der Praxis der Kindertagesbetreuung beschrieben, die mit den Studiengängen und ihren Absolventinnen, als deren vermutete materielle Wirkungen, in Zusammenhang stehen. Gefragt wurde, was *akademisierte Erziehungsarbeit* im Interaktionssystem des Kindergartens eigentlich bedeutet – und wie mithin dort in einem neuen, durch das akademische Wissen beeinflussten, Sinne sozialisiert wird.[3]

---

[2] Die Bezeichnung „Ausbildungswissenschaft" (Honig 2015: 44) wurde von Vertretern der (älteren) Pädagogik der frühen Kindheit an den Universitäten verwendet, um deren grundlagentheoretische Aufgabe von der reinen Ausbildungsfunktion abzugrenzen.

[3] Die Fallanalysen zur Frühpädagogik erfolgen im Rahmen des Forschungsprojektes „Expansion der Hochschulbildung und Akademisierung der Beschäftigung", das von der Deutschen Forschungsgemeinschaft (DFG-Kennzeichen: STO 499/6-2) gefördert wird (siehe dazu Stock et al. 2018).

Akademisierungsforschung in diesem reproduktiven Bereich der institutionellen Kleinkinderziehung hat es unmittelbar mit der Frage nach den Sozialisationserträgen und den Details der sozialen Praxis zu tun, die durch das Einklinken von Wissenschaft und akademischer Qualifizierung in das Geschehen evoziert werden. „Akademisierung" wird in dem vorliegenden Betrag daher in einem offenen „finalisierten" Sinne mehr auf Seiten der Arbeitswelt jenseits der Hochschulen verortet, wo sie sich als Zweck einer hochschulischen Ausbildung realisiert, gewissermaßen zu ihrem Ende kommt und äußerst heterogene Wirkungen zeitigt.

Dieser Forschungsfokus ist auch damit begründet, weil eine strikte Unterscheidung zwischen der *logischen Kraft* und der *materiellen Wirkung*" theoretischer Grundsätze, curricularer Inhalte usw. äußerst schwierig ist (Feyerabend 1983: 24) und sich das Verhältnis von frühpädagogischem Denken und akademischem Erziehungshandeln keineswegs in ebendieser Reihenfolge und auch nicht getrennt voneinander begreifen lässt. Das Verstehen von frühpädagogischer Akademisierung im Sinne eines Verständnisses der Bedeutung der wissenschaftlichen Leistungen für die Kleinkinderziehung „kommt immer erst nach dem Ereignis" (ebd.: 25) – wenn wir hier schlicht das Eintreten der Akademikerinnen in die Praxis als eine ereignishafte Struktur auffassen wollen.

Aspekte der frühpädagogischen Wissensproduktion und des Kompetenzerwerbs durch die Hochschule als „Agentur rationalen Handelns" (Parsons/Platt 1990: 99) werden somit an Erscheinungen der Implementierungs- und Transformationsprozesse kognitiver Werte und ihrer Bedeutungen im beruflichen Handlungsfeld selbst rekursiv geprüft.

2. Frühpädagogische Hochschulausbildung und Konzepte frühkindlicher Bildung

Einige kurze Bemerkungen zur institutionellen Situation der Kleinkinderziehung sind vorab notwendig. Die „Kindertagesbetreuung"[4] hat sich zweifellos zu einer unverzichtbaren Institution gesellschaftlicher Reproduktion entwickelt. Das Feld unterlag in den letzten 20 Jahren einem enormen Größenzuwachs, nicht zuletzt aufgrund der Verwirklichung des Rechtsanspruches auf einen Betreuungsplatz. Die Zahl der Fachkräfte in den Kindertageseinrichtungen entspricht mittlerweile annähernd derjenigen in allgemeinbildenden Schulen (destatis 2018, 2017) und die Betreu-

---

[4] So lautet in Deutschland die offizielle, zumeist im Verwaltungs- und Politikbereich verwendete Bezeichnung.

ungsquote bei den über Dreijährigen liegt im Bundesdurchschnitt bei 93 % (destatis 2019).

Damit setzt organisierte Erziehung, die „Intentionalisierung der Sozialisation" (Luhmann 1985: 81), noch früher, bereits vor der Schule, ein. Hierin manifestiert sich die strukturelle Anforderungsproblematik der dualen Sozialisationssituation des Kindes, oszillierend zwischen der Familie und den pädagogischen Organisationen (Dencik 1989). Dem Erziehungspersonal kommt mithin die Bedeutung zu, dass es neben den Eltern „die Schlüsselposition in der Bildung der menschlichen Gattung" innehat (Heinsohn/Knieper 1974: 219).

Wenn die institutionelle Kleinkinderziehung sukzessive die gesamte jüngste Generation ergreift, also gewissermaßen unsere Gesellschaft dort „hindurchgeht", so stehen die Exklusivität und die Anspruchshaftigkeit der zu bewältigenden Erziehungs- und Bildungsaufgaben klar vor Augen. Die derzeit vielbeschworene Dignität des kleinen Kindes und die Hochachtung vor seinen Bildungsprozessen, vor seiner Neugier und Entdeckungslust an der Welt (z.B. Elschenbroich 2001), scheinen jedoch für den Beruf der Erzieherin nicht in gleichem Maße zu gelten, wenn man die bislang ausgebliebene, durch die aktuelle Finanz- und Bildungspolitik auch nicht forcierte Akademisierung als Signum für die gesellschaftliche und politische Anerkennung nimmt. Eine Hochschulausbildung für Erzieherinnen im Sinne einer konsequenten Vollakademisierung des Berufs nach dem Vorbild der staatlich geprüften Lehrerberufe (Lundgreen 2011) wird offenbar nicht als notwendig oder derzeit als unfinanzierbar angesehen.[5]

Erst spät, als die Organisationsstrukturen der Kleinkinderziehung längst vorliegen (Heinsohn 1974), aktiviert die frühpädagogische Wissenschaft ihre Theorieproduktion, profiliert eine Semantik von früher Bildung (vgl. Luhmann/Schorr 1988: 78) und veranlasst Forschung zu identifizierten Problemen. Die wissenschaftlichen Aktivitäten erfolgen meist im Aufwind bildungspolitischer Themenkonjunkturen (Berth 2015; Reyer/Franke-Meyer 2010) und die Problemaufrisse und Lösungsvorschläge münden letztlich auch in Kita-Bildungsprogramme und in Curricula für Hochschulausbildungen, die akademisches Personal hervorbringen.

Gestartet waren die Studiengänge im Jahr 2004 mit einigen wenigen Angeboten, die vor allem für die Weiterqualifizierung des Personals in der Kindertagesbetreuung, d.h. für die traditionell an sozialpädagogischen

---

[5] Zudem wird argumentiert, dass mit der Überführung der Erzieherinnenausbildung in ein Hochschulstudium ein breites Feld beruflicher Bildungs- und Beschäftigungsmöglichkeiten für eine Vielzahl von Schülerinnen ohne Hochschulzugangsberechtigung wegfallen würde.

Fachschulen ausgebildeten Erzieherinnen, konzipiert wurden (Balluseck 2008; Labonté-Roset/Cornel 2008). Binnen kurzer Zeit hat sich dieses Hochschulsegment zu einem eigenständigen Bereich akademischer Qualifikation und darauf bezogener Forschungsaktivitäten entwickelt, die in ihrem Grundthema auf die „Bildung und Erziehung in der Kindheit" abzielen. Bis heute sind rd. 70 Studiengänge an 55 Hochschulstandorten entstanden, wobei der Ausbau, der in den ersten Jahren eine enorme Dynamik aufwies, inzwischen abgeschlossen scheint (FKB Frühe Bildung 2014, 2017, 2019). Es existieren nur wenige Masterangebote und die Universitäten sind in diesem Bereich fast gar nicht vertreten (Thiersch 2000).

Der innerwissenschaftliche Konsolidierungsprozess der Frühpädagogik als genuines Studienfach läuft seither parallel und weitgehend unabhängig von den historisch viel älteren Bemühungen, den Erzieherinnenberuf zu akademisieren (Diller/Rauschenbach 2006), der mit der Ausübung der pädagogischen Kernrolle befasst ist. Zur präziseren Identifizierung des Studienprofils firmieren die Studiengänge inzwischen unter der Bezeichnung „Kindheitspädagogik" (Stieve/Worsley/Dreyer 2014) und zur Etablierung des neuen akademischen Qualifikationsprofils konnte erfolgreich die Berufsbezeichnung der staatlich anerkannten „Kindheitspädagoginnen" gesetzlich verankert werden (Berufsprofil 2015).

Die Legitimation dieser Zuständigkeit für die „Kindheit" und damit für breite berufliche Einsatzfelder im Sinne der Pädagogik einer Lebensphase erfolgte durch den Verweis auf die Diskussion zum lebenslangen Lernen, zu *employability* und zur Bedeutung frühkindlicher Lernprozesse als Fundament für alle späteren Bildungsphasen. Auch von aktuellen Forschungen der Kognitions- und Neurowissenschaften über die Komplexität und Umweltabhängigkeit frühkindlicher Entwicklung wurden Argumente für die Wissenschaftsbasiertheit der Ausbildung von Experten abgeleitet. Die spezialisierte Hochschulausbildung soll „Profis in Kitas" bringen und dort einen „Qualitätsschub" bewirken (RBS 2008: 6).

Ausschlaggebend für die Studiengänge war, dass im Zuge der bildungspolitischen Diskussion nach PISA um die ungenutzten Chancen der frühen Jahre dem Kindergarten offiziell ein eigenständiger Bildungsauftrag erteilt wurde (BMBF 2005). Die Einrichtungen sollten fortan zu Lernorten zur systematischen Förderung frühkindlicher Bildungsprozesse umgestaltet werden. Erstellt wurde ein Forderungskatalog zur Veränderung der Politik der frühkindlichen Betreuung, Bildung und Erziehung in Deutschland (OECD 2004), der die Durchsetzung von internationalen Bildungsstandards (Dahlberg u.a. 1999), die Schaffung eines fokussierten Lernumfelds für effektive Interventionen und insgesamt eine Verbesserung der pädagogischen Qualität (Tietze/Viernickel 2016) gewährleisten sollte.

Es geht im Kindergarten nunmehr verstärkt um das Lernen-Lernen des Kindes, um Stärkung von Lerndispositionen und um die Unterstützung des kindlichen „Forscherdranges" (KMK 2004: 2). Das zur Begründung herangezogene wissenschaftliche Wissen ist vor allem entwicklungspsychologischer Provenienz und soll als modifiziertes Fachwissen für die Praxis handlungsleitend werden. Als zentral gelten eine für die Schule bzw. im Prozess des lebenslangen Lernens anschlussfähige Kompetenz- und Performanzorientierung zur Erzeugung „universeller Basisqualifikationen" und eines „dynamisch einsetzbaren Wissens" (PISA-Konsortium 2001: 20), die für die vorschulische Phase aufbereitet werden.

3. Ausschnitte frühpädagogischer Curricula und Aspekte der Lehr-/Lernorganisation

Die Kompetenzorientierung erlangte große Dominanz in den Konzeptionen für die Bildung des kleinen Kindes, aber ebenso in den frühpädagogischen Studienprogrammen. Es wurden umfangreiche Orientierungsrahmen für hochschulische Qualifikationsprofile erstellt (RBS 2008, 2011), die im Fortgang stark die Curriculaentwicklung beeinflussen, wobei die Benennung der Kompetenzen für das professionelle Handeln den größten Raum einnimmt.

Das Pionierprojekt unter den Studiengängen, das zum Entwicklungsvorbild avancierte, bündelte über 800 Einzelkompetenzen in den Obergruppen: Fachkompetenzen – analytische Kompetenzen – reflexive und selbstreflexive Kompetenzen – interaktionelle Kompetenzen – allgemeine/bildungsbereichsspezifische didaktische Kompetenzen – Forschungskompetenzen – organisatorische Kompetenzen (ASH BEK 2010; vgl. Keil/Pasternack 2011: 75ff.). Deren Diskussion, Revision, Neubestimmung bzw. empirische Überprüfung (Fröhlich-Gildhoff u.a. 2014) führten bereits innerhalb des Faches zu einer selbstkritischen Diskussion der „Kompetenzformulierungsinflation" (Nentwig-Gesemann 2016).

Um dennoch die Ansprüche an „eine gebildete, fachlich fundiert kritisch argumentierende, selbstreflexive, diversitätssensible und sensitiv-responsive pädagogische Persönlichkeit" zu erfüllen, wird nach den nötigen „Lehr-Lern-Formaten und Didaktiken" (ebd.: 4) gefragt, damit diese Fach- und personalen Kompetenzen im Zuge eines Hochschulstudiums erworben werden können: „Die Entwicklung bestimmter Kompetenzen ist methodisch-didaktisch steuerbar" (ebd.: 13). Im Hinblick auf Absiche-

96

rung und Evaluation dieser Ausbildungsziele wird schließlich auf die Entwicklung „kompetenzorientierter Lehr-Lern- und Prüfungsformate" (ebd.: 6) fokussiert. Einzelne Fachvertreter kritisieren indessen scharf die finalisierte Logik einer auf „prädeterminierte Outcomes" und auf Steuerungswissen hin orientierten Frühpädagogik (Honig 2011: 193), bei der Konstrukte der pädagogischen und Entwicklungspsychologie als Wissensbestände dominieren, während theoriegenerierende Forschung und empirische Fallstudien tendenziell in den Hintergrund treten.

Im Kern der frühpädagogischen Studiengänge geht es um die „Persönlichkeitsbildung" der Studentinnen (Nentwig-Gesemann 2016: 13). Die Ansprüche daran werden implizit mit der legitimen Neuorientierung an der Individualität des kleinen Kindes und seiner Bildungsprozesse begründet (vgl. ASH BEK 2010: 11f.). Professionell handelnde Beziehungspersonen sollen dem Kind zur Seite stehen, um seinen Autonomie-, Bildungs-, Partizipations-, Rechtsansprüchen u.a. adäquat nachkommen zu können (vgl. RBS 2008: 22ff.). Die Studiengänge stellen sich der Aufgabe der Herstellung eines „neuen visionären Berufsprofils, das hält, was es verspricht" (Nentwig-Gesemann 2016: 9). Beansprucht wird der Faktor „frühe Bildung", indem darauf verwiesen wird, über wissenschaftlich fundierte Technologien, Interventionsmöglichkeiten und theoretisches Wissen zu verfügen und daher angemessenere Lösungen für die Kleinkinderziehung anbieten zu können.

Die Frühpädagogin hat in der vorliegenden Organisationsform der Bachelorstudiengänge kein Lehramt, kein Fach, das es neben Pädagogik zu studieren gäbe. Es kommt dem Studium etwa im Hinblick auf den früheren Charakter einer geisteswissenschaftlichen „Bildnerhochschule" (Spranger) nur geringe Bedeutung zu. Wenn ein materialer elementarer Bildungskanon gegenüber den Theorien und Konzepten, Didaktiken und Methoden ästhetischer, naturwissenschaftlicher Bildung usw. systematisch kaum auszumachen ist, so bleibt auch der Grad einer allgemeinen höheren kulturellen Bildung der Absolventinnen vermutlich an das Wissen gebunden, was sie hierzu im Gymnasium und durch ihre familiale Herkunft erworben haben. Davon werden die Kinder im Kindergarten wahrscheinlich zehren, wenn sie vor allem kundige Erklärungen für die Ereignisse in ihrer alltäglichen kindlichen Erfahrungswelt benötigen.

Durch die inhaltsanalytische Arbeit an den frühpädagogischen Studienprogrammen, Rahmenkonzepten usw. konturierten sich unter unserem Fokus auf Akademisierungswirkungen in der Kindertagesbetreuung bestimmte thematische Cluster heraus, von denen einer hier knapp umrissen werden soll. Seine adaptive Logik wurde an empirischen Phänomenen des Kita-Alltags rekursiv herauspräpariert und geschärft, also nicht in einer isolierten Curriculumsanalyse, die ihre Parameter der Kritik anders bestimmen müsste. Nochmals sei an dieser Stelle hervorgehoben, dass wir die akademische Schulung unter dem Aspekt betrachten, dass ihre Absolventinnen für die Kleinkinderziehungspraxis ausgebildet werden. Dass an den Hochschulen zugleich auch versucht wird, wissenschaftlichen Nachwuchs für die Frühpädagogik zu gewinnen, steht dazu nicht im Widerspruch, macht aber die Schwierigkeiten einer wissenschaftlichen Ausbildung für praktische Kleinkinderziehung deutlich.

Der Schwerpunkt der akademischen Betätigung soll auf systematischer „Beobachtung" des Kindes und der detaillierten „Dokumentation" seiner Bildungsprozesse liegen (RBS 2008: 77f.), um auf dieser Basis den Arbeitsalltag zu gestalten. Ausdrückliches Ziel des frühpädagogischen Hochschulstudiums ist die Erzeugung eines so bezeichneten „forschenden Habitus" (Fröhlich-Gildhoff u.a. 2011), wobei die umfassende Schulung in Methoden der qualitativen Sozial- und Evaluationsforschung unmittelbar dieser Kompetenzentwicklung dienen soll (Aktionsrat Bildung 2012).

Die in den Studienprogrammen durchweg herausgestellte enge Theorie-Praxis-Verzahnung führt letztlich zur Gefahr einer Methodenverabsolutierung durch das Ineinanderfallen von wissenschaftlicher „Forschungspraxis" und „pädagogischer Praxis" (ASH BEK 2010: 47). Die Curricula geraten in die Nähe einer Koinzidenz von „Forschungsmethoden", in denen jener professionelle forschende Habitus entwickelt und profiliert werden soll, und den „Praxismethoden", worin dieser Habitus dann erfolgreich in der Kita wirksam werden soll (ebd.). Explizit wird herausgestellt, dass die Auswahl der intensiv eingeübten Sozialforschungsmethoden grundlegend durch ihre „Praxisrelevanz im Kontext der professionellen Tätigkeit" bestimmt sei (ebd.: 49): Die frühpädagogische Qualifikation wird als Forschungskompetenz typisiert, womit Handlungsprobleme in der Praxis erkannt und adäquat bearbeitbar sein sollen.

Der Kindergarten wird in den Curricula dementsprechend wie ein (Forschungs-)„Feld" konstruiert: Mit einer ethnographischen Haltung, so wird argumentiert, sollen ungewisse Handlungssituationen und das kleine Kind als „Fall" in seiner Individualität besser erkundet und angemessenere Lösungen gefunden werden. Dies mündet in der Typisierung der akademisch-frühpädagogischen Berufsrolle als „forschende Praktikerin" (RBS 2008: 44) – die auf der operativen Ebene des Handlungssystems der Kindertagesbetreuung angesiedelte Rolle einer Erzieherin und die einer Forscherin fallen in eins.[6]

Die implizite strukturelle Koinzidenz von Wissenschafts- und Kindergartenpraxis spiegelt sich in der Studienorganisation eines „forschenden Lernens" in „Lernwerkstätten" (ASH BEK 2010: 10) wider. Hierin diffundieren dann die Vorstellungen von a) experimenteller Forschung, b) einem Hochschulstudium und c) von frühkindlicher Bildung in der Kita: In allen drei Bildungssettings erkunden demnach die Akteure ihre Gegenstände mit äquivalentem „Forscherdrang".

Die Frühpädagogik, sofern wir sie als anwendungsbezogene Ausbildung für außerwissenschaftliche Berufsfelder verstehen, vollzieht in ihren Konzepten eine szientifische Adaption von Bildung an Forschung – an Modelle von erziehungswissenschaftlicher Sozialforschung wie auch von naturwissenschaftlicher Forschung. Es erfolgt damit die „Substitution von Forschungstechnologie (Methodologie) für Erziehungstechnologie" (Luhmann/Schorr 1988: 347). Obgleich vermutlich auch in der Kleinkindererziehung ein „Technologieproblem" im Hinblick auf das komplexe Gruppenerziehungsgeschehen[7] persistiert (vgl. ebd.: 118ff.), was es zu lösen gälte, ist zu beobachten, dass die wissenschaftliche „Energie" der Frühpädagogik in das „Forschungsdesign [drängt], auch wenn die dort zu gewinnende Tiefenschärfe" nicht eigentlich auf *Erziehungs*erfordernisse abgestimmt ist (a.a.O.: 347). Die wissenschaftlichen Mittel werden benutzt, um die Praxisprobleme zu minimieren (vgl. ebd.). An diesem Punkt wollen wir zur faktischen „Akademisierungssituation" in den Kindergärten übergehen.

4. Absolventinnen frühpädagogischer Studiengänge in der Kindergartenpraxis

Inmitten der bildungspolitischen Rhetorik um frühkindliche Bildung und der von den Hochschulen verfolgten Professionalisierung durch Akade-

---

[6] Auch wenn dies an verschiedenen Stellen deutlich formuliert wird, ist damit der grundlegende Unterschied zwischen der wissenschaftlichen Praxis mit ihren Problemanalysen und der Aufgabe von Erziehung nicht aufgehoben: „Frühpädagoginnen sind – zumindest von ihrem Potenzial her – forschende Praktikerinnen sowie empirische Sozialforscherinnen zugleich. Die im Studium angelegten hermeneutischen Basiskompetenzen, die sich in einer forschenden Haltung manifestieren, sind *sowohl* für diejenigen, die später als *Pädagoginnen* arbeiten, als auch für diejenigen, die pädagogische Praxis wissenschaftlich erforschen wollen, unabdingbar" (RBS 2008: 44, Hervorhebung A.M.).

[7] Auch wenn das Interaktionssystem des Unterrichts sich von der Gruppenstruktur und der zeitlich-räumlichen Ablauforganisation des Kindergartens stark unterscheidet.

misierung bleibt das Feld der Kindertagesbetreuung bis heute eine „akademikerfreie Zone" (Rauschenbach/Schilling 2013: 107): Insgesamt haben rd. 18.000 Absolventinnen ihr Frühpädagogik-Bachelorstudium abgeschlossen (FKB 2019: 141). Es ist nun Ausdruck der Besonderheit dieses Akademisierungsfalles, dass nur etwa ein Drittel der Absolventinnen in jenes Arbeitsfeld einmündete, auf das das Entwicklungsprojekt und die spezifische epistemische Potenz der Studiengänge zuerst vordringlich abzielte: die Kindertageseinrichtungen – und dass ein weiteres Viertel dieser Berufsanfängerinnen das Feld spätestens nach fünf Jahren ganz verlässt (Fuchs-Rechlin u.a. 2017).

In Befragungen äußerte weniger als die Hälfte der Studentinnen, dass es sich bei den Kitas um ihr Wunscharbeitsfeld handelt. Von den Erzieherinnen, die zum Zweck der beruflichen Weiterqualifizierung studierten, möchten nur 45 % in die Einrichtungen zurückkehren (vgl. Züchner u.a. 2014: 38).

Die letzte offizielle Statistik von 2018 weist 627.344 Beschäftigte in den Kindertageseinrichtungen aus, davon waren 6.868 Kindheitspädagoginnen (1,1 % des Personals) – diejenige Gruppe, auf die der Beitrag fokussiert (vgl. destatis 2018). Auch wenn in den Kindertageseinrichtungen einzelner Regionen, Städte und Gemeinden mitunter eine Frühpädagogin nur wie die sprichwörtliche Nadel im Heuhaufen zu finden ist, so sind es doch immerhin mehrere tausend Absolventinnen, die in recht kurzer Zeit in das Berufsfeld der Kindertagesbetreuung einmündeten.

Im Hinblick auf den nur ca. zehn Jahre umfassenden Zeitraum, in der der Anteil der Kindheitspädagoginnen von rd. 1.000 im Jahr 2012 auf derzeit knapp 7.000 stieg, sind dies weitaus mehr als in den fünfzig Jahren zuvor, seit sich an den Universitäten die erziehungswissenschaftlichen Diplomstudiengänge und an den Fachhochschulen die Studiengänge für Soziale Arbeit/Sozialpädagogik etablierten, deren Absolventinnen das Feld fast vollständig ignorierten. Derzeit liegt die Akademikerquote bei rd. 5,6 %, wobei ihr Zuwachs zuletzt vor allem eben durch die Kindheitspädagoginnen getragen wird. Insgesamt sind aktuell rd. 35.000 Akademikerinnen in Kindergärten beschäftigt und rd. 600.000 Fachkräfte ohne eine hochschulische Ausbildung. Die größte Gruppe bilden die rd. 418.000 Erzieherinnen, hinzu kommen 100.000 Kinderpflegerinnen u.a. (vgl. ebd.).

Wenn Frühpädagoginnen in das Berufsfeld eintreten, so sind sie mit den fachschulisch ausgebildeten Erzieherinnen derzeit auf gleichen Stellen in den Kitas beschäftigt (vgl. Stock u.a. 2018: 30f.) Von daher sind (noch vor jeder eingehenden empirischen Analyse) verschlungene, sich überlagernde, kooperative, interdependente oder gar konfrontative Prozesse der Wissensanwendung und -begründung, des Handelns und Kommunizierens im beruflichen Handlungsfeld erwartbar. Diese „wilde" Ausgangskonstellation in der Kita-Praxis weist zum jetzigen Zeitpunkt die besonderen Merkmale auf, dass kein hierarchisiertes Stellengefüge in den Erziehungsorganisationen bzw. keine spezifischen Stellenkonstruktionen mit gesonderten beruflichen Zuständigkeiten für hochschulisch bzw. fachschulisch ausgebildete Fachkräfte existieren.[8]

Auch daher lag es nahe, die empirische Erforschung dieser Praxissituation *in situ* zu betreiben. Des Weiteren besteht die Vermutung, hierdurch erste emergente Spuren einer Art „bottom-up-Akademisierung" im Feld der Kindertagesbetreuung erfassen zu können. Damit ist gemeint, dass sich die Angemessenheit und die spezifische Eignung des frühpädagogischen Wissens der Absolventinnen für bestimmte Zwecke im Kontext von Kindergartenerziehung erst in der direkten Praxissituation herausstellen wird, worin es sich bewähren, sich als überlegen erweisen muss usw.

Angesichts des exklusiven und zugleich enervierenden Geschäfts der Erziehung – und hier insbesondere angesichts ihrer bedeutungsumstrukturierenden Transformation durch Wissenschaft und akademische Akteure – hält unsere Untersuchung am explanativen Anspruch der Soziologie als einer Erfahrungswissenschaft von der *sinnstrukturierten Welt* fest. In dem Verständnis, dass sich Soziologie am Grad ihrer Erfahrungsfähigkeit einer sich akademisierenden Welt messen lassen muss, wollen wir angesichts organisierter Erziehungsverhältnisse von handelnden Menschen und ihren zu explorierenden wissensmäßigen Relevanzen, Orientierungen, Sinnsetzungen, Interpretationen usw. in der jeweiligen sozialen Sphäre nicht absehen.

Die hier präsentierten Einblicke in die akademische Handlungspraxis wurden mit den methodischen Mitteln der sequenzanalytisch vorgehenden, sinnverstehenden sozialwissenschaftlichen Hermeneutik (Soeffner 2004) an umfangreichen Interviewprotokollen mit Absolventinnen frühpädagogischer Studiengänge gewonnen, die in der Gruppenarbeit in Kitas beschäftigt sind. Diskutiert werden einige auffällige Phänomene, die in unseren Augen vorsichtig als erste typische Merkmale des „Akademischen" bei der Erziehungsarbeit angesehen können. Dabei handelt es sich jedoch keineswegs um dauerhafte, durchweg konsistente Verhaltensweisen, die die Frühpädagoginnen in ihrem Kindergartenalltag zeigten.[9]

---

[8] Dies gilt gleichermaßen für die Leitungspositionen in Kitas, die ganz überwiegend von berufserfahrenen Erzieherinnen und auch von (wenigen) Akademikerinnen besetzt sind.

[9] Angemerkt werden kann, dass eine Vielzahl der interviewten Probandinnen, die überaus eindrucksvoll von ihrer Arbeit berichteten, aufgrund eines hohen beruflichen Anspruchs,

Bei den von uns interviewten Frühpädagoginnen deuten sich eine präformierte Wahrnehmung und eine generalisierte (Um-)Deutung des Kindergartengeschehens und des kindlichen Verhaltens im Sinne eines potentiellen Bildungsprozesses an, wobei nicht selten von der Einschätzung der Alltagsrealität abstrahiert wird. Dieser Frühpädagoginnentypus hat aufgrund eines hohen Bildungsanspruchs und einer gewissen Fixierung auf bildungstheoretische Konstrukte ein bestimmtes Wahrnehmungsschema entwickelt. Mit diesem werden die Alltagssituationen – das einzelne Kind im Kontakt mit der dinglichen Welt, Interaktionsbeziehungen in den Gruppen oder zwischen Kind und Erwachsenen usw. – als potentielle oder gerade ablaufende Bildungsprozesse gesehen, als zu ermöglichende und zu befördernde oder als verhinderte oder unterdrückte usw.; mithin wird alles mit Bildung „kontaminiert". Jede Situation gilt es auf ihren Bildungsgehalt hin zu befragen, zumeist entlang der in den Curricula formulierten Aspekte, unabhängig davon, welche konkreten Probleme mit den Kindern gerade gelöst werden müssen oder welcher Sinn sich hinter den Kinderfragen oder ihrem Verhalten tatsächlich verbirgt.

Im Kindergartenalltag führt der Beobachtungsauftrag dazu, dass die Ansprechbarkeit für die Kinder teilweise eingeschränkt ist. Das Beobachten der Kinder wird zu einem prädeterminierten, finalisierten „Auf-etwas-hin-Beobachten", so als ob man Bildungsprozesse sehen könne. Diese Erwartungshaltung führt dazu, dass die Kinder zuweilen zur „Bildung aufgefordert" werden, indem ihnen Aufgaben oder Dinge nahegelegt werden, auch wenn sie gerade an etwas ganz anderem interessiert sind. Das Spiel der Kinder wird mit einem normativen Anspruch belegt, nicht im Sinne von Regeleinhaltungen, sondern im Hinblick auf Bildungsgüte. In „Bildungskommunikationen" kommt es dann mitunter zu Szenen, in der ein Kind von der Frühpädagogin über gerade ablaufende Prozesse seiner eigenen Innenwelt in Kenntnis gesetzt wird.

Wenn die Praxis mit universellen Bildungsmöglichkeiten untersetzt wird, die es zu erkennen und auszuschöpfen gilt, so wird in den Augen der Frühpädagoginnen der Kindergartenalltag in seiner faktischen Normalität resp. die Signifikanz seiner Sozialbeziehungen einer gewissen Illegitimierung unterzogen. Es wird stark auf vorkonstruierte, inszenierte Lernumgebungen abgestellt, um, wie gesagt wird, frühkindliche Bildung zu fördern. Der kreative Umgang mit der Alltagsumgebung der Kinder in der Organisation erhält eher weniger Relevanz.

---

dem sie, wie sie sagten, unter den derzeitigen Bedingungen nicht gerecht werden könnten, kurz davor standen, aus der Kindertagesbetreuung hinauszugehen.

Auch „Reflexion" als eine von den Frühpädagoginnen beständig abgeforderte Aktivität und gleichzeitig als selbst eingesetzter „professioneller" Handlungsimperativ gerät in Gefahr, als Bewusstseinsoperation an sich absolut gesetzt zu werden, die ihren sachlichen Reflexionsinhalt aus den Augen verliert. Das Reflexionsthema wird selbstreflexiv. In der Kopplung mit „Bildung" und „Professionalität" wird es nicht selten zur Beschreibung ihres Qualifikationsprofils resp. ihres Handelns herangezogen, indem das eine durch das andere erklärt und begründet wird.

Die auf „Bildung" fixierte Perspektive wird von den Frühpädagoginnen selbst als analytische Kompetenz im Hinblick auf die Erfassung und Durchdringung des Kita-Geschehens verstanden. Hingegen scheint es, als ob sich die Akademikerinnen, ohne sich darüber im Klaren zu sein, gegenüber den (schlechten) Faktizitäten des Betreuungsalltags abdichten und dass sie beginnen, sich von der Realität zu distanzieren. Damit wird von der „banalen" Beschaffenheit des Kindergartens in gewisser Hinsicht abgesehen. Dies kann unseres Erachtens als ein in Teilen problematischer Wirklichkeitsbezug des akademischen Arbeitsvermögens diskutiert werden. Es fällt ein Abgehen von der Organisationswirklichkeit auf, eine bestimmte Zurückhaltung, aus den spezifischen sozialen Situationen der Lebenspraxis des Kindergartens heraus verantwortlich zu handeln, sich zu exponieren.

Wenn die frühpädagogischen Konzepte eine Abstraktionserhöhung in der Orientierung auf die Alltagsrealität der Kindertageseinrichtungen erkennen ließen, so lässt sich im erzieherischen Handeln der Frühpädagoginnen gleichfalls eine Zunahme des Abstraktionsgrades bzw. eine gewisse Rücknahme des Aktivitätsgrades, der unmittelbaren körperlichen und engagierten Involviertheit in den Interaktionen nachzeichnen: Fokussiert wird auf die Herstellung eines Bewusstseins von Bildungsprozessen – ihre permanente Wahrnehmung, Reflexion und Beschreibung usw.

Es fällt schwer, die spezifische kognitive Rationalität der Frühpädagoginnen zu beschreiben, aber man kann sagen, dass es in einem primären Sinne darum geht, nicht zu erziehen, etwas vorzumachen (vorzuleben), kindliche Verhaltensweisen zu korrigieren usw., sondern über Bildung nachzudenken und zu reflektieren. Die tatsächlichen Beanspruchungen, denen die Fachkräfte in der Praxis unterliegen, werden von den dominanten Konzepten absorbiert, die Gestaltung der Interaktionsbeziehungen und die beruflichen Handlungsaufgaben werden intellektualisiert.

5. Ausblick: „Akademische" Erziehung als „zugemutete Autonomie"?

Die Frühpädagoginnen haben ein Repertoire an Forschungsmethoden erworben, die sich sukzessive immer mehr als Praxismethoden empfehlen. Die Ausbildung prädisponiert dafür, Erziehung durch Forschung zu ersetzen. Als Praxisvorbereitung erfolgt eine „szientifische Auswertung" von Handlungserfahrungen (Stichweh 2013: 251), die aber nicht der Kitapraxis entnommen werden. Die Frühpädagogik stellt die „Situationen", in denen sie Erfahrungen macht und reflektiert, selbst her (ebd.: 283).

Die empirischen Explorationen zeigen nun, dass in Anwendung der als Handlungswissen vermittelten Lehrinhalte dann jene Forschungsmethoden unmittelbar im Kindergarten zum Einsatz kommen. Beispielsweise zeigt ein bemerkenswertes Fallbeispiel, dass der Morgenkreis mit den Kindern explizit als „Gruppendiskussion" veranstaltet wird, wobei die Frühpädagogin sich in ihrer akademisierten Berufsrolle als „Moderatorin" versteht, um die Redebeiträge in ihrem Ablauf zu organisieren („Kommunikationsmanagement"), die „Meinungen" der Kinder zu sammeln und sich bei allen (heiklen) Themen, zum Beispiel „Krieg", dezidiert nicht zu positionieren.

Herausgestellt wird von ihr, dass es wichtig sei, dass die Kinder „einmal darüber sprechen konnten". Angemessenes Verhalten wird mit „zurücktreten" und „erst mal schauen" als Ausdruck von Reflexivität beschrieben, wobei die tatsächlichen, eher unliebsamen, unbequemen Entscheidungen mitunter anderen Erzieherinnen überlassen werden. Kindliche Fragen, hinter denen nicht selten Ängste stehen und nicht nur Neugier, werden an die Kinder re-adressiert, was wiederum als Achtung vor dem Kind als „Subjekt" interpretiert wird: Dem eigenaktiven Kind mit seiner „agency", so wird argumentiert, müsse in seinen Selbstbildungsprozessen nurmehr assistiert werden.

In dieser Indifferenz, dieser zuweilen geringeren Greifbarkeit tritt zudem das akademische Selbstmissverständnis der faktischen Auskleidung jener frühpädagogisch-konzeptionellen Vorstellungen von der neuen begleitenden, ko-konstruktiven Rolle einer Erzieherin zutage. Diese soll, und dem ist uneingeschränkt zuzustimmen, nicht autoritär sein, nicht mehr dirigistisch, eingreifend oder führend – sie muss sich aber gleichwohl für die Kinder engagieren. Denn für sie ist es existentiell. Die Routinen der Erzieherinnen/Frühpädagoginnen betreffen ihre kindlichen Krisen, „a matter of life and death" (Hughes 1976: 1).

Demnach müsste man die Leistungen der Kindergartenerzieherinnen (gleich, ob fach- oder hochschulisch ausgebildet) zunächst schlicht so beschreiben, dass sie uns, der Gesellschaft, die Kinder abnehmen und dafür „psychischen Aufwand – Verschleiß" in Kauf nehmen und bereit sind, selbst „einen Preis" für die Entwicklung des Kindes zu zahlen (Heinsohn/ Knieper 1975: 30). Gesprochen wurde gar von „passivem Erleiden" (Zulliger 1952: 76) und davon, dass die Erwachsenen sich körperlich zur Verfügung stellen und etwas aushalten müssen.

Die Frühpädagogin im Sinne von Meads signifikanten Anderen, konkret: als „signifikante Organisations-Andere" in der pädagogischen Organisation handelnd (Maiwald 2018: 776), wird für die Kinder in den angedeuteten Fällen indifferent. Die Kinder geraten in bestimmten Situationen unter die empirischen Verhältnisse „zugemuteter Autonomie" (Allert 2007), während die akademische Erzieherin, ohne dies zu intendieren, in die Lage gerät, sich von dem Kind in seiner unmittelbaren Lebenswelt der Alltagsrealität des Kindergartens zu distanzieren.

Literatur

Aktionsrat Bildung (Hg.) (2012): Professionalisierung in der Frühpädagogik. Qualifikationsniveau und -bedingungen des Personals in Kindertagesstätten, Münster.

Allert, Tilman (2007): Zugemutete Autonomie – die frühe Kindheit in der Gegenwartsgesellschaft, in: Annelinde Eggert-Schmid Noerr/Urte Finger-Trescher/Ursula Pforr (Hg.), Frühe Beziehungserfahrungen, Gießen, S. 13–32.

ASH BEK, Alice-Salomon-Hochschule Bildung und Erziehung in der Kindheit (2010): Modulhandbuch „Bildung und Erziehung in der Kindheit". Grundständiger Bachelorstudiengang, Berlin.

Balluseck, Hildegard von (2008): Der Kontext der akademischen Erzieherinnenausbildung, in: Hilde von Balluseck/Elke Kruse/Elke Pannier/Pia Schnadt (Hg.), Von der ErzieherInnen-Ausbildung zum Bachelor-Abschluss. Berlin/Milow/Strasburg, S. 16–54.

Berth, Felix (2015): Vergessene Euphorie. Die erste Welle der frühpädagogischen Begeisterung, Zeitschrift für Pädagogik 61 (2015), Heft 4, S. 546–564.

Berufsprofil (2015): Berufsprofil Kindheitspädagogin/Kindheitspädagoge. Beschluss des Studiengangstages Pädagogik der Kindheit vom 16.01.2015, URL http://www.fbts.de/fileadmin/fbts/Arbeitskreise/Studiengangstag/Berufsprofil_01.06.2015_END_Kopie.pdf (22.7.2015).

BMBF, Bundesministerium für Bildung und Forschung (Hg.) (2005): Auf den Anfang kommt es an. Perspektiven für eine Neuorientierung frühkindlicher Bildung, Bonn/Berlin.

Dahlberg, Gunilla/Peter Moss/Alan Pence (1999): Beyond Quality in Early Childhood Education and Care. Postmodern Perspectives, London.

Dencik, Lars (1989): Growing up in the Post-Modern Age: On the Child's Situation in the Modern Family, and on the Position of the Family in the Modern Welfare State, Acta Sociologica 32 (1989), 2, S. 155–180.

Destatis, Statistisches Bundesamt (2019): Betreuungsquote von Kindern unter 6 Jahren nach Bundesländern, URL https://www.destatis.de/DE/Themen/Gesellschaft-Um

welt/Soziales/Kindertagesbetreuung/Tabellen/betreuungsquote-2018.html
(15.10.2019).

Destatis, Statistisches Bundesamt (2018): Kinder und tätige Personen in Tageseinrichtungen und in öffentlich geförderter Kindertagespflege am 01.03.2018, Wiesbaden.

Destatis, Statistisches Bundesamt (2017): Lehrkräfte nach Schularten und Beschäftigungsumfang. In: Allgemeinbildende Schulen, Fachserie 11, Reihe 1, Wiesbaden.

Deutscher Bildungsrat (1970): Strukturplan für das Bildungswesen. Empfehlungen der Bildungskommission. Stuttgart: Klett Verlag.

Deutsches PISA-Konsortium (Hg.) (2001): PISA 2000. Basiskompetenzen von Schülerinnen und Schülern im internationalen Vergleich, Opladen.

Diller, Angelika/Thomas Rauschenbach (Hg.) (2006): Reform oder Ende der Erzieherinnenausbildung, München.

Elschenbroich, Donata (2001): Weltwissen der Siebenjährigen. Wie Kinder die Welt entdecken können, München.

Feyerabend, Paul (1983): Wider den Methodenzwang, Frankfurt/M.

FKB, Autorengruppe Fachkräftebarometer (2014) (2017) (2019): Fachkräftebarometer Frühe Bildung. Ausgaben 2014, 2017, 2019, Weiterbildungsinitiative Frühpädagogische Fachkräfte (WiFF), München.

Foerster, Heinz von (1985): Sicht und Einsicht. Versuch zu einer operativen Erkenntnistheorie, Braunschweig.

Fröhlich-Gildhoff, Klaus/Iris Nentwig-Gesemann/Stefanie Pietsch/Luisa Köhler/Maraike Koch (2014): Kompetenzentwicklung und Kompetenzerfassung in der Frühpädagogik, Freiburg (i. Br.).

Fröhlich-Gildhoff, Klaus/Iris Nentwig-Gesemann/Hans Rudolf Leu (Hg.) (2011): Forschung in der Frühpädagogik. Schwerpunkt: Beobachten, Verstehen, Interpretieren, Diagnostizieren, Freiburg (i.Br.).

Fuchs-Rechlin, Kirsten/Gisela Kammermeyer/Susanna Roux/Ivo Züchner (Hg.) (2017): Was kommt nach Ausbildung und Studium? Untersuchungen zum Übergang von Erzieherinnen und Kindheitspädagoginnen in den Arbeitsmarkt, Wiesbaden.

Heinsohn, Gunnar (1974): Vorschulerziehung in der bürgerlichen Gesellschaft. Geschichte, Funktion, aktuelle Lage, Frankfurt/M.

Heinsohn, Gunnar/Barbara M.C. Knieper (1975): Theorie des Kindergartens und der Spielpädagogik, Frankfurt/M.

Heinsohn, Gunnar/Rolf Knieper (1974): Theorie des Familienrechts. Geschlechtsrollenaufhebung, Kindesvernachlässigung, Geburtenrückgang, Frankfurt/M.

Helm, Jutta (2015): Die Kindheitspädagogik an deutschen Hochschulen. Eine empirische Studie zur Akademisierung einer pädagogischen Profession, Opladen/Berlin/Toronto.

Honig, Michael-Sebastian (2011): Auf dem Weg zu einer Theorie betreuter Kindheit. In: Svendy Wittmann/Thomas Rauschenbach/Hans-Rudolf Leu (Hg.), Kinder in Deutschland. Eine Bilanz empirischer Studien, Weinheim/München, S. 181–197.

Honig, Michael-Sebastian (2015): Vorüberlegungen zu einer Theorie institutioneller Kleinkinderziehung. In: Peter Cloos/Katja Koch/Claudia Mähler (Hg.), Entwicklung und Förderung in der frühen Kindheit, Weinheim/München, S. 43–58.

Hughes, Everett C. (1976): The Social Drama of Work. In: Mid-American Review of Sociology, 1976, Vol. 1, No. 1, S. 1–7.

Janssen, Rolf (2010): Die Ausbildung frühpädagogischer Fachkräfte an Berufsfach-
schulen und Fachschulen. Expertise für das Projekt Weiterbildungsinitiative Frühpädagogische Fachkräfte (WiFF), München.

Keil, Johannes/Peer Pasternack (2011): Frühpädagogisch kompetent. Kompetenzorientierung in Qualifikationsrahmen und Ausbildungsprofilen der Frühpädagogik,
Wittenberg.

KMK, Kultusministerkonferenz (2004): Gemeinsamer Rahmen der Länder für die frühe Bildung in Kindertageseinrichtungen; URL https://www.kmk.org/fileadmin/
Dateien/veroeffentlichungen_beschluesse/2004/2004_06_03-Fruehe-Bildung-Kin
dertageseinrichtungen.pdf (17.6.2019).

Labonté-Roset, Christine/Heinz Cornel (2008): Die Hochschulausbildung für frühpädagogische Fachkräfte, in: Hilde von Ballusek (Hg.), Professionalisierung der
Frühpädagogik. Opladen/Farmington Hills, S. 77–86.

Luhmann, Niklas (1985): Erziehender Unterricht als Interaktionssystem, in: Jürgen
Diederich (Hg.): Erziehender Unterricht – Fiktion und Faktum? Frankfurt/M., S.
77–94.

Luhmann, Niklas/Karl Eberhard Schorr (1988): Reflexionsprobleme im Erziehungssystem, Frankfurt/M.

Lundgreen, Peter (2011): Pädagogische Professionen, Zeitschrift für Pädagogik 57
(2011), Beiheft 57, S. 9–39.

Maiwald, Annett (2018): Erziehungsarbeit. Kindergarten aus soziologischer Perspektive, Wiesbaden.

Nentwig-Gesemann, Iris (2016): Potenziale und Dilemmata der Kompetenzorientierung. Vortrag WiFF-Fachforum: Kompetenzorientierung auf dem Prüfstand, 22.1.
2016, Berlin.

OECD, Organisation for Economic Co-Operation and Development (2004): Die Politik der frühkindlichen Betreuung, Bildung und Erziehung in der Bundesrepublik
Deutschland, Paris.

Parsons, Talcott/Gerald M. Platt (1990): Die amerikanische Universität. Ein Beitrag
zur Soziologie der Erkenntnis, Frankfurt/M.

Pasternack, Peer (2015): Die Teilakademisierung der Frühpädagogik. Eine Zehnjah-
resbeobachtung, Leipzig.

Rauschenbach, Thomas/Matthias Schilling (2013): Die Akademisierungsfrage der
Frühpädagogik und ihre Nebenwirkungen, in: Sektion Sozialpädagogik und Pädagogik der frühen Kindheit (Hg.), Konsens und Kontroversen. Weinheim/Basel, S.
104–120.

Reisz, Robert D./Manfred Stock (2013): Hochschulexpansion, Wandel der Fächerpro-
portionen und Akademikerarbeitslosigkeit in Deutschland, ZfE Zeitschrift für Erziehungswissenschaft 16 (2013), Heft 1, S. 137–156.

Reyer, Jürgen/Diana Franke-Meyer (2010): Vorschulreform und der wissenschaftliche
Status der „Pädagogik der frühen Kindheit" als Teildisziplin der Erziehungswissenschaft, in: Zeitschrift für Pädagogik 56 (2010) 5, S. 725–743.

RBS, Robert-Bosch-Stiftung (2008): Frühpädagogik studieren. Ein Orientierungsrahmen für Hochschulen, Stuttgart.

RBS, Robert-Bosch-Stiftung (2011): Qualifikationsprofile in Arbeitsfeldern der Pädagogik der Kindheit, Stuttgart.

Soeffner, Hans-Georg (2004): Auslegung des Alltags – Der Alltag der Auslegung. Zur
wissenssoziologischen Konzeption einer sozialwissenschaftlichen Hermeneutik,
Konstanz.

Stichweh, Rudolf (2013): Disziplinen und Professionen. Formen der Differenzierung zweier Systeme beruflichen Handelns in modernen Gesellschaften, in: ders., Wissenschaft, Universität, Professionen. Soziologische Analysen, Bielefeld, S. 245–293.

Stieve, Claus/Caroline Worsley/Rahel Dreyer (2014): Staatliche Anerkennung von Kindheitspädagogen und -pädagoginnen. Dokumentation der Einführung einer neuen Berufsbezeichnung, Köln.

Stock, Manfred/Annett Maiwald/Annemarie Matthies/Christoph Schubert (2018): Akademisierung der Beschäftigung. Konzeption eines Forschungsprogramms und erste Befunde zu ausgewählten Fallstudienbereichen, Halle, URL http://nbn-resolving.de/urn:nbn:de:gbv:3:2-92230.

Thiersch, Renate (2000): Pädagogik der frühen Kindheit als Ausbildungsschwerpunkt im erziehungswissenschaftlichen Diplomstudium, in: Hans Günther Homfeldt/Jürgen Schulze-Krüdener (Hg.), Wissen und Nichtwissen, Weinheim/München, S. 163–172.

Tietze, Wolfgang/Susanne Viernickel (2016): Pädagogische Qualität in Kindertageseinrichtungen für Kinder. Ein Nationaler Kriterienkatalog, Weimar.

Züchner, Ivo/Kirsten Fuchs-Rechlin/Christiane Theisen/Lorette Göddeke/Manfred Bröring (2014): Kindheitspädagoginnen und Kindheitspädagogen im Beruf, in: Kirsten Hanssen/Anke König/Carola Nürnberg/Thomas Rauschenbach (Hg.), Arbeitsplatz Kita. Analysen zum Fachkräftebarometer Frühe Bildung 2014, München, S. 31–46.

Zulliger, Hans (1952): Heilende Kräfte im kindlichen Spiel, Eschborn.

Ein Naturrecht auf höhere Bildung
Die Anfänge des Frauenstudiums in Deutschland

Marco Birn
Reutlingen

„Alle Deutschen sind vor dem Gesetze gleich. Männer und Frauen haben grundsätzlich dieselben staatsbürgerlichen Rechte und Pflichten."

Diese beiden viel zitierten Sätze führen in die Grundrechte der Deutschen in der Weimarer Verfassung vom 11. August 1919 ein. In der Preußischen Verfassung von 1850 lautet der erste Satz des vierten Artikels: „Alle Preußen sind vor dem Gesetz gleich." Der Unterschied zur Weimarer Verfassung besteht in deren Zusatz, der verdeutlicht, dass für Männer und Frauen die gleichen Rechte bestehen.

Zuvor galten solche Rechtssätze, ob nun in Preußen oder andernorts, mit natürlicher Selbstverständlichkeit nur für Männer. In einer patriarchalischen Gesellschaft stellte der Mann die Norm dar. Betraf ein Gesetz oder eine Verordnung auch die Frau, so musste, wie in der Weimarer Verfassung, diese Abweichung von der Norm ausdrücklich ausgesprochen werden, damit keine Zweifel bestehen, auf wen sich der Rechtstext nun bezieht.

Diese Problematik findet sich auch in der Hochschulgesetzgebung der Länder im Kaiserreich und den akademischen Bestimmungen der Universitäten wieder. Über Jahrhunderte hinweg waren die Universitäten für die Ausbildung der männlichen Jugend verantwortlich. Als sich in der zweiten Hälfte des 19. Jahrhunderts plötzlich die ersten Frauen, zumeist Ausländerinnen, an die deutschen Universitäten wandten und um Zulassung zum Besuch von Vorlesungen baten, gab es keinerlei gesetzliche Bestimmungen, die eine Zustimmung verboten hätten.

Der mentalgeschichtliche Hintergrund des impliziten Ausschlusses von Frauen aus der Gültigkeit von Rechtsnormen basiert auf einer Familienideologie, welche die Sozialgeschichte als „Konzept der Geschlechtscharaktere" bezeichnet (Hausen 1976). Frauen und Männer streben demnach die Erfüllung ihrer naturgemäßen Eigenschaften an. Die polare Rollenverteilung beschränkte die Frau auf Haus und Kindererziehung, während der Mann Anteil an Berufswelt, Politik und öffentlicher Kultur nahm. Die Idee, dass eine Frau zu einem wissenschaftlichen Studium befähigt sein könnte, wurde zunächst strikt abgelehnt. Dagegen sprach nach damaligem Verständnis nicht nur ein vermeintlich unzureichender Intellekt, vielmehr wurden Bestrebungen solcher Art als in vollständigem Gegensatz zur Natur der Frau stehend aufgefasst.

Die Frage nach dem Frauenstudium hätte auch für damalige Verhältnisse keineswegs abwegig sein können, denn es hatte in der Geschichte schon immer Frauen gegeben, die bewiesen, dass ein hoch entwickelter Intellekt nicht nur Männern vorbehalten war. Von zentraler Bedeutung für die Zulassung von Frauen zum Studium ist in Deutschland aber die Situation in den benachbarten europäischen Ländern. Dort hatten Frauen bereits bewiesen, dass sie in der Lage sind, erfolgreich ein Studium zu absolvieren und die jeweilige Hochschule keinen Schaden nahm.

Seit 1840 waren in der Schweiz vereinzelt Frauen als Hörerinnen zugelassen worden. In Zürich wurde im Jahre 1867 die erste Frau an der Medizinischen Fakultät ordentlich immatrikuliert, 1872 folgten auch Bern und Genf, 1876 Lausanne sowie 1890 Basel (Rogger/Bankowski 2010). In Frankreich war es Frauen schon seit 1863 erlaubt zu studieren. In England wurde bereits 1849 das erste Frauen-College in London gegründet. Auch in Russland konnten Frauen seit 1872 – zunächst nur Medizin – studieren. In Italien öffneten 1876 neun Hochschulen ihre Pforten für weibliche Studierende. 1877 folgten Kopenhagen, 1878 Madrid, 1879 die Niederlande und 1883 Belgien. In Österreich konnten Frauen schon seit den 1870er Jahren vereinzelt Vorlesungen als Gasthörerinnen besuchen. 1897 ließen Wien, Prag, Graz und Innsbruck Frauen als ordentliche Studentinnen an der Philosophischen Fakultät zu. Das Medizinstudium stand ihnen seit 1900 offen (Maurer 2010: 7–22).

1. Die Hörerinnen ebnen den Weg

Der zentrale Begriff für die „unordentlichen" Anfänge des Frauenstudiums lautet „Bestimmungsrecht der Dozenten": Betrachtet man die Diskussion in der zweiten Hälfte des 19. Jahrhunderts, so muss zunächst festgehalten werden, dass die Universitätssatzungen die akademische

Teilhabe von Frauen nicht ausschlossen. Jahrhundertelang waren die Universitäten allein den Männern vorbehalten gewesen, so dass die bisherige Handhabung lediglich eine Interpretation der akademischen Bestimmungen darstellte. Demzufolge musste eigentlich nur die gängige Praxis angepasst werden.

Als Ende der 1860er Jahre in einer ersten Phase einige Anfragen von Frauen die deutschen Universitäten erreichten, war dies eine neue Situation. In Heidelberg (1869) und Leipzig (1870) überließ man es zunächst den Dozenten, ob diese den wenigen interessierten Frauen den Zutritt zu ihren Vorlesungen gestatten wollten. Auch andernorts wurde so verfahren, auch wenn Namen und Anzahl nicht immer aktenkundig geworden sind. Viele Dozenten sahen sich berechtigt, Frauen in ihren Vorlesungen zu dulden oder abzulehnen (Birn 2015: 21–87).

Das Bestimmungsrecht der Dozenten wurde jedoch schon früh in Frage gestellt. Spätestens mit dem Ukas des russischen Zaren, der die Studenten 1873 aus Zürich abberief, stiegen die Anfragen der potentiellen Hörerinnen in hohem Maße weiter an. Da diese nämlich nicht mehr in Zürich studieren konnten, wollten die russischen Frauen ihre Studien in Deutschland weiterführen. Diese große Zahl studieninteressierter Russinnen war ein wichtiger Grund dafür, dass nun in einer zweiten Phase eine grundsätzliche Entscheidung getroffen werden musste. Der Umstand, dass Russinnen an deutschen Universitäten wegen ihrer Vorbildung und einem schlechten Ruf häufig nicht gern gesehen wurden, förderte eine negative Entscheidung.

In Baden und Bayern wurde nun allen Frauen der Zutritt zu Vorlesungen wieder verwehrt. Das Königreich Württemberg sprach sich 1876 für eine generelle Ablehnung von Hörerinnen aus. Das sächsische Kultusministerium entzog 1879 die Entscheidungskompetenz über die Zulassung der Hörerinnen der Universität, was in der Folge zu einer Ablehnung aller nach Quellenlage bekannten Anträge führte. In Preußen wurde erst 1886 ein einheitliches Verbot von Hörerinnen an den Landesuniversitäten ausgesprochen (Birn 2015: 21–87).

In einer dritten Phase wurde dieser nahezu reichsweite offizielle Ausschluss von Hörerinnen aufgehoben. Wieder gehörte Heidelberg 1892 zu den Vorreitern. Es ist anzunehmen, dass danach auch in Freiburg wieder vereinzelt Frauen zugelassen wurden, auch wenn deren Namen erst seit 1896 aktenkundlich erwähnt werden. Auch das Württembergische Ministerium setzte sich 1892 für die Zulassung von Maria Gräfin von Linden ein, die zunächst eine außerordentliche Ausnahme darstellte; erst 1897 folgten die nächsten Hörerinnen. Aufgrund verschiedener Anfragen von britischen und amerikanischen Wissenschaftlerinnen sah sich auch Bayern bereits 1894 dazu gezwungen, grundsätzlich über die Gasthörerschaft von Frauen zu beraten. Mit ministerieller Genehmigung wurden so die ersten Hörerinnen in München zugelassen.

Das preußische Kultusministerium reagierte zunächst sehr zurückhaltend und forderte die Landesuniversitäten auf, zu der Frage Stellung zu nehmen, ob an dem Verbot von 1886 festgehalten werden solle. Trotz der zumeist ablehnenden Haltung der Senate wurden ab 1895 Oberlehrerinnen zur wissenschaftlichen Qualifikation und 1896 generell Gasthörerinnen, nach Beurteilung durch die Hochschule, zugelassen. Auch in Sachsen reagierte man 1896 auf die veränderte Situation und ließ wieder deutsche Hörerinnen zu. In Hessen und Thüringen verhielt man sich dagegen weiter zurückhaltend. Erst 1900 wurden die ersten Hörerinnen in Gießen aufgenommen, Jena folgte 1902 (Birn 2015: 21–87).

Zum Ende des Jahrhunderts gab es im Sommersemester 1899 die meisten nachweisbaren Hörerinnen in Berlin, nämlich 186 Frauen (Personalverzeichnisse 1899). Es folgten Bonn (45), Göttingen (29), Breslau (27), Leipzig (23), Königsberg (20), Halle (19), Freiburg (15), Heidelberg (13), München (12), Marburg (11), Greifswald (10), Kiel (8), Tübingen (5), Erlangen (4) und schließlich Würzburg (1) (Körner 1997: 94).

2. Die Zulassung der Frauen zur Immatrikulation

Im Sommer 1900 wurden die ersten Frauen an den beiden badischen Landesuniversitäten immatrikuliert. In Freiburg entschloss man sich sogar dazu, Hörerinnen mit Reifeprüfung aus dem Wintersemester 1899/1900 nachträglich zu immatrikulieren. Erstmals schrieben sich nun offiziell Frauen in die Matrikelbücher deutscher Universitäten ein. In Freiburg waren es zunächst fünf, in Heidelberg vier Studentinnen. Als Bayern im Herbst 1903 das Frauenstudium einführte, immatrikulierten sich an der Ludwig-Maximilians-Universität München 26 Frauen. An den beiden kleineren bayrischen Universitäten entschieden sich die Frauen nur zögerlich für ein Studium.

Auch als sich in Württemberg 1904 erstmals Frauen an der Universität Tübingen immatrikulierten, war der Zustrom nur zögerlich. Drei Frauen trugen sich zunächst in das Matrikelbuch der Eberhard Karls Universität ein. In Leipzig schrieben sich im Sommer 1906 gleich 27 Frauen ein. Vor der Einführung des Frauenstudiums in Preußen, Hessen und Elsass-Lothringen studierten im Sommer 1908 375 Frauen an den badischen und bayrischen Universitäten sowie in Tübingen, Leipzig und Jena.

Reichsweit standen diesen 45.756 männliche Studenten gegenüber, der Frauenanteil betrug damit 0,8 %. Insbesondere mit der Zulassung von

Übersicht 1: Frauenanteile an den deutschen Universitäten 1910 und 1918

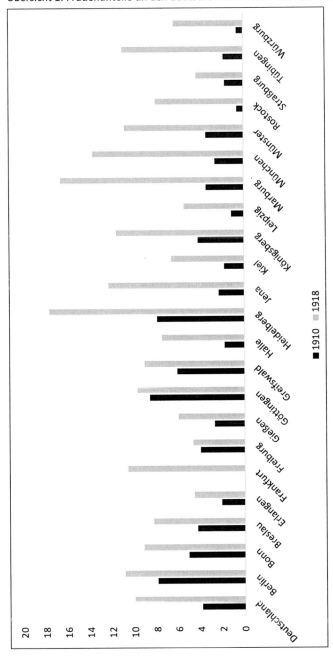

Übersicht 2: Die Entwicklung der Studierendenzahlen im Deutschen Reich von 1900 bis 1918

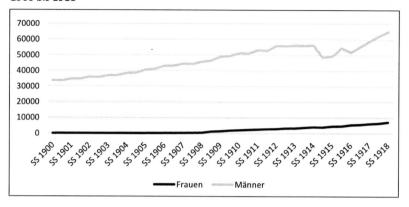

Frauen zur Immatrikulation an den zehn preußischen Universitäten schnellten die Zahlen nach oben. Mit 1.132 Frauen begannen im folgenden Herbst dreimal so viele Frauen ein ordentliches Studium in Deutschland wie im Semester zuvor. Auch der Frauenanteil für das gesamte Reich stieg nun auf 2,4 %.

Der Grund für die Immatrikulation von zahlreichen Frauen im ersten Semester des ordentlichen Frauenstudiums liegt darin begründet, dass zuvor bereits zahlreiche Hörerinnen an den preußischen Universitäten Vorlesungen besucht hatten. Ein Großteil erfüllte die Zulassungsvoraussetzungen und konnte 1908/09 immatrikuliert werden. Das Schlusslicht im Deutschen Reich, Mecklenburg-Schwerin mit der Universität Rostock, wurde zunächst von den Studentinnen gemieden. Erst im Winter 1909/10 wurden die drei ersten Frauen immatrikuliert (Personalverzeichnisse).

Um die Jahrhundertwende finden sich mehrere Faktoren, die ausschlaggebend für die Zulassung der Frauen zur Vollimmatrikulation waren. Die Initiative zur Verbesserung der Frauenbildung ging von der bürgerlichen Frauenbewegung aus. Im Zuge ihrer Petitionspolitik und Öffentlichkeitsarbeit erreichte diese erstmals eine offene und vor allem ernsthafte Diskussion. Die Gründungen der ersten höheren Bildungsanstalten durch die Frauenvereine, besonders erwähnt werden muss hier das erste Mädchengymnasium in Karlsruhe, war jedoch von noch größerer praktischer Bedeutung. Denn nur aufgrund der gleichwertigen Vorbildung erfüllten die jungen Mädchen die Voraussetzungen der akademischen Bestimmungen.

Erst jetzt konnte man die weiblichen Studierenden wie die Männer behandeln. So spielten die Karlsruher Abiturientinnen bei der Zulassung

Übersicht 3: Die Entwicklung der Studienfachwahl weiblicher Studierender

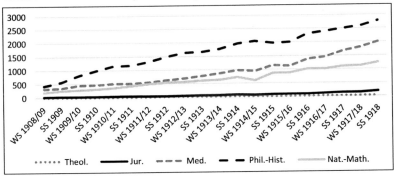

des ordentlichen Frauenstudiums in Baden 1900 die entscheidende Rolle. Nicht zu unterschätzen sind aber auch die positiven Erfahrungen mit den Hörerinnen an der jeweils eigenen Universität. In Zürich begann das Experiment, das man sich in Deutschland zunächst nicht getraut hatte. Aber auch die positiven Erfahrungen mit Hörerinnen an Universitäten im Reich führten zu einer Überwindung zahlreicher Vorurteile und Befürchtungen und widerlegten Argumente der Gegner. (Vgl. Birn 2015: 111f.).

Zum Ende des Kaiserreichs, im Somersemester 1918, studierten an den beiden Großuniversitäten in Berlin und München die meisten Frauen. In Berlin gab es 1.198, in München 1.129 Studentinnen. Damit studierte nahezu ein Drittel der immatrikulierten Frauen an den beiden Massenuniversitäten in Berlin und München. Der Frauenanteil an den Universitäten im Deutschen Reich betrug 10 %. In Heidelberg studierten verhältnismäßig die meisten Frauen, welche 17,7 % der Studentenschaft ausmachten; knapp dahinter rangierte Marburg mit 16,6 % auf Rang zwei. Während in München 13,7 % der Studentenschaft weiblich waren, lag die Zahl in Berlin mit 10,9 % nur noch knapp über dem Durchschnitt. Noch vor Berlin rangierten Jena (12,3 %), Königsberg (11,6 %) und Tübingen (11 %). Knapp über dem deutschen Durchschnitt lagen Münster (10,8 %) und Frankfurt (10,6 %). Die verhältnismäßig wenigsten Frauen studierten in Straßburg (4,3 %), Erlangen (4,6 %), Freiburg (4,7 %), Leipzig (5,4 %) und Gießen (6 %) (Personalverzeichnisse).

3. Biografische Skizzen der ersten studierenden Frauen

Die ersten deutschen Studentinnen waren „Exotinnen", Vorreiterinnen und Vorbilder. Ihr Wagemut ging mit einer intensiven Identitätssuche und Entwicklung einher. An der Universität angekommen, mussten die

Frauen feststellen, dass es hier praktisch keinen Platz für sie gab. Dozenten mussten um Erlaubnis gebeten werden, Studenten beäugten sie misstrauisch, und häufig wurde den Frauen vermittelt, dass sie nicht an eine Universität gehörten. Die Studentinnen mussten ihren Platz erst erkämpfen und ihre Identität selbst definieren: Was ist eine Studentin? Wie verhält sich eine Studentin?

Im Folgenden werden anhand einiger Biografien der ersten studierenden Frauen zwei Bereiche skizziert, die zu einem großen Hindernis des Frauenstudiums werden konnten, aber andererseits auch die Studienbestrebungen der jungen Damen unterstützen konnten: Die Familie und die Kommilitonen.

3.1. Die Familie

Ohne Unterstützung sowohl in ideeller als auch finanzieller Hinsicht war ein Studium für die jungen Frauen kaum möglich. Als Emilie Heusler-Edenhuizen 1898 in Berlin Medizin studieren wollte, war ihr Vater mit dieser Situation sichtlich überfordert. So suchte er Rat in der Verwandtschaft, welche entsetzt reagierte:

> „Es sei Abenteuersucht von mir, meinten die einen, die anderen sprachen von Hysterie, und alle waren der Ansicht, daß es unter keinen Umständen angängig sei, ein so junges Mädchen in die Welt hinauszuschicken" (Heusler-Edenhuizen 1997: 61).

Als ihr Vater dennoch sein Einverständnis gab, kam der Pastor aus dem Dorf zu Besuch und hielt ihm vor, „er könne doch seine Tochter nicht nach Berlin schicken, in dieses ‚Sündenbabel'" (Heusler-Edenhuizen 1997: 61). Hierbei wird deutlich, dass nicht nur die Haltung der Eltern, sondern auch die Missbilligung der weiteren sozialen Umgebung, wie des Pfarrers, und der Familie Einflussfaktoren darstellten, die ein Studium verhindern konnten. Auch Käte Frankenthal beschreibt die konservative Atmosphäre im bürgerlichen Kiel:

> „Ein ‚emanzipiertes Frauenzimmer', das zur Universität geht, das kam in dem Kieler Milieu gar nicht in Frage" (Frankenthal 1981: 13).

Die Eltern von Elisabeth Rupp waren hingegen unterschiedlicher Meinung. Während für ihren Vater das Gelehrtendasein für eine Frau undenkbar war, er schilderte es als staubig, stockfleckig und engbrüstig, war ihre Mutter allem Fortschrittlichen gegenüber offen und ohne Vorurteil, so dass sie sich für ihre Tochter einsetzte (Rupp 2005: 41–42):

> „Immer wieder hatte sie dem Vater vorgestellt, daß der jugendliche Mensch sich selber sein Glück und Fortkommen baue – daß er des Werkzeugs nicht entraten dürfe, wenn er strebend in die Weite greife. Und mein blasses, trauri-

ges Gesicht, das ich, Ausdruck innerer Not und mahnender Kräfte, nun schon über ein Jahr zur Schau trug, tat das letzte, daß das Tor sich auftat" (Rupp 2005: 42).

Die Einstellungen der Mütter zu den Studienabsichten der Töchter steht in engem Zusammenhang mit der Identifikation ihrer Absichten. Die Mutter von Elly Heuss-Knapp beispielsweise war selbst eine der ersten russischen Studentinnen gewesen, die in den 1870er Jahren nach Leipzig kamen. Sie hatte Vorlesungen beim Nationalökonomen Georg Friedrich Knapp gehört, diesen schließlich geheiratet und war Professorenfrau geworden (Heuss-Knapp 1954: 21).

Übersicht 4: Clara Hamburger und ihre Kommilitonen an der Universität Heidelberg

Quelle: Universitätsarchiv Heidelberg Alb. XI 59

Charlotte Bühler kann von ihrer Mutter berichten, dass diese in Berlin zu den Hörerinnen der ersten Stunde gehörte und das Ziel zu studieren hartnäckig verfolgt hatte:

„Meine Mutter litt schwer unter diesen Beschränkungen, die es damals für die Beschäftigungen einer Dame gab. [...] Sie fand ihre eigene Schulbildung unzureichend und ließ sich privaten Unterricht in Latein und Griechisch geben, um die antiken Klassiker in den Ursprachen lesen zu können. Sodann erreichte sie es, als Hörerin an der Universität Berlin in Paläontologie und Archäologie zugelassen zu werden" (Bühler 1972: 19).

Auch wenn die Eltern ihr Einverständnis zum Studium der Tochter gaben, herrschten häufig auch weiterhin sehr traditionelle Vorstellungen vom Leben einer akademischen Frau, die sich insbesondere auf die wichtigste Rolle der Hausfrau und Mutter bezogen. Viele Frauen berichten von Äußerungen der Väter, die vor dem Studienbeginn deutlich machten, dass sie mit ihrem Vorhaben ihre Heiratsaussichten deutlich verschlechtern würden. Ilse Szagunns Vater meinte: „Wer würde schon eine studierte Frau heiraten?" (Szagunn 1961: 260). Lotte Eisner bekam zu hören: „Junge Mädchen dürfen nicht studieren, sonst bekommen sie keinen Mann" (Eisner 1984: 55). Dabei gaben die Eltern zwar die vorherrschende gesellschaftliche Ansicht wieder, berücksichtigten aber nicht, dass sich an den Universitäten durch den zunehmenden kameradschaftlichen Umgang miteinander ein regelrechter Heiratsmarkt auftat. Der Vater von Friedel Behrendt gehörte zu denen, die dies schon früh erkannten, und gab seiner Tochter den Hinweis: „Halte dir die Männer drei Schritte vom Leibe" (Behrendt 1963: 25).

3.2. Die männlichen Kommilitonen

In den Hörsälen begegneten die weiblichen Studierenden einer Front von teilweise mehreren hundert Studenten. Diese waren wiederum in hohem Maße geprägt von den Werten der Studentenvereine als sekundäre Sozialisationsinstanzen, denen ein ausgesprochenes Elitedenken und eine strenge Hierarchie zugrunde lagen. Soziale Herkunft, Religion, Studienfach und andere Aspekte waren ein wichtiges Mittel, um sich von anderen Gruppen abzugrenzen und so eine eigene Identität zu schaffen, die durch Farbentragen und Chargieren nach außen verdeutlicht wurde.

Die Vereinigungen propagierten ein traditionell-heroisches Männerbild, zu dem militärische Verhaltensweisen und das Mensurschlagen ebenso gehörten wie der häufig maßlose Alkoholkonsum. Die Vorstellung männlicher Identität führte zwangsläufig zu einer verschärfenden Abgrenzung vom Nichtmännlichen. Diese Vorstellungen männlicher Identität verstärkten das Denken in Kategorien der Geschlechtscharaktere und führten zwangsläufig zu einer verschärfenden Abgrenzung von Frauen. Reformverbindungen und Freistudentenschaft standen den Frauen hingegen deutlich offener gegenüber als die konservativen Verbindungen. (Jarausch 1984)

Die Unfähigkeit einiger Studierender, gerade in den Anfängen des Frauenstudiums einen kameradschaftlichen Umgang zu pflegen, gründete auf der strikten Trennung der Geschlechter in der Jugend. So begegneten die jungen Herren den Frauen des gleichen Standes hauptsächlich als potentielle Heiratskandidaten. Ein freundschaftliches Miteinander war zunächst nur schwer denkbar, deshalb griffen die meisten Studenten auf das erlernte Ballsaalverhalten zurück und waren höflich oder distanziert. Ma-

Quelle: Max Brinkmann, Das Corps „Schlamponia". Eine Studentin-Geschichte aus dem 20. Jahrhundert, Berlin 1899

rie Martin lernte 1895 die unterschiedlichen Gesichter der männlichen Studierenden kennen. Während es in den Hörsälen zu „keinerlei Unzuträglichkeiten oder gar Unhöflichkeiten" kam, bekam eine Freundin eine Unterhaltung über die kleine Hörerinnengruppe mit, der sie angehörte:

> „Ja, in unserem Kolleg sind auch sechs Stück. Und wenn sie noch jung und hübsch wären, aber alle alt und häßlich"! (Martin 1898: 24)

Das Verhalten der Studenten konnte jedoch von Universität zu Universität, Kurs zu Kurs und Individuum zu Individuum sehr unterschiedliche Formen annehmen. Julie Ohr beschrieb 1909 drei Möglichkeiten, wie ein Studierender die Begegnung mit einer Studentin bewältigen konnte. Dazu gehörten:

> „… eine beleidigende Gleichgültigkeit, die jede Studentin als Luft im wörtlichsten Sinne behandelt; dann die Gleichstellung der Frau mit denjenigen unglücklichen Wesen, die man auf der Straße und in minderen Kneipen trifft, und als drittes die Behandlung der Frau als gesellschaftlich gleichgestellte Dame" (Ohr 1909: 19).

Eine Frau, die mit allen drei Varianten Erfahrungen gesammelt hatte, ist Hermine Heusler-Edenhuizen. Als sie nach ihrem Abitur 1898 in Berlin die ersten medizinischen und naturwissenschaftlichen Vorlesungen besuchte, war das Verhalten der Männer sehr feindselig:

> „[Die] männlichen Studenten kamen uns ja nicht als Kameraden entgegen, sondern als Feinde, die sich gegen verächtliche Eindringlinge wehrten. Von unserer Seite kam dagegen nur ein Abstandhalten in Frage, das in der Folge dann wieder als Hochmut ausgelegt wurde. […] Wir mischten uns nur mit

Grausen unter sie, die bei unserem Eintritt in den Vorlesungsraum als Äußerung ihrer Mißbilligung regelmäßig mit den Füßen scharrten und dazu pfiffen" (Heusler-Edenhuizen 1997: 51).

Neben den das ganze Semester anhaltenden taktlosen Witzen auf Kosten der beiden einzigen Frauen blieb Heusler-Edenhuizen jedoch ein äußerst kränkender Vorfall in Erinnerung. Eines Tages vertrat ein Assistent den abwesenden Professor bei einem Wasserstoffsuperoxyd-Experiment, in dem Rosen entfärbt wurden. Nach dem Versuch ließ der Vortragende zwei dieser farblosen Rosen durch den Diener an die Teilnehmerinnen des Auditoriums überreichen. Vor dem Auditorium verhöhnt, hatte die junge Studentin durch diesen Vorfall fast den Mut zur Weiterarbeit verloren (Heusler-Edenhuizen 1997: 51–52).

Da die Verhältnisse an der Berliner Universität ihrer Meinung nach besonders schlecht waren, wechselte sie zunächst nach Zürich, wo die Männer den Studentinnen nicht feindselig begegneten, und von dort schließlich nach Halle. Dort war die Situation 1899 deutlich besser als im Jahr zuvor in Berlin. Innerhalb der Hörsäle herrschte ein Umgang wie unter Bekannten, der jedoch nicht über das Auditorium hinausging (Heusler-Edenhuizen 1997: 59). Eine angenehme Atmosphäre, in der keinerlei diskriminierende Vorfälle auftraten, fand sie schließlich in Bonn vor. „Die fröhlichen Rheinländer versuchten es sogar mit ‚Kavaliertum' und ‚Hof-machen'" (Heusler-Edenhuizen 1997: 61).

Elisabeth Rupp verweist auf die Unsicherheit der ersten Studentinnen. Als sie direkt nach Einführung des Frauenstudiums 1908/09 in Straßburg immatrikuliert wurde, „herrschte eine kindliche Feindseligkeit gegen die Eindringlinge". Als einzige Frau unter zahlreichen Männern beschreibt sie ihre Gefühle:

> „Ich rang mir allmorgendlich schwer den Entschluß ab, mich in das Kreuzfeuer der vermeintlich spöttischen und offen feindlichen Blicke zu begeben und prüfte hundertmal Anzug und Frisur, ob nicht ein winziges Etwas, von der ernsthaften Norm abweichend, die bösartige Kritik herausfordern könnte" (Rupp 2005: 46–47).

Hierin verweist Rupp auf einen wichtigen Punkt. Die Frauen stachen zu Beginn deutlich aus der Masse hervor und wurden von den Kommilitonen als Exotinnen wahrgenommen. Aber gerade deshalb wollten sie nicht auffallen und keine Gelegenheit zum Spott bieten, vielmehr passten sie sich den Erwartungen der Männer an. Allerdings gab es hiervon auch Ausnahmen, die durch Aussehen und Auftreten den gängigen Vorstellungen des „Blaustrumpfs" entsprechen wollten (Frankenthal 1981: 13). Käte Frankenthal, die in Kiel, Heidelberg und Erlangen studiert hatte, machte die Erfahrung, dass seitens der Männer „keine Feindseligkeit vorhanden war, aber auch keine besondere Rücksichtnahme. Daß in einem überfüllten Hörsaal ein Student nie einer Studentin seinen Sitzplatz anbieten würde, war selbstverständlich" (Frankenthal 1981: 30). Getrud von le Fort, die ab 1908 Vorlesungen in Heidelberg hörte, machte dagegen andere Erfahrungen:

> „Auch die Studenten waren damals noch sehr höflich – es war unmöglich, daß mir beim Verlassen der Universität nicht einer in den Mantel geholfen hätte –, es herrschten selbstverständliche Kameradschaft und ... Ritterlichkeit" (Le Fort 1965: 85).

In autobiografischen Quellen überwiegen meist die positiven Erfahrungen mit den männlichen Kommilitonen. Dies mag zum einen durch die Quellengattung beeinflusst sein, die eine bestimmte selektive Wahrnehmung beinhaltet, aber auch dadurch, dass eine Mehrheit der Autobiografien von Studentinnen aus dem zweiten Jahrzehnt des 20. Jahrhunderts stammt. Zumeist wird hier ein kameradschaftlicher Umgang beschrieben.

Neben der Wahrnehmung als Kommilitonin und einem freundschaftlichen Umgang miteinander waren die jungen Frauen aber auch Objekt der Anziehung für viele Studenten und bereits um die ersten Hörerinnen wurde geworben. So wurde z.B. ausgelost, wer neben einer Kommilitonin sitzen durfte, oder der junge „Fuchs" musste dem Älteren den Vorzug geben. Gelegentlich wurden einigen Hörerinnen neben den normalen Höflichkeitsbezeigungen weitere Aufmerksamkeiten wie Handreichungen oder Präsente zuteil. Rahel Goitein fand einen ganzen Monat lang täglich einen frischen Veilchenstrauß in ihrem Schrank (Straus 1961: 91–92). Sallis-Freudenthal stellte fest:

> „[Es] war nicht schwer für ein hübsches junges Mädchen, einen netten Kreis um sich zu haben; im Gegenteil – es war weitaus schwerer, allein zu bleiben" (Sallis-Freudenthal 1977: 36).

Auch Margaret Mahler musste sich erst noch an die Werbungsversuche der männlichen Studierenden gewöhnen:

> „Ich war doch immer noch ein Mädchen, ... die es mangels Selbstvertrauen schwer fand zu glauben, daß sie ein anziehendes Sexualobjekt für einen passablen vernünftigen Mann sein könnte" (Mahler 1989: 55).

Aber nur selten beschreiben die Frauen tatsächliche Intimitäten mit den Studienkollegen. Käte Frankenthal, die eine eigene Wohnung ohne neugierige Vermieterin in Heidelberg besaß, gibt hierzu als einzige Auskunft:

> „Ich hatte viel Besuch in meiner Wohnung, zu späten Stunden, und genoß diese Freiheit. Zu Hause oder in Berlin hätte ich das nicht tun können, es war mir aber damals auch noch gar nicht eingefallen. Mit zwei Studenten war ich intim befreundet" (Frankenthal 1981: 25).

Friederike Mulert lernte ihren Mann an der Universität Jena kennen und heiratete ihn sogar noch während des Studiums. In Jena führten sie „eine materiell sehr dürftige Studentenehe" (Mulert 1988: 224).

Aber auch der bloß freundschaftliche Umgang von jungen Männern und Frauen gab Anlass zu Kritik, verstieß ein solch zwangloser Umgang ohne Aufsicht doch gegen ungeschriebene Sittlichkeitsgesetze. Elisabeth Rupp wurde eines Tages von einem Studenten angesprochen:

> „Sie kompromittieren sich, liebes Kind, Sie zeigen sich stets mit Männern, und mit etwas reichlich vielen – kennen Sie überhaupt eine Frau? […] Das schickt sich nicht für eine Dame aus Ihren Kreisen. Ihr Vater würde sehr unzufrieden sein"! (Rupp 2005: 55–56)

4. Fazit und Ausblick

> „Männer und Frauen sind gleichberechtigt. Der Staat fördert die tatsächliche Durchsetzung der Gleichberechtigung von Frauen und Männern und wirkt auf die Beseitigung bestehender Nachteile hin."

Artikel 3 Absatz 2 des Grundgesetzes gewährt mit diesen Worten heute Frauen und Männern die gleichen Grundrechte. Schon die Verfassung der Wiemarer Republik garantierte dieselben Rechte, wenn auch weiterhin in vielen Bereichen Ungleichheiten fortbestanden. Doch war ihr Gleichberechtigungsgebot keine Selbstverständlichkeit, verdeutlicht man sich die Situation von Frauen nur zwei Jahrzehnte zuvor. Diese wird am Beispiel der ersten Studentinnen deutlich, denn dort, wo Frauen über die ihnen bislang zugesprochenen Rollen und Rechte hinaus für ihre Gleichbehandlung eintraten, trafen sie auf Widerstand, und es wurden ideologische Vorbehalte, aber auch materielle Interessen an einer Erhaltung des Status quo sichtbar.

Bei Betrachtung der Unterschiede zwischen männlichen und weiblichen Akademikern müssen auch die Hindernisse, welche sowohl auf biologistischen Vorurteilen als auch gesetzlichen Bestimmungen beruhen, berücksichtigt werden. In der wissenschaftlichen Forschung endeten weibliche Karrieren zumeist auf einer Assistentenstelle. Akademikerinnen, welche den Staat ihren Arbeitgeber nennen durften, schieden hingegen aufgrund des Beamtinnenzölibats aus dem Beruf aus, sobald sie heirateten. Die Immatrikulation bedeutete somit weder eine volle akademische Gleichstellung noch gleichberechtigte Berufsperspektiven.

Literatur

Behrendt, Friedel (1963): Eine Frau in zwei Welten. Kapitel aus meinem Leben, Berlin.

Birn, Marco (2015): Die Anfänge des Frauenstudiums in Deutschland. Das Streben nach Gleichberechtigung von 1869–1918, dargestellt anhand politischer, statistischer und biographischer Zeugnisse, Heidelberg.

Bühler, Charlotte (1972): Charlotte Bühler, in: Psychologie in Selbstdarstellungen, Bern, S. 9–42.

Eisner, Lotte (1984): Ich hatte einst ein schönes Vaterland. Memoiren, Heidelberg.

Frankenthal, Käte (1981): Der dreifache Fluch: Jüdin, Intellektuelle, Sozialistin. Lebenserinnerungen einer Ärztin in Deutschland und im Exil, Frankfurt/New York.

Hausen, Karin (1976): Die Polarisierung der „Geschlechtscharaktere". Eine Spiegelung der Dissoziation von Erwerbs- und Familienleben, in: Werner Conze (Hg.), Sozialgeschichte der Familie in der Neuzeit Europas. Neue Forschungen, Stuttgart, S. 367–393.

Heusler-Edenhuizen, Hermine (1997): Die erste deutsche Frauenärztin. Lebenserinnerungen: Im Kampf um den ärztlichen Beruf der Frau, Opladen.

Heuss-Knapp, Elly (1954): Ausblick vom Münsterturm. Erinnerungen, Tübingen.

Jarausch, Konrad H. (1984): Deutsche Studenten 1800–1970, Frankfurt a. M.

Koerner, Marianne (1997): Auf fremdem Terrain. Studien- und Alltagserfahrungen von Studentinnen 1900–1918, Bonn.

Le Fort, Gertrud von (1965): Hälfte des Lebens. Erinnerungen, München.

Mahler, Margaret S. (1989): Mein Leben, mein Werk, München 1989.

Martin, Marie (1898): Meine Studienzeit in Göttingen, in: Zeitschrift für weibliche Bildung in Schule und Haus. Organ des Deutschen Vereins für das Höhere Mädchenschulwesen Bd. 26, S. 422–429.

Maurer, Trude (2010): Von der Gleichzeitigkeit des Ungleichzeitigen. Das deutsche Frauenstudium im internationalen Kontext, in: Dies. (Hg.), Der Weg an die Universität. Höhere Frauenstudien vom Mittelalter bis zum 20. Jahrhundert, Göttingen.

Mulert, Friederike (1988): Aufzeichnungen und Erinnerungen, in: Abgeordnete des Deutschen Bundestages. Aufzeichnungen und Erinnerungen Bd. 4, Boppard, S. 219–229.

Ohr, Julie (1909): Die Studentin der Gegenwart, München.

Personalverzeichnisse der deutschen Universitäten.

Rogger, Franziska/Monika Bankowski (2010): Ganz Europa blickt auf uns! Das schweizerische Frauenstudium und seine russischen Pionierinnen, Baden (Aargau).

Rupp, Elisabeth (2005): Im Zweige. Erlebnis einer Jugend, Eggingen.

Sallis-Freudenthal, Margarete (1977): Ich habe mein Land gefunden. Autobiographischer Rückblick, Frankfurt a.M.

Straus, Rahel (1961): Wir lebten in Deutschland. Erinnerungen einer deutschen Jüdin 1880–1933, Stuttgart.

Szagunn, Ilse (1961): Vita von Ilse Szagunn. Ein Lebensbild in der Zeit, in: Berliner Medizin 11/1961, S. 260–265.

Von der Fachhochschule zur Hochschule für Angewandte Wissenschaften

Entwicklungen zur handlungs- und anwendungsorientierten Lehre[1]

Jörg-Peter Pahl
Hannes Ranke
Hamburg

Bereits wenige Jahre nachdem die Fachhochschulen gegründet worden waren, konnten erste Versuche zur Aufwertung dieser Institution beobachtet werden. Praxisbezug, Anwendungs- und Handlungsorientierung sollten nun auch in der Bezeichnung der Fachhochschulen ausgedrückt werden. Wann die Umorientierung von der Fachhochschule zur Hochschule für Angewandte Wissenschaften ihren Anfang nahm und in welchen Phasen dieser Prozess ablief, ist bisher nicht eingehend untersucht und dokumentiert.

Mit der sich um die Jahrtausendwende abzeichnenden Entwicklung und Konsolidierung der Fachhochschulen blieben grundlegende hochschuldidaktische Fragen offen. Dazu zählt diejenige, ob die Fachhochschule eine Institution der „Lehre" oder eine der „Lehre und Forschung" inklusive einer Dritten Mission („Third Mission")[2] sein sollte. Mit dem Bologna-Prozess und der damit verbundenen Einführung von Bachelor- und Masterstudiengängen eröffneten sich Chancen, die grundlegenden Konzepte an den Fachhochschulen weiterzuentwickeln.

---

[1] Der Artikel schließt an Pahl/Ranke (2019) in „die hochschule" 1/2019 an. In Heft 1/2020 folgt ein diese Serie abschließender Beitrag zur Forschung an Fachhochschulen/HAWs.

[2] Diese ist in jüngerer Zeit hinzugekommen. Hochschulen sollen sich demnach mit der Zivilgesellschaft und Unternehmen z.B. durch Kooperationsprojekte, Netzwerkarbeit und Weiterbildungsaktivitäten verknüpfen.

1. Fachhochschulen auf dem Wege zu anerkannten wissenschaftlichen Hochschulen – Rahmenbedingungen und Ansprüche

1.1. Rahmengebende Kriterien der Lehre an Fachhochschulen

Das Ziel der 1999 von den europäischen Bildungsministern vereinbarten Bologna-Erklärung entsprach transnationalen hochschulpolitischen Vorstellungen. In rund zehn Jahren sollte ein gemeinsamer Europäischer Hochschulraum geschaffen werden, um die internationale Konkurrenzfähigkeit von Bildung und Forschung zu sichern.

Diese politische Entscheidung löste auch an den Fachhochschulen eine Neuordnungsphase aus. Die Idee einer europaweit ähnlichen Studienstruktur entstand vor dem Hintergrund sich rasant wandelnder gesellschaftlicher, demographischer und technologischer Verhältnisse. Seinen offensichtlichsten Ausdruck fand der institutionelle Wandlungsprozess in den Bachelor- und Masterstudiengängen, die vergleichbare Studienabschlüsse und angemessene Qualifizierung von Fachkräften sowie mehr internationale Mobilität ermöglichen sollten.[3]

Durch diese Neuregelung verbesserte sich die Position der Fachhochschulen im Hochschulsystem, und sie galten jetzt als fast gleichwertig zu den Universitäten. So kann nun – bei Erfüllung inhaltlicher Voraussetzungen – ein an der Fachhochschule absolviertes Bachelorstudium mit einem Masterstudium an einer Universität fortgesetzt werden.[4] Auf diese Weise eröffnet sich für ehemalige FH-Studierende auch ein Weg zur Promotion. Im Übrigen wurden die Abschlüsse auch optisch universitätsgleich, indem das „(FH)" bei den Abschlussbezeichnungen wegfiel.

Wesentliche Aufgaben der Fachhochschulen liegen heute in der wissenschaftlichen und praxisorientierten Fachkräfteausbildung. Dies wird vor allem durch eine anwendungs- und wissenschaftsorientierte Lehre umgesetzt. Daher lässt sich gegenwärtig davon ausgehen, dass die Fachhochschulen spezifische Bildungs- bzw. Berufsbildungsaufgaben haben, die sie von den Universitäten unterscheiden. Vor allem der verstärkte An-

---

[3] Die damit verbundenen Veränderungen hatten Folgen für den Status der Fachhochschulen. Die neuen Bachelorabschlüsse – so heißt es beispielsweise im Landeshochschulgesetz von Baden-Württemberg – „verleihen dieselben Berechtigungen wie die bisherigen Diplomabschlüsse der Fachhochschulen" (LHG 2017, § 29, Abs. 2).

[4] Mit dem Wechsel nach dem Bachelorstudium an der Fachhochschule zu einem Masterstudiengang an einer Universität wird grundsätzlich der Erwerb des Doktorgrades möglich. Aber auch Absolventen von Masterstudiengängen an Fachhochschulen können die Promotionsvoraussetzungen an Universitäten erfüllen.

wendungs- und Praxisbezug, der von den Fachhochschulen hochschuldidaktisch vorgenommen wird, zeigt Divergenzen auf. Das hat „zur Folge, dass ohnehin bereits länger bestehende institutionelle Unterschiede zwischen Fachhochschulen stärker betont werden" (WR 2010: 27).[5]

Diese Differenzierung des hochschulischen Sektors kann durchaus positiv gesehen werden. Die Fachhochschule ist schließlich auch formalgesetzlich als spezifischer Hochschultyp verankert (vgl. HRG §1). Damit trägt sie zur Übersichtlichkeit und Verständlichkeit des Hochschulsystems bei (vgl. Berthold/Ziegele 2013: 117 ff.).

1.2. Ansprüche an Lehre und Studium der Fachhochschulen

Die Lehre, d.h. die akademische Ausbildung von Studierenden – so hebt der Wissenschaftsrat (2010: 52) hervor[6] – „bleibt für alle Fachhochschulen die vordringliche Aufgabe". Für diese Institution besteht, wie für andere Hochschulen auch, die Freiheit der Lehre (vgl. Artikel 5, Abs. 3, Satz 1 GG; BVerfG 2010, 1 BvR 2016/07). Diese Freiheit gewährleistet das Recht auf Äußerung von wissenschaftlichen Lehrmeinungen im Rahmen der freiheitlich-demokratischen Grundordnung, sie kann allerdings durch Beschlüsse der zuständigen Hochschulorgane begrenzt werden. Der Gestaltungsrahmen umfasst die Lehraufgaben, die der Hochschullehrerin bzw. dem Hochschullehrer mit der Denomination übertragen worden sind. Dazu gehören die inhaltliche und methodische Konzeption von Lehrveranstaltungen.

Befürchtungen, dass die Freiheit von Wissenschaft eingeschränkt werden könnte, ergaben sich zu Beginn des Bologna-Prozesses aus den neuen Kriterien zur Formalisierung der Lehre, d.h. am Leistungspunktesystem, der Modularisierung und dem Konzept kompetenzbezogener Zielorientierung. Offen blieb dabei die Frage, ob eine Neuorientierung

---

[5] Als Beispiele hierfür nennt der Wissenschaftsrat „unterschiedliche Schwerpunktsetzungen und Profile in den Studienangeboten, unterschiedliche Forschungsschwerpunkte, die Gestaltung von Kooperationen mit Institutionen aus Wissenschaft, Wirtschaft und Gesellschaft, das institutionelle Engagement in der wissenschaftlichen Weiterbildung, die Verzahnung mit der außerhochschulischen Praxis oder die angesprochenen Zielgruppen in Lehre und Studium" (WR 2010: 27).

[6] Die Veröffentlichungen des Wissenschaftsrates liefern im Forschungsprozess über die Fachhochschulen Hinweise auf die hochschulpolitische Meinungslage zur jeweiligen Zeit. So liegt eine seiner wesentlichen Aufgabe darin Empfehlungen und Kommentare auszusprechen. Diese können aber auch Impulse für Forschung und Forschungsaufgaben liefern und damit richtungsweisend wirken.

der akademischen Lehre auf das selbstständige Lernen damit erreicht werden kann.

Nicht wenige Hochschullehrkräfte sahen und sehen die Freiheit der Lehre beschränkt und zugleich die Gefahr einer Verschulung des Studiums.[7] Solche Befürchtungen gründen auch auf den Bedingungen an den Hochschulen, die sich in den vergangenen zwei Jahrzehnten stark verändert haben: Die Studienpläne an Fachhochschulen sind für das Bachelor- und Masterstudium teilweise sehr speziell und eng ausgelegt und aus Sicht nicht weniger Studierenden überladen oder zu anspruchsvoll. Viele von ihnen wünschen sich stattdessen „ein wissenschaftlich fundiertes Studium, das einen ausgeprägten Praxisbezug aufweist und damit einen direkten Zugang zu bestimmten Berufsfeldern eröffnet" (WR 2017: 7). Damit haben Fachhochschulen langjährige Erfahrungen, wodurch sie teilweise eine andere Zielgruppe als die Universitäten ansprechen. So wird mit der Lehre an Fachhochschulen bis heute versucht, Arbeitsmarktvorbereitung und Berufsorientierung verstärkt zu berücksichtigen.

Da Masterstudiengänge an Fachhochschulen zunehmend mit universitären Angeboten konkurrieren, regt der Wissenschaftsrat dazu an, in

„Zukunft ein eigenständiges praxis- und berufsfeldorientiertes Profil zu ermöglichen, das die Aufnahme eines Studiums für diejenigen Bachelor-Studierenden von Universitäten attraktiv macht, die sich eine weniger theoriebezogene, sondern eher eine auf die außerhochschulische Karriere ausgerichtete akademische Ausbildung wünschen" (WR 2010: 8).

Für die weiterführenden Masterstudiengänge verweist der Wissenschaftsrat insbesondere darauf, dass an Fachhochschulen Konzepte verstärkt verfolgt werden sollten, „die sich durch einen intensiven Berufsfeld- und Anwendungsbezug auszeichnen und der Ausbildung des Führungskräftenachwuchses außerhalb der Wissenschaft gewidmet sind" (ebd.).[8] Mit diesen beiden Empfehlungen des Wissenschaftsrates zur Fachhochschule wird ein curricularer Anspruch erhoben und zugleich ein Impuls und Auftrag zur hochschuldidaktischen Forschung formuliert.

---

[7] Diese – und weitere Diskussionen zum Bologna-Prozess – könnten „den Eindruck erwecken, die Lehre an Hochschulen stagniere in ihrer Entwicklung. Doch dieser Eindruck täuscht, denn in den vergangenen Jahren hat die Lehre vermehrt Aufmerksamkeit erfahren, und es sind zahlreiche Anstrengungen unternommen worden, ihre Qualität zu verbessern." (WR 2017: 5)

[8] Vom Wissenschaftsrat wird als Nebeneffekt auch angemerkt, dass durch die Masterstudiengänge auch „Personen mit einem Fachhochschulabschluss promovieren und langfristig auf eine Professur an einer Fachhochschule berufen werden können. Dies ist insbesondere für Fachgebiete relevant, die an Universitäten nicht oder nur randständig vertreten sind" (WR 2010: 52).

Gerade mit der Lehre in Dualen Studiengängen wird die besondere Verzahnung zwischen Studium und beruflicher Praxis angestrebt. Wesentliches Merkmal des dazu erforderlichen Lehrkonzepts ist eine sinnvolle Abstimmung der auf die Lernorte „Hochschule" und „Betrieb" verteilten Curriculuminhalte.

Die heutigen und künftigen Ansprüche an die Lehre und das Studium in den Bachelor- und Masterstudiengängen sowie vor allem auch im Dualen Studium werden nicht zuletzt dadurch bestimmt, dass sich die Bedeutung lebenslangen Lernens und Studierens erhöht, u.a. durch demographische Entwicklungen und Veränderungen in der Arbeitswelt. Deshalb sollten Fachhochschulen

> „verstärkt flexible Studienmodelle anbieten, die eine bessere Vereinbarkeit mit einer Berufstätigkeit oder mit familiären Verpflichtungen ermöglichen, auf Berufserfahrungen aufbauen oder eine fachliche Neuorientierung" zulassen (ebd.: 53).

Zugleich ist anzustreben, dass die Durchlässigkeit zwischen nicht-akademischer beruflicher Bildung und Hochschulbildung weiter verbessert wird.

2. Ausformungen von Lehre und Studium an Fachhochschulen

2.1. Lehre – eine Kernkompetenz der Lehrenden an Fachhochschulen

Zu den übergeordneten Aufgaben und Funktionen der Fachhochschulen gehören – wie für andere Bildungseinrichtungen – die Qualifizierungs- oder Ausbildungsfunktion, die Selektions- und Allokationsfunktion, die Integrations- und Legitimationsfunktion sowie diejenige der Kulturüberlieferung (vgl. Fend 2006: 49ff.). Im Hochschulbereich ist eine Besonderheit der Fachhochschulen, dass seit ihrer Entstehung aus Höheren Fachschulen die Lehre im Zentrum der Bemühungen aller Lehrkräfte steht. Dabei sind Lehre und Studium traditionell auf außerhochschulische Praxiskontexte ausgerichtet. Auch weiterhin und im zunehmenden Maße kommt Fachhochschulen die „Schlüsselfunktion zu, die gesellschaftliche Nachfrage nach einer berufsfeldbezogenen akademischen Ausbildung abzudecken" (WR 2010: 53).

Die Kernkompetenzen der Lehrenden an den Fachhochschulen beziehen sich dementsprechend auf die Gestaltung der Lehre. Dabei ist die Normalform der Lehre eine berufsförmige Tätigkeit, mit der das im jeweiligen Fachgebiet bereits bekannte Wissen und geläufige bzw. bewährte Methoden dargestellt werden. Die Qualität der Lehre ist abhängig von der fachlichen und didaktisch-methodischen Leistungsfähigkeit und Einsatzbereitschaft, den individuellen und lernpsychologischen Möglichkeiten der Lehrenden, aber auch von ihrem Engagement. Dabei stellt es sich als Problem dar, dass die hochschuldidaktische Kompetenz häufig als selbstverständlich vorausgesetzt und eine Befähigung zur Lehre mit der Berufung für das Lehramt als gegeben angenommen wird.

Jedoch ist der Lern- und Studienerfolg keinesfalls ausschließlich durch die verantwortungsvoll aufbereitete und hochschuldidaktisch gestaltete Lehre einzelner Lehrpersonen begründet. Selbst bei optimaler Konzeption einer Lehrveranstaltung sind aktives Lernen und Studieren lernpsychologische Vorgänge, welche auch die Studierenden bestimmen können und müssen.

Die Lehre für die Bachelorstudiengänge soll auf einen eigenständigen berufsqualifizierenden Abschluss ausgerichtet sein. Dazu ist den Studierenden der Aufbau vielfältig verwendbarer Kompetenzen, insbesondere auch breiter Methoden- und Selbstkompetenz, zu ermöglichen. Sehr fachspezifische Qualifizierungsanforderungen müssen kritisch mit dem Instrument der didaktischen Analyse auf ihren exemplarischen Kern untersucht und – falls von geringer Exemplarität – zurückgewiesen werden. Die Studieninhalte sollten – auch wenn hochschuldidaktisch selektiert und aufbereitet – dem Niveau wissenschaftlicher Aussagen entsprechen.

Die Lehre in den konsekutiven Masterstudiengängen baut inhaltlich auf einem Bachelorstudiengang auf. Damit wird dieser fachlich fortgeführt, vertieft oder fachübergreifend erweitert. Für die Lehre in Masterstudiengängen müssen qualifizierte theoretische Kenntnisse und berufspraktische Erfahrungen der Studierenden vorausgesetzt werden, die für das Lehrkonzept aufzugreifen und hochschuldidaktisch anschlussfähig zu machen sind. Damit wird es Studierenden ermöglicht, sich fachbezogen zum selbstständigen wissenschaftlichen Arbeiten zu qualifizieren.

Fachhochschulen offerieren auch Bildungsangebote „in Form des weiterbildenden Studiums und des weiterbildenden Masterstudienganges" (HG NRW § 62, Abs 1). Diese postgradualen Angebote werden in der Regel über kostendeckende Studiengebühren finanziert. Für die Zulassung zum Weiterbildungsstudium müssen – neben den üblichen Hochschulzugangsvoraussetzungen – ein einschlägiger berufsqualifizierender Studienabschluss sowie Berufserfahrung nachgewiesen werden. Das Studienangebot „ist mit den übrigen Lehrveranstaltungen abzustimmen und soll berufspraktische Erfahrungen einbeziehen" (ebd.).

Die Lehre an Fachhochschulen wird im Wesentlichen von hauptamtlichen Hochschullehrerinnen und Hochschullehrern geleistet. Doch nicht alle Aufgaben, die im Zusammenhang mit der Lehre auftreten, sind so anspruchsvoll, dass damit Hochschullehrer/-innen betraut werden müssen.

Um diese von der Lehre zu entlasten und Freiräume für die Forschung zu schaffen, empfiehlt der Wissenschaftsrat (2010: 11) für ausgewählte promovierende Master-Absolventen „in geringem Umfang die Übernahme eigener Lehrveranstaltungen im Bachelor-Bereich". Ihr Stundendeputat „sollte in ähnlichem Umfang erfolgen wie bei wissenschaftlichen Mitarbeiterinnen und Mitarbeitern an Universitäten (4–5 SWS)" (ebd.: 81). Allerdings muss dann dieses Personal an Fachhochschulen entsprechend didaktisch qualifiziert werden (ebd.).

Das bildungspolitische Interesse sollte aber auch darauf gerichtet sein, die Personalstruktur an Fachhochschulen wegen der vielfältigen Anforderungen, die an die Lehre und Organisation gestellt werden, zu diversifizieren.[9] Allein der Umfang der Lehrverpflichtung von Fachhochschulprofessorinnen und -professoren ist in den bestehenden Ausführungen und Verordnungen der Bundesländer mit 18 Semesterwochenstunden benannt. Angaben zu möglichen Ermäßigungen des Lehrdeputats, beispielsweise durch Forschungsaufgaben, weisen allerdings erhebliche Unterschiede auf.

2.2. Forschungsorientiertes Lehren und Studieren an Fachhochschulen

Akademisches Lehren, Lernen und Studieren kann sich auch dadurch auszeichnen, dass mit der Lehre eine besondere Beziehung zur Forschung hergestellt wird. Damit nähert man sich der Leitidee einer „Einheit von Lehre und Forschung" an. Traditionell ist diese – wie allgemein bekannt – Alleinstellungsmerkmal der akademischen Lehre.[10]

Auch für die Lehrveranstaltungen an Fachhochschulen gibt es Möglichkeiten, Lehre und Forschung zu verbinden. Diese erfordert bei den Studierenden die eigenständige Anwendung wissenschaftlicher Methoden und Erkenntnisse. Auf dieser Grundlage lassen sich – wie der Wissenschaftsrat (2010: 55) betont – durch „intensive Forschungsbezüge in Lehre und Studium die berufsfeld- und professionsbezogenen Kompetenzen der Absolventinnen und Absolventen erhöhen".

---

[9] Augenfällig ist, dass die Personalstruktur an Fachhochschulen für die komplexen Anforderungen unzulänglich ist. „Ein Schlüssel dafür, als Institution unterschiedliche Schwerpunkte in Studium und Lehre, in Forschung und Entwicklung sowie in der Weiterbildung zu setzen …, ist eine Flexibilisierung und Differenzierung der Personalstruktur." (WR 2010: 78)

[10] Dennoch ist hier in diesem Aufsatz aus analytischen Gründen bislang nur die Lehre herausgehoben worden.

Forschungsorientierung kann zu einer Leitidee der Lehre an Hochschulen werden. So meint Peter Tremp (2015: 8) sogar, dass sich insbesondere mit „der Etablierung von Fachhochschulen ... die Frage einer Verknüpfung von Forschungsorientierung und Berufsbezug in akzentuierter Weise" für die Lehre stellt. Erkennbar ist inzwischen ein verhältnismäßig großer „Facettenreichtum forschungsorientierter Lehre" (Reinmann 2015: 43). Dabei erscheint es sinnvoll, eine Unterscheidung zwischen „Lehre im Format der Forschung" und „Lehre im Sinne der Forschung" vorzunehmen (ebd.: 48f.).

Lehre im Sinne der Forschung wird meist mit den traditionell eingesetzten rezeptiven Methoden realisiert. Sie richten sich im Kern auf ein Studieren durch Lesen, Zuhören und Beobachten. Darüber hinaus sollen Studierende durch diese Art der Lehre „Einblicke in die Forschungslandschaft bekommen, Zugang zu aktuellen Erkenntnissen erlangen und erfahren, wie man bestehendes Wissen einordnet und bewertet, warum es immer nur vorläufiger Natur ist usw." (ebd.: 49).

Lehre im Format der Forschung richtet sich auf aktives und produktives Studieren. Forschendes Lernen muss von der Thematik und den Lernvoraussetzungen her möglich sein. In solchen Lehrveranstaltungen geht es nicht oder nur selten um originäre Forschung, sondern darum, dass Forschungsergebnisse recherchiert, geordnet, dargestellt und evaluiert werden. Mit dieser Form der Lehre können sich Studierende „mit Erkenntnissen aus der Forschung weitgehend selbstständig oder angeleitet in Form spezieller Aufgaben beschäftigen" (ebd.).

Schon die grundständige Lehre für Bachelorstudiengänge kann forschungsorientiert angelegt werden. Mehr noch fordert die Lehre für das Masterstudium eine Vertiefung und inhaltliche Orientierung an Forschungsergebnissen und -vorhaben. Forschungsorientierte Masterstudiengänge bieten ihren Absolventinnen und Absolventen Impulse und Voraussetzungen für eine anschließende Promotion oder eine forschungsbasierte – akademische oder nicht-akademische – Berufstätigkeit. Um dieses zu gewährleisten, sollten in Masterstudiengängen solche forschungsorientierten Lehrveranstaltungen entwickelt werden, die einen intensiven Berufsfeld- und Anwendungsbezug aufweisen.

2.3. Instrumente zur Qualitätssicherung der Lehre

Die Art und Qualität der Lehre an Hochschulen sind von wissenschaftlichem, aber auch von gesellschaftlichem Interesse. Daher soll der Lehrerfolg einer Hochschule in Lehrberichten dargestellt werden (vgl. HSchulDSV BW 1992, § 11). Der Lehrbericht

- „dient der Sicherung und Verbesserung der Lehre",
- „analysiert die Situation in Studium und Lehre und trägt damit dazu bei, die Inhalte und Organisation des Studiums und der Lehre transparent zu machen",
- „beinhaltet eine kritische Würdigung von Studium und Lehre im Berichtszeitraum (Selbstevaluation)",
- „liefert die wesentlichen Daten, um die Öffentlichkeit über die Leistungen, ggf. auch über die Probleme der Studiengänge und des Fachbereiches zu unterrichten",
- „soll insgesamt darstellen, welche Konsequenzen aus den Erfahrungen der zurückliegenden Studienjahre für die Weiterentwicklung und laufende Qualitätsverbesserung von Studium und Lehre zu ziehen sind." (SfH BW 1997: 3)

Mit dieser Aufzählung wird erkennbar, was gegenwärtig mit einem Lehrbericht intendiert ist oder erreicht werden soll. Allerdings sind die Studierenden mit ihren Einschätzungen erstaunlicherweise nicht in den Prozess der Lehrberichtserstellung eingebunden, nur der „Fachschaft ist Gelegenheit zur Stellungnahme zu geben" (ebd.: 4).

Mit Lehrberichten kann aus der Sicht von Lehrenden und Studierenden die Situation, d.h. Entwicklung von Studium und Lehre dokumentiert werden. Das dient primär der Information aller Interessierten inner- und außerhalb der Hochschule. Ob mit den Lehrberichten die intendierte Qualitätssicherung des Lehrangebotes erreicht wird, ist umstritten. Mit Beginn der 1990er Jahre lässt sich eine Diversifizierung von Instrumenten zur Qualitätsbewertung der Lehre auch an Fachhochschulen feststellen (vgl. dazu Pfeiffer et al. 2009: 48 f.).

Die Diskussion richtet sich bislang zwar nicht auf die Feinstruktur von Lehrveranstaltungen, die Instrumente zur Qualitätssicherung der Lehre durch hochschuldidaktische Arbeiten können jedoch mehr inhaltliche Substanz erhalten und zur Transparenz von Lehrpraxis sowie Qualitätssicherung akademischer Aus- und Weiterbildung beitragen.

2.4. Lehre und Studium als Forschungsfeld

Spätestens nach dem Aufbau der Fachhochschule wurden mit der Diskussion zur Gesamthochschule Überlegungen zu integrierenden hochschuldidaktischen Ansätzen vorgebracht (vgl. Teichler 1974: 104 ff.). Dabei wurde auch frühzeitig angemerkt, dass „Fachhochschullehrer" des Ingenieurbereiches eine besondere Affinität zur Berufspraxis aufweisen. Mit der „Hinwendung zur beruflichen Praxis" (Herz et al. 1974: 141) ist schon damals ein makrodidaktisches Kriterium benannt worden, das gegenwärtig für alle Fachhochschullehrer und -lehrerinnen relevant ist und einer Untersuchung der fundamentalen und exemplarischen Bedeutung bedarf.

Eine fachhochschulspezifische Didaktik zeichnet sich heute dadurch aus, „dass die Anforderungen der beruflichen Praxis neben der Gewährleistung der Ansprüche an eine hochschulische Ausbildung eine zentrale Bezugsgröße für die Gestaltung der FH-Studiengänge sind" (Raidl 2006, S. 282).

Die Lehre wird auch an Fachhochschulen in starkem Maße durch Gesetze, Verordnungen und Ordnungsmittel bestimmt, aber auch von den hochschulischen Akteuren und der Studienumgebung beeinflusst. Forschung über die Lehre kann diese Rahmenbedingungen, die Akteure sowie ihr Zusammenwirken fokussieren, aber auch kritisieren. Viele dieser übergeordneten Forschungsfelder zu fachhochschulischer Lehre sind bereits betrachtet worden. Diese übergreifenden Forschungsfelder benötigen auch in ihrer fachhochschulspezifischen Ausrichtung und in regelmäßigen Abständen kritische Analysen und Überarbeitungen.

Zu den neueren Forschungsfeldern der Lehre an Fachhochschulen gehören beispielsweise auch die zu erwerbenden Kompetenzen der Studierenden.[11] Insbesondere Fragen zum selbstgesteuerten und selbstorganisierten Studieren, d.h. zum Erwerb der Selbstkompetenz, können als großes und neues Forschungsfeld der Lehre eingeschätzt werden, vor allem wenn man „Selbsttätigkeit als conditio sine qua non" (Frenzel 2015: 10) der Lehre versteht. Bei solchen innovativen Forschungsansätzen muss jedoch berücksichtigt werden, dass Konzepte der Fremdsteuerung ein großes Beharrungsvermögen haben.

Das heutige Studium an Fachhochschulen bringt – auch wenn Verschulungstendenzen weiterhin unübersehbar sind – teilweise höhere Freiheitsgrade als früher zur Gründerzeit mit sich, auch wenn sie noch immer geringer als an den Universitäten ausfallen. Diese Freiheiten erfordern ein eigenständiges und zielorientiertes Arbeiten und Studieren – sei es beim Verfassen von Hausarbeiten, Referaten oder bei Prüfungsvorbereitungen.

Eine daraus folgende und für die hochschuldidaktische Forschung relevante Frage ist, wie die Studiensituationen so initiiert und gestaltet werden können, dass eine Selbststeuerung oder Selbstorganisation der Stu-

---

[11] Aber auch die hochschuldidaktischen Kompetenzen der Lehrenden stellen ein wichtiges Forschungsfeld dar. Untersucht werden müsste, wie hochschuldidaktische Konzepte und variantenreiche Vermittlungsmethoden in den verschiedenen Fachbereichen für eine innovative Lehre eingesetzt werden können.

dierenden erfolgt und unterstützt wird. Zu berücksichtigen ist, dass Studierende an Fachhochschulen häufig aus dem Wirtschaftssystem kommen, eine andere Sozialisation erfahren haben oder sogar durch ihre Berufs- und Bildungsbiografie präformiert sind. Erforscht werden sollten die besonderen Wirkungen einer selbstbestimmten und selbstregulierten Form der Lern- oder Studienorganisation in fachhochschulischer Lehre. Untersucht werden könnte auch, ob oder wie die Selbststeuerungs- und Selbstorganisationsprozesse der Studierenden zu unterschiedlichem Verhalten und unterschiedlichen Studienstrategien führen und ob es Zusammenhänge zum Studienerfolg gibt.

Für die bestehenden curricularen Konzepte in den Studiengängen sind auch zukünftig selbstgesteuerte und selbstorganisierte Lern- oder Studieransätze zu untersuchen. Dazu braucht es Zeit und ein großes Engagement der Forscher/-innen für eine „gute" Lehre. Absehbar ist, dass die Lehre an Fachhochschulen ein zunehmend wichtiges Forschungsfeld wird.

3. Gegenwartsprobleme und Untersuchungsaufgaben zu einer spezifischen Lehre an Fachhochschulen – Fazit und Ausblick

Ständige Veränderungen in Gesellschaft und Beschäftigungssystem beeinflussen die Auswahl der Studieninhalte für Lehrveranstaltungen auch an den Hochschulen für Angewandte Wissenschaften. Zwei zentrale Herausforderungen der Hochschulen für Angewandte Wissenschaften liegen aktuell in der Digitalisierung und der Diversifikation der Studierenden. Innovative Arbeitsprozesse und die Digitalisierung der Lehre haben in einigen Fachbereichen Einzug gehalten. Bei aller Euphorie über digitale Medien muss berücksichtigt werden, dass auch bei hochschuldidaktischen Lehransätzen grundsätzlich die Studienziele den Einsatz der Mittel bestimmen und nur in Ausnahmefällen die Medien die Inhalte. Deshalb ist beim Einsatz neuer digitaler Lehr- und Lernformate darauf zu achten, dass die Studienkonzepte den Leitideen und Zielen der Hochschullehre folgen (vgl. Weber 2016: 17).

Gewandelte Aufgaben stellen sich für die Fachhochschulen darüber hinaus, weil zu erwarten ist, dass sich die Zielgruppen der Studierenden, die eine wissenschaftliche Weiterbildung anstreben, in Zukunft vergrößern und neue Ansprüche an die Art der Lehrveranstaltungen formulieren werden. Daher wird sich die wissenschaftliche Fortbildung an der Fachhochschule zukünftig nicht nur auf die Zeit nach dem ersten Hochschulabschluss ausrichten können, sondern für die verschiedenen berufsbiografischen Phasen Weiterbildungsangebote offerieren müssen. Hierbei sind besonders die beruflich erworbenen Erfahrungen und Kompetenzen aufzugreifen.

Angesichts der gesellschaftlichen Umbrüche – insbesondere durch Globalisierung und Digitalisierung – erscheinen weitere Forschungen und Untersuchungen zur Lehre an Fachhochschulen erforderlich. Aktuell können Forschungsschwerpunkte vor allem darin gesehen werden,

- die Evaluation bisheriger hochschuldidaktischer und methodischer Konzepte einer Lehre für die akademische Erst- und Weiterbildung zu erforschen,
- Möglichkeiten des Transfers von Ergebnissen aus Grundlagenforschung in anwendungsorientierte Lehre aufzuzeigen,
- innovative sowie in sich geschlossene curriculare und hochschuldidaktische Konzepte der Lehre zur anwendungsorientierten akademischen Erstaus- und Weiterbildung zu entwickeln und zu überprüfen,
- Tendenzen zur Verschulung und studienorgansiatorische Formen der traditionellen Semesterklasse zu untersuchen,
- Modelle internationaler Kooperation in Forschung und Lehre von Fachhochschulen zu erforschen,
- Kooperationen zwischen Hochschule und Unternehmen wie beispielsweise beim Dualen Studium wissenschaftlich zu begleiten und
- Kooperationsmodelle und Promotionskollegs zur Qualifizierung wissenschaftlichen Nachwuchses zu untersuchen.

Für Lehre und Studium an Hochschulen für Angewandte Wissenschaften lässt sich feststellen, dass es viele ungelöste Probleme gibt, die weit über bisherige hochschuldidaktische Ansprüche hinausreichen. Aus heutiger Perspektive erscheint die Entwicklung der Fachhochschule zur Hochschule für Angewandte Wissenschaften eher durch Veränderungen in der Gesellschaft und im Arbeitssystem sowie reaktive bildungspolitische Entscheidungen als durch Initiativen und Aktivitäten der Akteure an den Institutionen bestimmt. Die Institution ist aber auch in der Ausformung der Lehre durch erhebliche hochschuldidaktische Aktivitäten vieler Lehrpersonen gekennzeichnet.

Eine fortlaufende Hochschulentwicklung von Lehre und Studium kann dazu beitragen, Verschulungstendenzen zu begegnen und den Ursprungsgedanken des anwendungsorientierten Studiums der Fachhochschule zu beleben. Über die Lehre können damit Informationen, Wissen und Wissenskommunikation zu den Fach- und Wissenschaftsgebieten angeboten und besser verankert werden.

Literatur

Berthold, Christian/Frank Ziegele (2013): „Zukunftsszenarien" – zur zukünftigen Rolle der Fachhochschulen im deutschen Hochschulsystem, in: Baden-Württemberg Stiftung (Hg.), Gleichartig – aber anderswertig? Zur künftigen Rolle der (Fach-)Hochschulen im deutschen Hochschulsystem, Bielefeld, S. 117–133.

BVerfG 2010: BVerfG, Beschluss des Ersten Senats vom 13. April 2010 – 1 BvR 216/07, Rn. (1-69).

Fend, Helmut (2006): Neue Theorie der Schule. Einführung in das Verstehen von Bildungssystemen, Wiesbaden.

Frenzel, Eike Michael (2015): Öffentliches Recht in der wissenschaftlichen Lehre. Eine handlungs- und interaktionsorientierte Methodensammlung, Freiburg; URL https://freidok.uni-freiburg.de/fedora/objects/freidok:11101/datastreams/FILE1/content (7.8.2019).

Grundgesetz für die Bundesrepublik Deutschland vom 23 Mai 1949, zuletzt geändert durch das Gesetz vom 8.10.2008 (BGBl. I S. 1926).

HG NRW, Gesetz über die Hochschulen des Landes Nordrhein-Westfalen (Hochschulgesetz – HG) vom 16. September 2014, zuletzt geändert am 17. Oktober 2017 (GV. NRW, S. 806), in Kraft getreten am 1. Januar 2018.

HRG, Hochschulrahmengesetz in der Fassung der Bekanntmachung vom 19. Januar 1999 (BGBl. I S. 18), das zuletzt durch Artikel 6 Absatz 2 des Gesetzes vom 23. Mai 2017 (BGBl. I S. 1228) geändert worden ist.

HSchulDSV BW (1992): Verordnung des Wissenschaftsministeriums zur Verarbeitung personenbezogener Daten der Studienbewerberinnen und Studienbewerber, Studierenden, Gasthörerinnen und Gasthörer, Prüfungsteilnehmenden und Doktorandinnen und Doktoranden für Verwaltungszwecke der Hochschulen (Hochschul-Datenschutzverordnung) vom 28. August 1992. (GBl. für Baden-Württemberg 1992, Nr. 25, S. 667), zuletzt geändert durch Art. 1 ÄndVO vom 14.5.2019 (GBl. 2019, Nr. 13, S. 225).

KMK/BMBW, Kultusministerkonferenz/Bundesministerium für Bildung und Forschung (2015): Die Umsetzung der Ziele des Bologna-Prozesses 2012–2015. Nationaler Bericht; URL https://www.kmk.org/fileadmin/Dateien/veroeffentlichungen_beschluesse/2015/2015_02_12-NationalerBericht_Umsetzung_BolognaProzess.pdf (7.8.2019).

Lutz, Susanne (2016): Kommentierungen zu den Landeshochschulgesetzen – ein Überblick, in: Ordnung der Wissenschaft H. 2, S. 131–134.

Herz, Otto/Robert C. Rancke/Holger Hillmer (1974): Berichte aus den Gruppen Lehrer, Juristen, Ingenieure, in: Günter Faltin/Otto Herz (Hg.), Berufsforschung und Hochschuldidaktik II. Handlungsspielräume als Zielkategorie, Bielefeld, S. 125–144.

Pahl, Jörg-Peter/Hannes Ranke (2019): Von der Höheren Fachschule zur Fachhochschule. Entstehung und Etablierung einer Institution, die: hochschule 1/2019, S. 80–93.

Pfeiffer, Iris/Sigrun Nickel/Reinhard Schüssler/Simone Kaiser/Susanne Heinzelmann (2009): Synoptischer Vergleich der Qualitätssicherungssysteme in der beruflichen und akademischen Bildung. Endbericht, Berlin/Gütersloh.

Raidl, Claus J. (2006): Autonomie, Verantwortung, Qualität: zentrale Begriffe der Hochschulreform, in: Kerstin Fink/Christian Polder (Hg.): Wirtschaftsinformatik als Schlüssel zum Unternehmenserfolg, Wiesbaden, S. 267–284.

Reinmann, Gabi (2015): Forschung- und Berufsorientierung in der Lehre aus hochschuldidaktischer Sicht, in: Peter Tremp (Hg.), Forschungsorientierung und Berufsbezug im Studium. Hochschulen als Orte der Wissensgenerierung und der Vorstrukturierung von Berufstätigkeit, Bielefeld, S. 42–61.

SfH BW, Studienkommission für Hochschuldidaktik an Fachhochschulen in Baden-Württemberg (1997): Vorlage zur Erstellung von Lehrberichten. Version 2.2 vom 30. April 1997, verabschiedet am 17. April 1997.

Teichler, Ulrich (1974): Struktur des Hochschulwesens und „Bedarf" an sozialer Ungleichheit. Zum Wandel der Beziehungen zwischen Bildungssystem und Beschäftigungssystem, in: Günter Faltin/Otto Herz (Hg.), Berufsforschung und Hochschuldidaktik. 1 Sondierung des Problems, Bielefeld, S. 80–114.

Tremp, Peter (2015): Vorwort zum Band 126, in: Peter Tremp (Hg.), Forschungsorientierung und Berufsbezug im Studium. Hochschulen als Orte der Wissensgenerierung und der Vorstrukturierung von Berufstätigkeit, Bielefeld, S. 7–11.

Weber, Johanna Eleonore (2016): Digitalisierung der Universitäten. Präsenz- vs. Absenz-Kultur: face to face, digital, blended (learning)?, in: Michael Jäckel/Günter Krampen (Hg.), Die Universität der Zukunft: Digitalisierung und Internationalität, ZPID Science Information Online, 16 (3), Trier, S. 16–20.

WR, Wissenschaftsrat (2010): Empfehlungen zur Rolle der Fachhochschulen im Hochschulsystem, Berlin.

WR, Wissenschaftsrat (2017): Strategien für die Hochschullehre. Positionspapier, Berlin.

Erfolgsquoten im deutschen Hochschulwesen
Neue Erkenntnisse in einem umkämpften Feld am Beispiel Maschinenbau

Sonja Bandorski
Marita McGrory
Gerd Grözinger
Flensburg

Dem internationalen Vergleich von Erfolgsquoten an Hochschulen hat die OECD in ihrem Bildungsbericht von 2019 ein eigenes Kapitel auf der Datenbasis von 2017 gewidmet. Die OECD unterscheidet dabei zwei Berechnungsweisen, die *True-Cohort-* und die *Cross-Cohort*-Methode. Die erstere ist das präzisere Verfahren, da hier tatsächliche Bildungsverläufe einer Anfängergruppe auf der Individualebene nachverfolgt werden.

Technisch werden seitens der Organisation sogar jeweils zwei Kennziffern mitgeteilt, einmal einen Wert für die Abschlüsse innerhalb der Regelstudienzeit und dann noch einmal einen für die Regelstudienzeit plus 3 Jahre. Die Errechnung solcher Mehrfachangaben beschreiben ein relativ übliches Verfahren, da ein singulärer Wert die Besonderheiten von Ländern, Fächern, Hochschulen meist nicht abdeckt. Im Überblick lautet das Ergebnis:

> „Im Durchschnitt der Länder und subnationalen Einheiten mit True-Cohort-Daten erwarben 39 % der Bildungsteilnehmer, die einen Bachelorbildungsgang aufnahmen, einen Abschluss innerhalb der regulären Ausbildungsdauer des Bildungsgangs ... 3 Jahre nach Ende der regulären Ausbildungsdauer ist die durchschnittliche Erfolgsquote auf 67 % gestiegen ... Im Durchschnitt der 7 Länder, die Cross-Cohort-Daten vorgelegt haben, schließen 77 % der Bildungsteilnehmer, die einen Bachelorbildungsgang beginnen, diesen ab." (OECD 2019: 246f).

Für Deutschland wird in dem Bericht nach dem Cross-Cohort-Verfahren ein Wert von 80 % angegeben, allerdings mit dieser einschränkenden Fussnote:

> „Daten beziehen sich auf geschätzte Erfolgsquoten basierend auf einer modellierten Beziehung zwischen zukünftigen Absolventen und aktuellen Bildungsteilnehmern im Tertiärbereich." (Ebd.)

Die OECD bezieht ihre Informationen von den nationalen Statistischen Ämtern. Das Statistische Bundesamt berechnet seine Erfolgsquoten als Absolventen mit Studienbeginn im Jahr X / Studienanfänger mit Studienbeginn im Jahr X (Destatis 2018: 3).

Allerdings unterscheidet das Statistische Bundesamt nur summarisch nach Art des Studienabschlusses, so dass eine detailliertere Aussage bspw. über den Bachelorerfolg in einem bestimmten Fach aus den Materialien nicht zu destillieren ist.[1] Dazu kommt eine lange Reihe spezieller Annahmen, etwa wie mit ausländischen Studierenden umzugehen ist und wie mit Studienfachwechslern, die ein konkretes Nachvollziehen der Methode durchaus schwierig erscheinen lassen. Aber auf der Basis dieser Berechnungen sieht die deutsche Hochschulwelt gar nicht besonders trübe aus. Für die Ingenieurwissenschaften an Universitäten – ein Fokus, der uns im Folgenden beschäftigen wird – weist das Statistische Bundesamt für die fünf Jahre der Ersteinschreibung 2004 bis 2008 Erfolgsquoten zwischen 72,2 % und 78,0 % aus (ebd.: 13).

Auch am DZHW wird mit dem Cross-Cohort-Ansatz gearbeitet, hier aber mit dem Ziel, Abbruchsquoten zu ermitteln. Idealerweise – wie bei einem wirklichen True-Cohort-Vorgehen – käme es dabei zu ineinandergreifenden Ergebnisses: Erstsemester schließen entweder ihr Studium ab oder beenden es ohne Abschluss oder wechseln das Fach. Und wenn letztere einheitlich nicht berücksichtigt werden, bleiben zumindest auf der Basis einer sehr langen Zeitperiode und völlig identisch definierter Populationen nur noch Abschluss- und Abbruchsquoten. Aber Vergleiche haben gezeigt, dass die Ansätze doch erhebliche Wertdiskrepanzen ergeben (ebd.: 6f.).

Studienabbrecher sind nach dem DZHW-Verfahren Studierende mit einer Ersteinschreibung, die aber die Hochschule ohne ein erstes Abschlussexamen verlassen – somit wieder ohne Fach- und Hochschulwechsler. Der Ansatz wird ebenfalls auf Basis der amtlichen Statistik für ganze Großgruppen durchgeführt, also etwa für bestimmte Disziplinen oder Studienabschlüsse. Die Berechnung ist auch hier als Vergleich eines erfolgreichen Abschlussjahrgangs mit einer Anfangskohorte konzipiert. Aktuell werden für den Bachelor-Absolventenjahrgang 2016 die Anfänger von 2012/13 als zentrale Studienanfängerjahre einbezogen, wobei als einbezogene Studienanfängerjahrgänge 2003–2012 genannt werden (Heublein/Schmelzer 2018: 2). Im Bachelor Ingenieurwissenschaften an Universitäten werden dabei nun 35 % Abbruch errechnet (ebd.: 25). Verglichen mit einem hohen Wert von 48 % Abbruch des Jahrgangs von 2010 bei gleicher Methodik (Heublein et al. 2017: 264) ist auch hier durchaus ein positiver Trend zu verzeichnen.

---

[1] Für alle Bachelor insgesamt werden Erfolgsquoten für die Startjahrgänge 2005–2008 von 82,4 %, 79,5 %, 78,2 %, 79,6 % angegeben (Destatis 2018: 11).

Beiden Ansätzen, dem des Statistischen Bundesamtes wie dem des DZHW, liegt ein summarischer Ansatz zugrunde, d.h. Aussagen für einzelne Hochschulen sind nicht möglich. Dieses Manko versuchte eine dritte Studie zu umgehen, die nicht zuletzt wegen der anfänglich so desaströs scheinenden Werte des DZHW unternommen wurde. Die acatech (Deutsche Akademie der Technikwissenschaften) hat für mehrere Universitäten die Abbruchquoten der ingenieurwissenschaftlichen Bachelorstudiengänge untersucht (Klöpping et al.: 2017).

Neben der Kerngruppe der TU9 waren noch einige weitere besonders große Einrichtungen für eine Beteiligung angefragt. Das Sample umfasste somit RWTH Aachen, TU Berlin, TU Braunschweig, TU Darmstadt, TU Dresden, TU Dortmund, Universität Duisburg-Essen, FAU Nürnberg-Erlangen, LU Hannover, KIT, TU München, Universität Stuttgart, wobei Braunschweig aufgrund einer Umstellung des Datenmanagements und Dresden wegen weiter gepflegter Diplomabschlüsse am Ende wieder nicht berücksichtigt werden konnten. Als zu untersuchende Fächer wurden die klassischen Studiengänge ausgewählt: Bauingenieurwesen, Elektrotechnik, Informatik, Maschinenbau, Wirtschaftsingenieurwesen.[2] Damit sind laut der Studie etwa Dreiviertel der universitär Ingenieurwissenschaften Studierenden an Deutschlands Hochschulen erfasst.

Das methodisch Interessante an der acatech-Publikation ist, dass dabei auf interne Daten zurückgegriffen werden konnte. Ausgangspunkt waren alle Personen, die sich in ein erstes Fachsemester in den genannten Fächern eingeschrieben hatten. Im Ergebnis gilt für die Gesamtgruppe, dass bis zum siebten Fachsemester „38 Prozent der Studierenden der Anfängerkohorte 2008/09 den Studiengang verlassen haben" und zu Beginn des zehnten Fachsemesters „ein Schwund von 43 %" errechnet wurde (ebd.: 29). Der Schwund umfasst dabei alle Abgänge, also Studienabbrecher ebenso wie Fach- und Hochschulwechsler. Anders ausgedrückt: Eine unbekannte Anzahl der hier Verschwundenen wird ein anderes Studium oder ein Studium anderswo noch erfolgreich beenden.

Weit weniger positiv sieht allerdings auch bei der acatech-Studie die Erfolgsquote aus, gemessen an einem erfolgreich beendeten Studium. Über alle vier betrachteten Kohorten (von WS 2008/09 bis WS 2011/12) hinweg hatten zu Beginn des siebten Fachsemesters gerade einmal 11 % einen Abschluss erlangt. Und zu Beginn des zehnten Fachsemesters waren es auch nur 40 % erfolgreich Bestandene, dazu kommen noch 19 % weiter Eingeschriebene mit etwas unklarer Erfolgsprognose (ebd.: 31).

---

[2] Nicht an allen Universitäten konnten Daten für alle Fächer ausgewertet werden. Für Maschinenbau etwa fehlt die TU München (Klöpping et al.: 49).

Große Unterschiede gab es auch innerhalb der betrachteten Universitäten, die allerdings in der Studie anonymisiert wurden. So waren im Fach Maschinenbau je nach Zeitpunkt und Einrichtung Schwundgrößen zwischen 16 % und 75 % zu verzeichnen, wobei der hohe einmalige Extremwert damit erklärt wird, dass in diesem Jahr an dieser Universität die letztmalige Möglichkeit bestand, „in einen aus Sicht der Studierenden wesentlich attraktiveren Studiengang zu wechseln" (ebd.: 25).[3]

1. Die Methode(n) unsere Untersuchung

Im Rahmen der BMBF-Förderlinie „Studienerfolg und Studienabbruch" verfolgt unser Projekt *HoStaNu* – Die Hochschulstatistik(en) nutzen! – das Ziel, auf der Grundlage amtlicher Daten den Studienerfolg auch auf Hochschulebene zu erfassen und zu analysieren.[4] Die bestehende amtliche Statistik ist nämlich durchaus reichhaltig. Für jede/n Studierende/n und jede/n Geprüfte/n hält sie einen eigenen Eintrag bereit. Somit können wir an einem Forschungsdatenzentrum (FDZ) der Statistischen Ämter des Bundes und der Länder mit dem Gesamtkorpus von 1996 bis (gegenwärtig) 2015 arbeiten. Unser ursprünglicher Ansatz war es, auf der Basis dort enthaltener relativ umfangreicher Angaben zur Person Kleinstgruppen von der Ersteinschreibung bis zur Prüfung zu verfolgen, wobei diese Gruppen meist nur eine oder zwei Personen umfassten, fast immer jedenfalls einstellig blieben. Wir wären also einem True-Cohort-Ansatz sehr nahegekommen.

Leider wurde das Verfahren nachträglich und nach über einem Jahr rechtlicher Prüfungen seitens der FDZ aus Datenschutzgründen endgültig nicht freigegeben, obwohl wir nur institutionelle und keine personenbezogenen Angaben veröffentlichen wollten und vor jeder Datenpublikation ohnehin eine formelle Freigabe erfolgen muss.[5] Deshalb sind wir zu einem intensivierten Cross-Cohort-Ansatz übergegangen.

---

[3] Der negative Extremwert kann von uns nun Hannover zugeordnet werden und er ist – wie wieter unten dargelegt wird – *nicht* damit zu erklären, dass hier zum Diplom gewechselt wurde.

[4] https://www.wihoforschung.de/de/hostanu-1332.php (10.10.2019)

[5] Es bedeutet, dass wir zwar jedes Jahr legitim beschauen dürfen, ob es z.B. Studentinnen mit im Landkreis Nordfriesland dann und dann abgelegten Abitur und versehen mit einer bestimmten Monats- und Jahresgeburtsinformation etc. gibt, die im 3. Semester an der Uni Heidelberg Diplom Physik studieren, aber nicht mit Hilfe der Studierendenstatistik vom nächsten Jahr überprüfen dürfen, wieviel aus diesen x Personen mit diesen Merkmalen nun im fünften Semester sind. Wir halten diese Entscheidung für sachlich falsch und haben dagegen auch Einspruch beim Rat für Sozial- und Wirtschaftsdaten eingelegt. Der konnte uns

Als Grundlage für das Fach nutzen wir die Studienbereichs-Systematik (STB) des Statistischen Bundesamts, die den Vorteil hat, auch entsprechende Abschlüsse mit hoher Spezialisierungsbezeichnung zu umfassen.[6] Um einen relativ direkten Vergleich mit der acatech-Studie zu ermöglichen, beschränken wir uns hier auf den Studienbereich *Maschinenbau*, der einerseits wohl als die Paradedisziplin deutscher Ingenieurskunst angesehen werden kann, zum anderen auf Hochschulebene die oben genannten besonders hohen Spreizungen in der Schwund- und Erfolgsquote aufwies. Wie bei acatech auch werden von uns hier nur bestimmte *Universitäten* und, so unser anfänglicher Plan, dort nur deren Bachelorstudiengänge untersucht.

Den relativen Studienerfolg für ein (STB-)Fach an einer Hochschule berechnen wir durch die Relation der bestandenen Abschlussprüfungen zu einer Anfängerkohorte im gleichen Studienbereich und an derselben Hochschule. Wir arbeiten dabei mit den folgenden Zeitfenstern: innerhalb der Regelstudienzeit (RSZ); im ersten Jahr nach Ablauf der Regelstudienzeit (RSZ+1); im zweiten Jahr nach Ablauf der Regelstudienzeit (RSZ+2).

Ergänzend zum Studienerfolg im eigentlichen Sinne geben wir zusätzlich noch die Anzahl derjenigen mit an, die nach Ablauf des zweiten Jahres nach Ende der Regelstudienzeit noch in diesem Fach an dieser Hochschule immatrikuliert sind. Diese Fälle haben ihr Studium zwar bis dato nicht abgebrochen, aber ob oder in welchem Umfang sie dem Studienerfolg zugeschlagen werden können, ist offen.

Zusätzlich gelten folgende weitere Ausschlusskriterien: In unsere Analysen gehen nur Fälle ein, die als Haupthörer ein Vollfachstudium in Vollzeit und als Präsenzstudium absolvieren. Nur in dieser Kombination

---

allerdings nicht weiterhelfen, obwohl er in einer ersten Stellungnahme unserer Rechtsposition zuneigte. Leider hat ein zeitlich wie finanziell beschränktes Drittmittel-Forschungsprojekt wie unseres keine Ressourcen für eine langwierige Rechtsauseinandersetzung.

[6] Zum Beispiel gehören zum STB Maschinenbau: Abfallwirtschaft, Augenoptik, Chemie-Ingenieurwesen/Chemietechnik, Druck- und Reproduktionstechnik, Energietechnik (ohne Elektrotechnik), Feinwerktechnik, Fertigungs-/Produktionstechnik, Gesundheitstechnik, Glastechnik/Keramik, Holz-/Fasertechnik, Kerntechnik/Kernverfahrenstechnik, Kunststofftechnik, Maschinenbau/-wesen, Metalltechnik, Physikalische Technik, Technische Kybernetik, Textil- und Bekleidungstechnik/-gewerbe, Transport-/Fördertechnik, Umwelttechnik (einschl. Recycling), Verfahrenstechnik, Versorgungstechnik. Wie angemessen die Anwendung der breiter definierten STB-Systematik ist, zeigt folgende Selbstaussage der TU München: „Bis zum Wintersemester 2011/12 führte das Maschinenbauwesen zehn parallele Bachelorstudiengänge, die bis auf die jeweilige Vertiefungsrichtung identisch waren. Diese Studiengänge wurden als ein Studiengang ausgewertet, da sie seit dem Wintersemester 2012/13 von einem übergreifenden Bachelorstudiengang abgelöst wurden." (Technische Universität München 2017: 18).

ist eine Berechnung des Studienerfolgs auf Basis der Regelstudienzeit sinnvoll. In allen anderen Fällen (z.B. Nebenhörer, Mehr-Fächer-Studium, Fernstudium oder Teilzeitstudium) sind Studiendauer und Studienverlauf z.T. sehr individuell geschnitten, so dass sie nicht in unser Analyseschema passen. Für die hier betrachteten Hochschulen spielen die letztgenannten Studienvarianten meist quantitativ auch keine nennenswerte Rolle. Dagegen interessiert uns nicht, ob hier ein Erststudium vorliegt oder vorher etwas Anderes begonnen wurde, wichtig ist nur der Studienbeginn mit einem ersten Fachsemester.

Aus diesen methodischen Grundannahmen und der Struktur der Studierenden- und Prüfungsstatistik ergibt sich folgendes Vorgehen bei der Bestimmung der Studierendenkohorten: Grundsätzlich sind Prüfungen in der Studierendenstatistik mit den Angaben zu Monat und Jahr der Prüfung erfasst. Außerdem gibt es Angaben zur Anzahl der Fachsemester für die Prüfung sowie der Anzahl der Hochschulsemester (und mit einer relevanten Zahl an fehlenden Werten die Angabe zum Fachsemester).

Alle Prüfungen können also unter Verwendung von Monat und Jahr dem realen Prüfungszeitpunkt zugeordnet werden. In einem zweiten Schritt kann aus der Kombination von realem Prüfungszeitpunkt und Fachsemester[7] für die Prüfung die Zugehörigkeit zu einer bestimmten Kohorte bestimmt werden. So gehört etwa eine Prüfung, die im SoSe 2011 im 6. Fachsemester abgelegt wurde, zur Kohorte mit dem Studienbeginn im WiSe 2008/09. Für einen Studiengang mit der Regelstudienzeit 6 Semester entspräche dies also einem Abschluss in RSZ.

Neben der Regelstudienzeit ist der reguläre Studienbeginn für unser methodisches Vorgehen bedeutsam. Mit der acatech-Studie, die ja ebenfalls hochschulbezogen (aber anonymisiert) war, als Benchmark für einen Vergleich, haben wir mit der dort getroffenen Auswahl von Universitäten begonnen. Mit Ausnahme der TU Berlin haben alle Universitäten ihren regulären Studienbeginn im Wintersemester. Aus der oben beschriebenen Kombination von realem Prüfungszeitpunkt und Fachsemester für die Prüfung ergeben sich jedoch in relevantem Ausmaß Fälle, die zu einer nicht existenten Kohorte mit Studienbeginn im Sommersemester gehören müssten.

---

[7] Die Konzentration auf Fachsemester hat den Hintergrund, dass zum einen natürlich Urlaubssemester aus privaten Gründen immer möglich sind, zum anderen aber auch für Studierende einen Puffer darstellen können, wenn die formalen Bedingungen sehr restriktiv sind. Zum Beispiel gilt für die TU München: „Die Regelstudienzeit eines Bachelorstudiums an der TUM beträgt sechs Fachsemester, die maximal mögliche Studiendauer acht Semester." (Ebd.: 14)

Vermutlich kommt dies durch eine spätere Verbuchung von Prüfungen zustande, z.B. weil eine Arbeit zu spät bewertet wurde. Diese Prüfungen werden von uns einer Kohorte mit Studienbeginn im Wintersemester zugeordnet. Dieses ‚jahresweise Bündeln' von Prüfungen ist für die TU Berlin ungeeignet, daher bleibt sie in diesem Beitrag unberücksichtigt.

Eine zweite Besonderheit führt zu einer weiteren Reduzierung der betrachteten Hochschulen. Eine unserer Kennzahlen ist die Immatrikulation nach Ablauf des zweiten Jahres nach Ende der Regelstudienzeit. Reguläre Rückmeldungen werden in der Studierendenstatistik regelhaft nur im Wintersemester angegeben. Für sechssemestrige Studiengänge mit Studienbeginn im WiSe beruht unsere Methode also auf dem Studienbeginn in einem WiSe, Ende der RSZ (und somit auch von RSZ+2) in einem SoSe, nach RSZ+2 noch immatrikuliert in einem WiSe. Für 7-semestrige Studiengänge mit Studienbeginn im WiSe verschieben sich die Enden der RSZ, RSZ+1 und RSZ+2 in ein WiSe. Ob jemand nach RSZ+2 noch immatrikuliert ist, wäre also in einem SoSe zu prüfen, was von dem beschriebenen Verfahren etwas abweichende kompliziertere Berechnungen nötig macht.

Wir betrachten deshalb im Folgenden, der einfacheren Vergleichbarkeit wegen, zunächst nur Universitäten, die regulär ausschließlich im Wintersemester beginnen und eine Regelstudienzeit von 6 Semestern haben. Dadurch werden im Folgenden Ergebnisse für diese Einrichtungen präsentiert: U Erlangen-Nürnberg, TU Braunschweig, U Hannover, TU Darmstadt, Karlsruher Institut für Technologie (KIT), U Stuttgart, TU München.

Da wir möglichst zeitnahe Ergebnisse präsentieren wollen, gleichwohl aber durch die Wahl des längsten Zeitfensters (nach RSZ+2 noch im untersuchten Fach immatrikuliert) eine doch ausgedehnte Zeitspanne für eine vollständige Angabe als Vorgabe haben, ist der Ausgangspunkt dieses Artikels die Bachelor-Anfangskohorte vom Wintersemester 2009/10. Die Regelstudienzeit (RSZ) dieser Kohorte endet im SoSe 2012, die Immatrikulation nach RSZ+2 wird entsprechend im WiSe 2014/15 geprüft. Eine Aktualisierung unseres Datensatzes ist vorgesehen, so dass künftig auch die Ergebnisse für Folgejahre publiziert werden können.

2. Ergebnisse für ein Basisjahr

Unsere ersten Berechnungen basierten auf einer Startkohorte, für die wir sowohl die Fach- wie die Hochschulsemester (beide im Datensatz enthalten) verfolgten und dabei diverse Varianten berechneten, wo die beiden Größen identisch waren oder wegen Unterbrechungen auseinanderfielen.

Dabei haben wir aber festgestellt, dass wir es mit einem in der aktuellen Literatur erstaunlich wenig diskutiertem Problem zu tun haben: Wir sehen nämlich Indizien für quantitativ relevantes Wechseln zwischen den Studienabschlüssen.[8] Zum Beispiel beginnen an der TU München im WiSe 2007/08 191 Studierende ein Bachelor-Studium, im 5. Fachsemester (also dem WiSe 2009/10) sind es aber nur noch 97 Studierende mit dem angestrebten Studienabschluss Bachelor. Damit ist ein Schwund von fast 50 % zu konstatieren.

Im Diplom dagegen nehmen 322 Studierende ein Studium auf, und im 5. Fachsemester sind 438 Immatrikulationen mit dem angestrebten Abschluss Diplom zu verzeichnen, was einem Anstieg von über einem Drittel entspricht.[9] Damit können aber hochschulbasierte Kohortenvergleiche, die immer nur auf *einer Abschlussart* beruhten, verzerrt sein. Manchmal sind die Bachelor-Erfolgsquoten – und nur diese werden aktuell neben den Staatsexamina noch im Studienanfängerbereich diskutiert – durch solche Wechselvorgänge zu niedrig, manchmal zu hoch.

Wenn man uns seitens der FDZ erlaubt hätte, mit dem ursprünglich geplanten Ansatz zu arbeiten, hätten wir die Bedeutung solcher Wechsel auf der Kleingruppen-Ebene je Hochschule einschätzen und quantifizieren können. Da uns dies versagt wurde, mussten wir einen anderen Weg finden, um die aufgefundene Interferenz auszuschalten. Unser neuer und – wie wir meinen – recht robuster Ansatz ist deshalb: Wir betrachten die Diplom- und Bachelorkohorten zusammen. Konkret bedeutet das, da die Regelstudienzeit im Diplom fünf Jahre, im Bachelor bei den betrachteten Einrichtungen drei Jahre beträgt: Wir addieren die Startkohorte Diplom zum Zeitpunkt Anfang t_0 und Bachelor zum Zeitpunkt Anfang t_2 und vergleichen das mit den Absolventen Ende t_5, t_6, t_7 (bzw. RSZ, RSZ+1,

---

[8] Bestenfalls wird das als Störung gesehen, die mit der Zeit schon verschwindet. So schreibt das Statistische Bundesamt in seinem diesbezüglichen Bericht zum Studienerfolg etwas kryptisch: „Aufgrund des starken Wechselverhaltens in den Anfangsjahren ist ein belastbarer Erfolgsquotennachweis für Bachelor erst ab 2005 möglich." (Destatis 2018: 11, Fn 2) Aber man weiß weder, woher die Autoren wissen, in welchem Umfang vor 2005 gewechselt wurde, noch warum an das angeblich nicht mehr nennenswert. – Das weiter positive Ansehen von Diplom-Abschlüssen auch unter Studierenden thematisieren Roebken/Schuetz (2017).

[9] Natürlich gibt es auch noch andere mögliche Gründe für einen Zuwachs vom 1. zum 3. oder 5. Fachsemester. Es können Hochschulwechsler darunter sein (mehr Zugänge als Abgänge), es kann Fachwechsler geben, die Leistungen angerechnet bekommen und so in einem späteren Semester erst einsteigen, es können Studierende aus anderen Anfängerkohorten mitgezählt sein, die Freisemester genommen haben, und es können auch internationale Doppelabschlüssler darunterfallen, wenn man eine erst spätere Einschreibung bei der Zweithochschule vereinbart hatte. Trotzdem fällt aber als Regel auf, wenn bei einem Abschluss die Zahlen im 3 bzw. 5 Fachsemester im Vergleich zum 1 ansteigen, ist beim anderen Abschluss der Abfall besonders stark.

RSZ+2). Praktisch besteht unsere ‚synthetische' Anfangskohorte also im Beispieljahr – es ist das aktuell Neueste im uns jetzt zur Verfügung stehenden Datensatz – aus dem Diplomstartjahrgang WS 2007/08 und dem Bachelorstartjahrgang WS 2009/10.

In der Tabelle 1 sind unsere relevanten Ergebnisse für diese Kombination zusammengestellt.[10] In Spalte 1-1 finden sich als absolute Angabe die addierten Erst(fach)semester von Bachelor und Diplomstudierenden in Maschinenbau an den untersuchten Universitäten zu den benannten Startsemestern. Sie reichen von unter 700 in Darmstadt bis zu über 1.600 in Karlsruhe und Stuttgart. Spalte 1-2 gibt den Bacheloranteil an den Erstsemestern an. Er schwankt zwischen gut 50 % und in einem Fall 100 %.

In Spalte 1-3 finden sich die erfolgreichen Abschlüsse in der jeweiligen Regelstudienzeit. Es ist deutlich zu erkennen, dass in der Regelstudienzeit nur eine sehr geringe Anzahl von Studierenden ihr Studium abschließt.[11] Die Erfolgsquoten am Ende der RSZ liegen nur zwischen 1,6 % und 26,5 %.

Positiv stechen hier Darmstadt und Stuttgart hervor, wo immerhin etwa ein Viertel aller Studienanfänger/-innen ihr Studium innerhalb der Regelstudienzeit beenden, negativ dagegen Hannover mit einer Kleinstangabe. In fast jeder Universität aber beendet eine relative Mehrheit der erfolgreich Geprüften erst im darauffolgenden Jahr ihr Studium: RSZ mag die formale Größe darstellen, aber RSZ+1 beschreibt die faktische Regelstudienzeit (Spalte 1-4). Und damit an Verzögerung noch nicht genug: Auch im darauffolgenden Studienjahr schließt noch eine signifikant hohe Anzahl ihr Studium ab (Spalte 1-5).

Alle drei betrachteten Zeitfenster zusammengenommen, hat bei dieser Anfängerkohorte bis zum Ende des zweiten Jahres nach Ablauf der Regelstudienzeit etwas mehr als die Hälfte der Anfangskohorte erfolgreich ihr Studium beendet (Spalte 1-6). Bei fast allen Universitäten werden 50+% erreicht, außer bei Darmstadt mit über 60% und Hannover mit unter 30%.

---

[10] Das Zeichen / in den Übersichten bedeutet, dass hier zu wenig Fälle vorliegen, so dass aus Datenschutzgründen keine Freigabe erfolgen konnte.

[11] Bei der Bilanzierung der Ergebnisse der Bologna-Reform nach 20 Jahren ist dies ein Hauptkritikpunkt, siehe Wex (2019).

Übersicht 1: Studienerfolgsquoten – Berechnungen bis RSZ+2

synthetische Kohorte mit Studienbeginn Diplom 07/08 & Bachelor 09/10 (RSZ endet im SoSe 12; RSZ+2 endet im SoSe 14)	Erstsemester		Studienerfolg und -verbleib bis RSZ+2 (% von Erstsemester)							Relevanz Hochschulwechsel		
		Anteil Bachelor an Erstsemester (%)	erfolgreiche Prüfungen nach differenzierten Zeitfenstern			erfolgreiche Prüfungen bis RSZ+2 gesamt	Anteil Bachelor an erfolgreichen Prüfungen bis RSZ+2 gesamt	nach RSZ+2 noch Immatrikulierte	Anteil Bachelor an nach RSZ+2 noch Immatrikulierten	Anteil von Prüfungen mit Hochschulwechsel (% an allen Prüfungen bis RSZ+2 gesamt)		
	Erstsemester		erfolgreiche Prüfungen in RSZ	erfolgreiche Prüfungen n RSZ plus 1 Jahr	erfolgreiche Prüfungen in RSZ plus 2 Jahre					gesamt	Diplom	Bachelor
	1-1	1-2	1-3	1-4	1-5	1-6	1-7	1-8	1-9	1-10	1-11	1-12
U Erlangen-Nürnberg (alle Standorte)	798	100,0	18,2	28,3	8,8	55,3	88,9	3,0	75,0	5,4	/	/
TU Braunschweig	986	53,8	11,2	27,6	17,4	56,2	54,0	15,4	48,7	5,6	7,1	4,3
U Hannover	741	61,3	1,6	17,8	9,7	29,1	69,0	31,3	36,2	4,2	7,5	2,7
TU Darmstadt	677	90,1	26,6	23,3	11,4	61,3	88,7	13,7	95,7	3,6	/	/
Karlsruher Institut für Technologie (KIT)	1602	50,9	13,0	32,5	11,2	56,7	51,6	11,9	22,5	5,2	8,2	2,3
U Stuttgart	1606	51,2	26,5	21,4	11,8	59,7	54,7	10,3	33,9	4,7	5,8	3,8
TU München (alle Standorte)	1178	57,4	9,8	31,1	15,2	56,1	47,0	5,9	0,0	2,3	2,6	1,9

Berechnungen bis RSZ+2

Bei etwas veränderter Ausgangslage – Diplom und Bachelor zusammen betrachtet, nur Maschinenbau statt alle Ingenieurwissenschaften, leicht anderes Sample an Unis, etwas längere berücksichtigte Prüfungsperiode – kommen wir hier doch zu recht ähnlichen Ergebnissen wie die acatech-Studie. Zur Erinnerung: Dort waren Erfolgsquoten von 11% in der Regelstudienzeit und von 40 % bis zum 10. Fachsemester angegeben. In Spalte 1-7 ist der Bachelor-Anteil an allen erfolgreichen Prüfungen bis RSZ+2 angegeben. Besonders verwiesen sei an dieser Stelle auf die Universität Erlangen-Nürnberg, die im 1. Fachsemester noch eine reine Bachelor-Kohorte aufwies, unter den Abschlüssen, die dieser Kohorte zugeordnet wurden, befinden sich aber auch 11,1 % Diplome.

Nun kann natürlich die Grenze von RSZ+2 immer noch etwas zu knapp bemessen sein. In Spalte 1-8 ist deshalb die Größe der auch danach noch Immatrikulierten angegeben. Sie reicht von gerade einmal 3 % in Erlangen-Nürnberg bis zu über 30 % in Hannover. Spalte 1-9 weist wiederum den Bachelor-Anteil aus. Es wird klar deutlich, dass an den Hochschulen, bei denen unsere betrachtete (synthetische) Kohorte bei Studienbeginn zu Bachelor und Diplom aus etwa vergleichbaren Anteilen bestand, die nach Ablauf des 2. Jahres nach Ende der Regelstudienzeit noch Immatrikulierten überwiegend aus dem Diplom-Studiengang kommen. An der TU München, die formal eine strikte Begrenzung der Zeit für einen Bachelorabschluss kennt,[12] ist dann tatsächlich hier auch der Wert für diesen Abschlussanteil 0.

Die letzte Angabe in Übersicht 1, welche die Ergebnisse bis RSZ+2 wiedergibt, ist die Relevanz eines Hochschulwechsels. Wir haben in der Studierenden- und Prüfungsstatistik die Kategorie *Hochschule der Ersteinschreibung*. Das erlaubt uns zwar nicht die Unterscheidung, ob anderswo schon mal dasselbe Fach begonnen wurde und wir einen klassischen Hochschulwechsel – z.B. aus privaten Gründen – vor uns haben oder einfach irgendwo ein anderes Fach mal begonnen, dann aber an der jetzt untersuchten Universität noch einmal mit dem ersten Fachsemester regulär begonnen wurde. Aber es gibt doch einen ungefähren Hinweis auf die maximale Relevanz möglicher Wechsler zumindest aus Sicht der aufnehmenden Einrichtung.

Bei beiden Abschlüssen beträgt der Anteil derjenigen, die eine andere Hochschule als Erstimmatrikulation bei den Geprüften angaben, nur wenige Prozent (Spalte 1-10). Es ist aber auch sichtbar, dass, wenn überhaupt ein Wechsel an die hier betrachteten Hochschulen stattfindet, dies bei allen vorrangig im Diplom passiert (Spalten 1-11 und 1-12). Um eine

---

[12] siehe Fn. 7

geringe Größe könnten also die hier wiedergegebenen Erfolgsquoten zu hoch sein, da aufgenommene Wechsler mit bereits anerkannten Semestern nicht bei den Startkohorten berücksichtigt worden wären. Wenn man aber annimmt, dass es ja auch Wechsler in die andere Richtung geben wird und diese jeweils vielleicht in ähnlichen Größenordnungen einzuordnen sind, dann heben sich die sowieso bescheidenen Effekte gegenseitig auf. Da wir hier vor allem an einem Vergleich einzelner Hochschulen interessiert sind, wäre eine systematische Verletzung dieser Annahme, z.B. durch einen stärkeren Übertritt hin zu Fachhochschulen aufgrund dort vermuteter leichterer Prüfungsbedingungen,[13] eher allgemeiner Natur und würde die Hierarchie bei den Erfolgsquoten der hier aufgeführten Universitäten vermutlich wenig tangieren.

In Übersicht 2 sind drei weitere Größen angegeben, die auch Abschlüsse nach der RSZ+2 mitberücksichtigen. Zum einfacheren Vergleich wurden aus Übersicht 1 noch einmal die zentralen Größen 1-1, 1-2, 1-6, 1-7 mitaufgeführt. In den (neuen) Spalten 2-1 und 2-2 ist die durchschnittliche Studiendauer für das Diplom und den Bachelor angegeben. Sie wird auf Grundlage aller uns vorliegenden Datensätze berechnet. Für die vorliegenden Berechnungen war das letzte vorhandene Semester das SS 2015 und alle bis dahin erfassten Prüfungen wurden berücksichtigt.

Der hohe Anteil von nach RSZ+2 noch Immatrikulierten in Hannover korrespondiert mit noch einer weiteren, auch nicht unbedingt positiv zu nennenden Besonderheit dieser Universität: Bei beiden Abschlüssen dauerte es in Hannover am längsten. Kann man also davon ausgehen, dass in Hannover doch noch viele Maschinenbaustudierende, wenn auch verspätet, ihren Abschluss erreichen? Nun gibt es jedoch mehrere Gründe, auch dann noch im höheren Semester eingeschrieben zu bleiben, wenn ein Abschluss unwahrscheinlich geworden ist. Sie reichen vom damit verbundenen sozialen Status bis zu materiellen Vorteilen wie etwa dem häufig vorhandenen Semesterticket. Auf Grundlage der absoluten Zahl an Prüfungen, die Basis für die Berechnung der Studiendauer ist, kann eine Abschätzung getroffen werden, mit wieviel ‚realistischen' Abschlüssen über RSZ+2 hinaus noch zu rechnen ist.[14] Das Ergebnis ist in Spalte 2-3 dargestellt, der Bachelor-Anteil in Spalte 2-4. Das etwas ernüchternde Ergebnis ist: Der dadurch erreichte Zuwachs von 2-3 im Vergleich zu 1-6

---

[13] für eine erste Untersuchung dieser Frage siehe Grözinger (2019)

[14] Für die hier betrachtete Kohorte kommen auf diese Weise zwar nur zwei zusätzliche Semester hinzu, was es letztlich nur zu einer ungefähren Abschätzung macht. Für frühere Kohorten (s.u.) kann über dieses Verfahren jedoch auch eine recht präzise Aussage über die Gesamtzahl der späteren Abschlüsse gemacht werden.

Übersicht 2: Studienerfolgsquoten – Erweiterte Berechnungen über RSZ+2 hinaus

synthetische Kohorte mit Studienbeginn Diplom 07/08 & Bachelor 09/10 (RSZ endet im SoSe 12; RSZ+2 endet im SoSe 14)	Erstsemester		Studienerfolg bis RSZ+2		Studiendauer (berechnet über ALLE vorhandenen Semester, auch über RSZ+2 hinaus)		Studienerfolg über RSZ+2 hinaus gesamt (% von Erstsemester)		Studienerfolg gesamt incl. unvollständiger Datensätze (% von Erstsemester)	
	Erstsemester	Anteil Bachelor an Erstsemester (%)	erfolgreiche Prüfungen bis RSZ+2 gesamt	Anteil Bachelor an erfolgreichen Prüfungen bis RSZ+2 gesamt	Studiendauer über RSZ+2 hinaus — Diplom	Bachelor	erfolgreiche Prüfungen gesamt (auch über RSZ+2 hinaus)	Anteil Bachelor an erfolgreichen Prüfungen gesamt (auch über RSZ+2 hinaus)	erfolgreiche Prüfungen gesamt plus missings	Anteil Bachelor an erfolgreichen Prüfungen gesamt plus missings
	(1-1)	(1-2)	(1-6)	(1-7)	(2-1)	(2-2)	(2-3)	(2-4)	(2-5)	(2-6)
U Erlangen-Nürnberg (alle Standorte)	798	100,0	55,3	88,9	11,35	7,67	57,1	89,3	60,3	87,3
TU Braunschweig	986	53,8	56,2	54,0	12,24	8,12	61,8	53,4	62,2	53,0
U Hannover	741	61,3	29,1	69,0	13,25	8,38	35,1	63,1	42,0	55,9
TU Darmstadt	677	90,1	61,3	88,7	10,91	7,74	64,7	89,3	66,0	88,1
Karlsruher Institut für Technologie (KIT)	1602	50,9	56,7	51,6	12,30	7,63	61,9	49,2	70,3	44,4
U Stuttgart	1606	51,2	59,7	54,7	11,81	7,49	63,8	54,2	68,3	52,1
TU München (alle Standorte)	1178	57,4	56,1	47,0	12,43	7,37	59,9	44,1	69,4	38,6

beträgt nur wenige Prozentpunkte. Auch die Hierarche der Universitäten wird wenig verändert. Darmstadt liegt weiter knapp vorn, und Hannover trägt immer noch eine tiefrote Laterne.

Schließlich: Wie oben beschrieben beziehen sich diese Ergebnisse allein auf Fälle, die als Haupthörer ein Vollfachstudium in Vollzeit und als Präsenzstudium absolvieren. In den uns vorliegenden Daten für 20 Jahre gibt es eine einerseits relevante, andererseits aber keinem festen Muster folgende Anzahl von Prüfungen mit fehlenden Angaben in den Variablen, die zur Auswahl der oben beschriebenen Gruppe benötigt werden. Da bei den hier betrachteten Hochschulen jedoch die Studienanfänger/-innen zumeist die oben genannten Kriterien (Haupthörer, Vollfachstudium, Vollzeit und Präsenzstudium) erfüllen, gehen wir bei dieser Berechnung davon aus, dass auch die Prüfungen an diesen Hochschulen unter diesen Studienbedingungen absolviert wurden.

In Spalte 2-5 ist entsprechend noch eine Studienerfolgsquote angegeben, die auch die Fälle ohne diese Informationen enthält, in Spalte 2-6 ist wiederum der Bachelor-Anteil ausgewiesen. In dieser ‚bestmöglichen‘ Berechnungsweise erreichen alle Hochschulen außer Hannover eine Studienerfolgsquote über 60 %. Bemerkenswert sind die z.T. deutlichen Änderungen im Bachelor-Anteil, wie z.B. in Hannover, München oder Karlsruhe. Dieser Effekt ist auch für andere Kohorten zu verzeichnen und verweist somit auf eine unterschiedliche Datenqualität für die Bachelor- und Diplom-Studiengänge.

3. Ergebnisse für den Zeitverlauf

Wir haben im vorhergehenden Abschnitt ein Beispieljahr genauer untersucht. Nun stellt sich im Anschluss daran die Frage, ob dies relativ stabile Verhältnisse sind oder eher große zeitliche Schwankungen bestehen? Deshalb soll hier im Folgenden ‚nach hinten gerechnet‘ die maximal mögliche Zeitreihe für unser Sample überblicksartig dargestellt werden. Sie beginnt mit der Kombination Anfangskohorte Diplom WS 1995/96 & Bachelor 1997/98 und endet mit den Angaben für die oben beschriebene Kohorte Diplom 2007/08 & Bachelor 2009/10. Insgesamt haben wir somit 13 Beobachtungen pro Einrichtung.

In Übersicht 3 sind zentrale Ergebnisse dargestellt. In der ersten Ergebnisspalte ist der einfache Mittelwert an erfolgreichen Abschlüssen bis einschließlich RSZ+2 als Prozentangabe der jeweiligen synthetischen Anfangskohorte angegeben und gerundet. Er bewegt sich fast überall in den 50ern, mit der negativen Ausnahme von Hannover mit 42 % und der positiven von Karlsruhe mit 73 %. In den nächsten beiden Spalten sind die Minima und Maxima der Jahresangaben dargestellt. Die Erfolgsquoten schwanken überall erstaunlich stark, als Faustregel bewegen sich die Extremwerte in der Größenordnung von1:1,5 bis 1:2.[15]

Übersicht 3: Zentrale Ergebnisse für die Gesamtperiode (in Prozent)

	Mittelwert	Minimum	Maximum	Trend
Erlangen-Nürnberg	52	37	64	/
Braunschweig	59	41	66	/
Hannover	42	31	55	/
Darmstadt	58	43	88	/
Karlsruhe	73	58	90	–
Stuttgart	58	48	69	/
München	60	44	92	/

Dafür kann es viele Ursache geben: Einführung des BA-Abschlusses in dieser Periode, Veränderungen in Studienordnungen, Wechsel in der Arbeitsmarktsituation und nicht zuletzt eine dramatische Zunahme des Umfangs der Anfangskohorten, die vielleicht auch Studienbedingungen tangieren. Zum Beispiel fingen an der TU München in der ersten unserer Jahrkombinationen nur 241 Personen ein Maschinenbau-Studium an, im letzten waren es dagegen 1.178.

Der Schluss aus den Werten der Ergebnisspalten 2 und 3 ist somit, dass Einzelangaben auf Jahresbasis kein wirklich zuverlässiges Bild für die relative Position einer Hochschule bei Abschlussquoten abgeben, dazu ist die Schwankung zu hoch. Was man aber noch versuchen kann, ist wenigstens Ausschau nach einem eventuellen Trend zu halten. Dazu wurde eine lineare Regression gerechnet, mit dem Jahr als erklärender Variable. Eine einzige Universität zeigt einen solchen Trend: Karlsruhe weist eine kleine Abnahme auf, signifikant auf dem 1 %-Niveau und in der Übersicht mit einem Minuszeichen gekennzeichnet. Bei allen anderen Hochschulen sind die Ergebnisse dagegen nicht signifikant.

Karlsruhe stellt somit eine gewisse Interpretationsherausforderung dar. Auf der einen Seite hat es beim langfristigen Verlauf den höchsten

---

[15] Teilweise lässt sich sicher das auf die hier genutzte Methode zurückführen, Diplom- und Bachelorabschlüsse zusammen zu betrachten. Da dürften viele Prüfungsordnungs- und Abschlusswechsel-Regelungen Verfallsdaten gehabt haben, die dann zu Kumulationen bei Prüfungen führten. Aber auch die TU München, die via der Matrikelnummer seit einigen Jahren eine strenge Observanz ihrer Studierenden pflegt, beobachtet bei den Bachelor-Abschlüssen, dass „Exmatrikulationsquoten… je Kohorte variieren." (Technische Universität München 2017: 19)

Mittelwert, das höchste Minimum und das höchste Maximum. Auf der anderen Seite gibt es dort, und nur dort, einen Trend zu Verschlechterung der Erfolgsquote. Wir sind dem nachgegangen und haben für Karlsruhe dabei auch eine organisatorische Besonderheit entdeckt. Hier besteht die Möglichkeit, im Rahmen deutsch-französischer Kooperation einen Doppelabschluss zu erwerben.[16]

Allerdings schreiben sich die daran Interessierten weit überwiegend in späteren Semestern in Karlsruhe ein, sind damit also nicht in der Startkohorte berücksichtigt.[17] Das Ausmaß der dadurch erzeugten Verzerrung in Richtung ‚zu positiver' Erfolgsquoten für Karlsruhe ist beträchtlich, wie ein Vergleich mit den anderen Universitäten zeigt.

Wir haben Prüfungsinformationen für insgesamt 21 Jahre, von 1995 bis 2015. In Erlangen-Nürnberg betrug der Anteil ausländischer Examinierter für Maschinenbau im Schnitt und gerundet 3 %, in Braunschweig 5 %, in Hannover und Darmstadt je 6 %, in Stuttgart 7 % und in München 9 %. In Karlsruhe waren es aber 15 %. Diese Mittelwertberechnung gibt auch nur einen ungefähren Eindruck von der zeitweisen Bedeutung der deutsch-französischen Kooperation wieder.

In fünf Jahren im Zeitfenster von 2002–2008 waren es in Karlsruhe sogar jeweils über 30 %. Danach fällt die Kurve des Anteils ausländischer Absolventen wieder ab, wie übrigens in den anderen Universitäten auch. Es scheint, als sei der Bachelor für diese Gruppe weniger attraktiv als das alte Diplom. Für unsere Fragestellung bedeutet das: Aufgrund der Sondersituation mit sich erst in höheren Semestern einschreibenden französischen Studierenden sind viele Karlsruher Angaben erheblich zu hoch. Ebenfalls dürfte der dort zu beobachtende fallende Trend ein Artefakt darstellen, bedingt durch den abnehmenden Anteil dieser Gruppe.

4. Ergebnisse

Wir können folgende zentrale Schlussfolgerungen aus den bisherigen Erfahrungen mit der Kombination der amtlichen Studierenden- und Prüfungsstatistik ziehen:

- Unser ursprünglicher, leider dann blockierter Ansatz würde sehr präzise und zeitnahe Ergebnisse für Studienerfolg, Studienabbruch, Studienwechsel auf Fach- und Hochschulebene erlauben. Vor allem wäre er der Wissenschaft zugänglich, wohingegen die nach der Novellie-

---

[16] http://www.defi.kit.edu/241.php
[17] mündliche Mitteilung auf Nachfrage

rung des Hochschulstatistikgesetzes mit der Auswertung einer Stichprobe betrauten Statistikbehörden frei von dieser kritischen Kontrolle arbeiten werden. Wir können nur hoffen, dass sich dies in Zukunft ändern wird.

- Aber auch unser Alternativansatz – eine detailliertere Startkohortenberechnung – ergibt für Fach-, Jahr- und Hochschulkombinationen ausreichend belastbare Ergebnisse beim Studienerfolg.

- Allerdings sind nicht-vernachlässigbare Wechselbewegungen zwischen Diplom- und Bachelorabschlüssen zu beobachten. Wir haben deshalb synthetische Startkohorten aus beiden Abschlussarten gebildet – mit unterschiedlichen Anfangs-, aber gemeinsamen Prüfungsjahren. Für den Zeitraum, wo verschiedene Erstabschlüsse existieren, sollte das das Instrument der Wahl darstellen.

- In unserem Testfeld – Maschinenbau an ausgewählten Universitäten – schließt nur eine Minderheit in der Regelstudienzeit ab. Die relative Mehrheit benötigt ein Jahr länger, ein immer noch relativ großer Anteil sogar zwei Jahre. Zeitlich darüber hinaus sind meistens auch noch etliche Studierende eingeschrieben. Daraus ergibt sich, dass sowohl beim Diplom wie beim Bachelor die durchschnittliche Fachsemesteranzahl bis zur Prüfung um Einiges über der Regelstudienzeit liegt, beim Bachelor ist der Abstand aber etwas geringer.

- Der Anteil von Geprüften, die von einer anderen deutschen Hochschule kommen, ist in unserer Auswahl an Einrichtungen sehr gering. Aussagen über an andere Hochschulen Wechselnde werden damit aber nicht getroffen.

- Zwischen den Universitäten gibt es durchaus Unterschiede bei den Erfolgsquoten. Wir konnten dabei in unserem Sample von sieben Einrichtungen einen negativen und einen positiven Ausreißerwert feststellen, wobei der positive aber auf eine Sondersituation mit verzerrter Startkohorte zurückzuführen ist.

- Reine Jahresangaben sind für alle Universitäten unzuverlässig, die Werte der Erfolgsquoten schwanken erheblich.

- Ohne die beiden Ausreißereinrichtungen liegen die durchschnittlichen Erfolgsquoten für die Periode bis einschließlich zwei Jahren nach der Regelstudienzeit im Bereich von 50–60 %.

- Allerdings ist die Qualität der Statistik nicht immer im wünschenswerten Maße gegeben. Eine Berechnung, die diesen Mangel durch Lockerung der Bedingungen adressiert und auch spätere Absolventen

integriert, erbringt eine Verbesserung der durchschnittlichen Erfolgsquoten hin zu dem Bereich 60 – 70 %.

- Ein Trend, dass der Wechsel vom regelstudienlangen Diplom hin zum
  kurzen Bachelor die Erfolgsquoten verbessert hat, lässt sich nicht belegen.

Literatur

Destatis (2018): Erfolgsquoten 2016. Berechnungen für die Studienanfängerjahre 2004
bis 2008, Wiesbaden.

Grözinger, Gerd (2019): Fachhochschule vs. Universität: Wer hat die besseren Erfolgsquoten? Hochschulmanagement 1/2019, 28–31.

Heublein, Ulrich/Julia Ebert/Christopher Hutzsch/Sören Isleib/Richard König/Johanna
Richter/Andreas Woisch (2017): Zwischen Studienerwartungen und Studienwirk-
lichkeit. Ursachen des Studienabbruchs, beruflicher Verbleib der Studienabbreche-
rinnen und Studienabbrecher und Entwicklung der Studienabbruchquote an deutschen Hochschulen (Vol. 1), Hannover.

Heublein, Ulrich/Robert Schmelzer (2018): Die Entwicklung der Studienabbruchquo-
ten an den deutschen Hochschulen. Berechnungen auf Basis des Absolventenjahr-
gangs 2016, Hannover.

Klöpping, Susanne/Marlene Scherfer/Susanne Gokus/Stephanie Dachsberger/Aloya
Krieg/Andrä Wolter/Eberhard Umbach (2017): Studienabbruch in den Ingenieurwissenschaften, München.

OECD (2019): Bildung auf einen Blick 2019. OECD-Indikatoren, Paris.

Roebken, Heinke/Marcel Schuetz (2017): Gallic Villages in the Bologna Area Reasons
and Strategies for Resisting the Bologna Reform in Selected Fields of Study, Jour-
nal of Organizational Theory in Education, 2(1), 1–15.

Technische Universität München (2017): Erfolgreich studieren? Ergebnisse einer
quantitativen Kohortenanalyse, München.

Wex, Peter (2019): Eine Bilanz der nicht erreichten Ziele. 20 Jahre Bologna-Reform,
Forschung & Lehre, 19(7), 626–627.

Borggräfe, Michael: Wandel und Reform deutscher Universitätsverwaltungen. Eine Organigrammanalyse, Springer VS, Wiesbaden 2019, ISBN 978-3-658-27645-4, 428 S. € 49,99

Seit den 1990er Jahren ist praktisch kein Aspekt des Hochschulalltags von reformierenden Aktivitäten unberührt geblieben: ob Organisation und Entscheidungsstrukturen, Hochschulfinanzierung über Ressourcensteuerung und Finanzbewirtschaftung, Personal(struktur) oder das Studiengangssystem. Im Zuge dessen sind Hochschulverwaltungen zum bevorzugten Gegenstand von Diskussionen über „Bürokratisierung" an Hochschulen geworden.

Als Ausgangspunkt der vorliegenden Untersuchung rekonstruiert Borggräfe die Entwicklung der Universitätsverwaltungen im Spiegel deutscher Hochschulreformen seit dem Ende des Zweiten Weltkrieges. Ziel dieses Abschnitts ist es zunächst, nachzuvollziehen, warum Universitäten „Auslöser und Resonanzboden gesellschaftspolitischer Veränderungen" (Coelln 2016, bei Borggräfe S. 19) sind. Mit Bezug auf verschiedene historische Reformphasen arbeitet der Autor anschließend deren Einfluss auf die Binnenorganisation von Hochschulen und ihre zentralen Verwaltungen heraus. Denn häufig wurde (und wird) es für sinnvoll oder notwendig gehalten, den neu gestalteten Prozessen Entfaltungsräume im Rahmen neuer Strukturen zu verschaffen oder aber gegebene Strukturen dafür anzupassen.

Dabei beleuchtet er insbesondere das Aufkommen von „neuen" Organisationseinheiten und professionellen Rollen – die es vor den Reformen nicht gegeben hatte oder die zuvor in traditionellerem Zuschnitt innerhalb der Hochschulverwaltung wahrgenommen worden waren. Diese Veränderungen spiegeln sich auch in den Organigrammen wider. Diese nutzt Borggräfe in seiner Untersuchung als methodischen Zugang zur organisationstheoretischen Erforschung von Hochschulverwaltungen. Als Teil der Formalstruktur einer Organisation ermöglicht – so die Annahme – eine chronologische Aneinanderreihung von Organigrammen wie eine Fotoserie die Beobachtung von Veränderungen. Entsprechend erkennt Borggräfe darin ein erhebliches, bisher noch weitgehend ungenutztes Analysepotenzial, was es zu ergründen gilt.

Hierbei stützt er sich primär auf die verwaltungswissenschaftliche, verwaltungsrechtliche und organisationsrechtliche Literatur zu Hochschulen und Hochschulverwaltungen – schließt aber ausdrücklich die Literatur der Hochschulforschung und insbesondere der Hochschulzeitgeschichte mit ein.

Die Arbeit konzeptualisiert Universitäten als organisierte Institutionen. Dazu vergleicht der Autor die zwei soziologischen Theorietraditionen des organisationalen Neo-Institutionalismus und der soziologischen Systemtheorie, die im Kontext der Untersuchung als unterschiedliche Perspektiven auf die gleichen sozialen Phänomene verstanden werden, und führt diese zusammen – mit dem Anspruch, sowohl einen soziologischen Theorienvergleich als auch eine Theorienintegration zu liefern. Dafür setzt sich Borggräfe äußerst breit und eingehend mit der einschlägigen Literatur auseinander.

Gleichzeitig nutzt er dieses Vorgehen, um Forschungslücken zu identifizieren, auf dessen Grundlage dann acht leitende Forschungshypothesen zum organisationalen und institutionellen Wandel von Hochschulverwaltungen formuliert werden: So nimmt Borggräfe an, dass sich an Hochschulen als Reaktion auf gesellschaftliche Umwelterwartungen im Zeitverlauf sowohl eine zunehmende Ausdifferenzierung von Aufgabenbereichen als auch die Entstehung neuer Aufgabenbereiche in den Organigrammen der Zentralverwaltungen beobachten lassen. Dabei geht er von einer kleinen Anzahl stabiler Kernaufgabenbereiche und einer großen Anzahl sich verändernder peripherer Aufgabenbereiche aus.

Gleichzeitig wird angenommen, dass sich die Organigramme deutscher Hochschulverwaltungen aufgrund gleicher institutioneller Anforderungen stark ähneln (Isomorphie), wobei Universitäten gleichen Typus einander nochmals ähnlicher sind (Imprinting). Entlang neo-institutionalistischer Vorstellungen entwickelt Borggräfe die Hypothesen, dass im Zeitverlauf eine zunehmende Homogenisierung (zunehmende Isomorphie) erfolgt, wobei regelmäßig jene Strukturen nachgeahmt werden, die als erfolgreich gelten, etwa Exzellenzuniversitäten (Exzellenzvariation und -imitation).

In Vorbereitung der Hypothesenprüfung widmet sich Borggräfe den historischen und organisationalen Bedingungen, die zur Entstehung und Ausbreitung des Organigramms beigetragen haben. Dazu zeichnet er sehr ausführlich die historische Genese des Organigramms – von den ersten antiken Vorläufern, über die Vorarbeiten organisationssoziologischer Klassiker bis hin zur Bedeutung in der modernen Organisations-, Verwaltungs- und Managementlehre – nach. Im Ergebnis stellt der Autor eine zunehmende Vernachlässigung des Organigramms im Forschungsfeld der Organisationsforschung fest und formuliert unter Bezugnahme auf Preisendörfer (2011) etwas zugespitzt, dass für Teile der Organisationstheorie und -praxis das Organigramm und die formale Organisation „eher den Charakter von nutzlosem Organisationsklimbim" (S. 233) besitzen. Das nimmt der Autor allerdings zum Anlass, seinen Blick für die Möglichkeiten einer systematischen Organigrammanalyse zu schärfen.

So handelt es sich bei der Untersuchung trotz einer konzentrierten Literatur- und Theoriearbeit im Schwerpunkt um eine methodische Leistung. Denn die Arbeit konzeptualisiert zwar Universitätsverwaltungen und deren organisationalen und institutionellen Wandel als sozial konstruierte Phänomene, die sich mit Hilfe von Organigrammen beobachten und analysieren lassen, jedoch steht das Organigramm als soziales Phänomen im Mittelpunkt dieser Arbeit. Entsprechend ist die leitende der drei gesetzten Forschungsfragen wie folgt formuliert: „Wie lassen sich Organisationen und insbesondere Universitätsverwaltungen mit der Hilfe von Organigrammen analysieren?" (S. 2)

Borggräfe setzt sich intensiv mit den Vor- und Nachteilen von Organigrammen als Datenquelle und Analyseinstrument auseinander und entwickelt anschließend nuanciert seine Argumentation für die Entwicklung eines systematischen Verfahrens zur Analyse von Organigrammen. Neben der Organigrammanalyse wurde zusätzlich eine Online-Befragung in Universitätsverwaltungen durchgeführt, die dazu diente, alltagspraktische Informationen zum Funktionsverständnis und zur Nutzung von Organigrammen zu heben. Die Arbeit vereint letztlich sowohl explorative und deskriptive Ansätze als auch statistische Verfahren.

Borggräfe zeichnet zur Hypothesenprüfungen die Entwicklung von verschiedenen Aufgabenbereichen in den Zentralverwaltungen in sechs Fallhochschulen nach: Es werden Themen wie Gleichstellung, Umweltschutz, Controlling, Drittmittel, Evaluation und Qualitätsmanagement beleuchtet. Zwar lasse sich bestätigen, dass sich die Aufgabenbereiche in den Organigrammen der Zentralverwaltungen bei einer Betrachtung im Zeitverlauf in eine kleine Anzahl stabiler Kernaufgabenbereiche und eine große Anzahl sich verändernder peripherer Aufgabenbereiche reduzieren lassen. Doch blieben die Ergebnisse bezüglich der weiteren Hypothesen zum organisationalen und institutionellen Wandel deutscher Universitätsverwaltungen uneindeutig oder können nicht bestätigt werden, etwa (zunehmende) Isomorphie, Imprinting sowie Exzellenzvariation und -imitation.

Im Ergebnis stellen sich Organigramme als Analyseinstrument und Datengrundlage der Studie, zumindest, wenn allein Organigramme als Datenquellen dienen, als begrenzt aussagekräftig heraus. So werden nicht alle Aufgabenbereiche in Organigrammen abgebildet, sie geben keine Aufschlüsse über Mengenverhältnisse oder über Empirie und Gründe für aus Organigrammen verschwundene Aufgabenbereiche. Dies ist nicht als methodische Schwäche der Arbeit zu verstehen, sondern der „Beobachtungslinse Organigramm" (S. 353) inhärent. Deren Grenzen werden vom Autor umfassend reflektiert. Trotz dieser Einschränkungen kann eine Entwicklungstendenz deutlich herausgearbeitet werden: „Die Hochschulreformen schaffen nicht bestehende Aufgaben ab, sondern sie erweitern und ergänzen den bereits vorhandenen Bestand." (S. 329).

Hinsichtlich der aktuellen forschungspolitischen Diskussionen um die Veränderungen der Universitätsverwaltungen ist der abschließende Ausblick besonders aufschlussreich. Hier wird nach möglichen Entwicklungslinien deutscher Universitätsverwaltungen gefragt. Anhand von bereits abgeschlossenen wie auch aktuell zu beobachtenden Umgestaltungsprozessen zeigt der Autor auf, inwiefern auf die Universitätsverwaltungen teilweise völlig neue Herausforderungen zukommen (können). Dazu werden auch internationale Phänomene, wie etwa das Erschließen neuer Einnahmequellen durch Branch Campuses, in den Blick genommen.

Im Ergebnis liefert Borggräfe zahlreiche Hinweise dafür, wie – neben akademischen, wissenschaftlichen, pädagogischen, selbstverwalterischen, politischen, administrativen oder managerialen Logiken – zunehmend Unternehmertum, Öffentlichkeitswirksamkeit, Digitalisierung, Nachhaltigkeit, Inklusion, Heterogenität und soziale Verantwortung in deutschen Universitätsverwaltungen eine Rolle spielen (werden). Zudem wird daraus in Ansätzen deutlich, welche Folgen der Einfluss permanenter (reformerischer) Veränderungen bzw. Anpassungen für das traditionelle Verständnis von Universitätsverwaltungen hat und welche Wirkungsketten sich bis auf die wissenschaftliche Leistungsebene ableiten lassen: Die Hochschulen stehen unter dauerhaftem Stress, die Schauseite der Organisation mit ihren tatsächlichen Strukturen in Einklang zu bringen.

Das Buch vereint auf ungewöhnliche Weise eine umfangreiche organisationstheoretische Auseinandersetzung mit methodischen Überlegungen bzw. einem innovativen Ansatz zur systematischen Analyse von Veränderungen des Managements und der Administration deutscher Hochschulen. Das entwickelte methodische Verfahren einer systematischen Organigrammanalyse macht neugierig auf Anwendungsmöglichkeiten in Kombination mit anderen Methoden bei einer erweiterten Fallauswahl.

Sebastian Schneider (Halle-Wittenberg)

Bibliografie: Wissenschaft & Hochschulen in Ostdeutschland seit 1945

Peer Pasternack
Daniel Hechler
Halle-Wittenberg

Die an dieser Stelle fortlaufend publizierte Bibliografie weist Veröffentlichungen nach, die seit 1990 publiziert wurden. Erfasst werden ausschließlich *selbstständige* Publikationen: Monografien, darunter auch unveröffentlicht gebliebene Graduierungsarbeiten, Sammelbände, Broschüren, Zeitschriften-Ausgaben, sofern diese einen hier einschlägigen thematischen Schwerpunkt haben, daneben auch ausführlichere Internetveröffentlichungen und auf elektronischen Datenträgern publizierte Texte oder Filme.

1. Publikationen

Feichtinger, Johannes / Heidemarie Uhl (Hg.): *Die Akademien der Wissenschaften in Zentraleuropa im Kalten Krieg. Transformationsprozesse im Spannungsfeld von Abgrenzung und Annäherung* (Österreichische Akademie der Wissenschaften, Philosophisch-Historische Klasse, Sitzungsbericht, 890. Bd.), Verlag der Österreichischen Akademie der Wissenschaften, Wien 2018, 565 S. € 68,-. Im Buchhandel.

Im hiesigen Kontext interessieren die folgenden Aufsätze: „Die Akademien der Wissenschaften in der Systemkonkurrenz zwischen Ost und West. Zur Einleitung" (Johannes Feichtinger/Heidemarie Uhl), „Wandlungen der Wissenschaftslandschaften im frühen Kalten Krieg" (Mitchell G. Ash), „Die Österreichische Akademie der Wissenschaften als Begegnungsstätte ost- und westdeutscher Wissenschaft im Kalten Krieg? Die Perspektive der Deutschen Akademie der Wissenschaften zu Berlin in den 1960er-Jahren" (Maximilian Graf), „Die Etablierung der Deutschen Akademie der Wissenschaften zu Berlin. Akademiehistorische Weichenstellung in der Frühphase des Kalten Krieges" (Hubert Laitko), „Die Deutsche Akademie der Wissenschaften zu Berlin zwischen Tradition und Anpassung (1946–1972)" (Peter Nötzoldt), „Die Sächsische Akademie der Wissenschaften zu Leipzig. Kontinuität und Neuausrichtung zwischen Wiedereröffnung (1948) und Akademiereform (1971)" (Saskia Paul), „Forschung und Produktion als Akademieaufgaben? Das Beispiel des Friedrich-Loeffler-Instituts Insel Riems der Akademie der Landwirtschaftswissenschaften der DDR" (Jens Thiel), „Die Leopoldina – eine gesamtdeutsche Akademie im geteilten Deutschland" (Sybille Gerstengarbe) und „Zentraleuropäische Wissenschaftsakademien im

Systemkonflikt zwischen Ost und West. Schlussbetrachtung" (Herbert Matis/Arnold Suppan).

Miethe, Ingrid / Tim Kaiser / Tobias Kriele / Alexandra Piepiorka: *Globalization of an Educational Idea. Workers' Faculties in Eastern Germany, Vietnam, Cuba and Mozambique* (Rethinking the Cold War Bd. 7), de Gruyter, Berlin/Boston 2019, 387 S. € 86,95. Im Buchhandel.

Die Verbreitung von Arbeiterfakultäten könne als Beispiel für die Zusammenarbeit zwischen sozialistischen Ländern im Bildungsbereich und Globalisierungsprozesse im Bildungsbereich gelten. Die hier vorgelegten Fallstudien – im hiesigen Kontext interessiert vor allem Ingrid Miethes Untersuchung zu den DDR-Vorstudienabteilungen bzw. -Arbeiter-und-Bauern-Fakultäten – zeigen durch Vergleich allgemeine Trends und Besonderheiten in der Geschichte der globalen Verbreitung der Idee der Arbeiterfakultät und ihrer Umsetzung in lokalen Kontexten auf.

Sächsische Landeszentrale für politische Bildung (Hg.): *Die Ideologisierung der sächsischen Hochschulen von 1945 bis 1990*, Dresden 2015, 195 S.; Volltext unter https://www.slpb.de/fileadmin/media/Publikationen/Ebooks/Ideologisierung_komplett_Homepage.pdf

Das Hochschulsystem in der SBZ/DDR sei organisatorisch nach dem Muster der Sowjetunion gestaltet und ideologisch am Marxismus-Leninismus ausgerichtet. Die Aufsatzsammlung zeigt dies am Beispiel der sächsischen Hochschulen. Die Beiträge im einzelnen: „Kriegsende und Wiederbelebung des Hochschulbetriebs in der Sowjetischen Besatzungszone (SBZ)" (Kurt Reinschke), „Die Usurpierung akademischer Freiheit im deutschen Realsozialismus: Die Universität Leipzig in der Sowjetischen Besatzungszone und DDR 1945–1989/90" (Günther Heydemann), „Sächsische Hochschullehrer in der Ulbricht-Ära zwischen Systemtreue, Loyalität und Distanz" (Ralph Jessen), „Katholische Kirche, katholische Studentenschaft und Hochschulpolitik in der DDR" (Thomas Brose), „Evangelische Kirche und Studentenschaft vor dem Hintergrund der Sprengung der Leipziger Universitätskirche" (Axel Noack), „Friedliche Revolution und sächsische Hochschulen im Jahre 1989" (Klaus Fitschen) und „Entideologisierung und personelle Erneuerung der sächsischen Hochschulen 1990–1994" (Gerhard Barkleit).

Kiewitz, Christl: *Der stumme Schrei. Krise und Kritik der sozialistischen Intelligenz im Werk Christoph Heins* (Stauffenberg-Colloquium Bd. 37), Stauffenburg Verlag, Tübingen 1995, 308 S. Im antiquarischen Buchhandel.

Die Untersuchung analysiert die vglw. häufigen Darstellungen in Christoph Heins (*1944) Werk, die Situation, Handeln und Anfechtungen von Angehörigen der sozialistischen Intelligenz in den Mittelpunkt rücken: den aus der Wissenschaft in die Produktion geschickten Soziologen Schlötel in der Komödie „Schlötel oder Was solls" (1974), den Historiker Horn in „Horns Ende" (1985), der seinem Leben selbst ein Ende setzte, den Historiker Dallow in „Der Tangospieler" (1989), der aufgrund eines gezielten Missverständnisses zwei Jahre im Gefängnis verbrachte. Daneben werden Arbeiten Heins mit historischen Stoffen – zu Cromwell, Lasalle u.a. – als metaphorische Darstellungen der Situation von Intellektuellen und Intelligenzlern in der DDR gedeutet.

Engels, Hans: *DDR-Architektur*, Prestel-Verlag, München/London/New York 2019, 207 S. € 40,-. Im Buchhandel.

Unter anderem werden zahlreiche Hochschul- und Forschungsbauten dokumentiert.

Ruppelt, Georg (Hg.): *West-östliche Bande. Erinnerungen an interdeutsche Bibliothekskontakte* (Zeitschrift für Bibliothekswesen und Bibliographie Sonderband 103), Vittorio Klostermann, Frankfurt a.M. 2011, 210 S. € 54,-. Im Buchhandel.

Der Band vereint persönliche Erinnerungen von (überwiegend wissenschaftlichen) Bibliothekaren aus Ost und West an ihre Kontakte in Zeiten der deutschen Zweistaatlichkeit.

Kittel, Peter: *Erinnerungen an die Öffentliche Wissenschaftliche Bibliothek/ Deutsche Staatsbibliothek in Berlin Unter den Linden 8*, BibSpider, Berlin 2018, 126 S. € 24,90. Im Buchhandel.

Peter Kittel war von 1953 bis 1989 Mitarbeiter der Deutschen Staatsbibliothek in Berlin-Ost und langjähriger Leiter der Katalogabteilung.

Wahlich, Ulrike: *Rückblick mit Zukunft: 100 Jahre Zentral- und Landesbibliothek Berlin*, Saur Verlag, München 2001, 254 S. € 64,-. Im antiquarischen Buchhandel.

Im hiesigen Kontext interessieren vor allem die Kapitel zur getrennten Geschichte von Ostberliner Stadtbibliothek und Westberliner Amerika-Gedenkbibliothek zwischen 1945 und 1989 sowie zu ihrer anschließenden Zusammenführung als Zentral- und Landesbibliothek Berlin.

Obst, Martina: *Der Fusionsprozess der Sächsischen Landesbibliothek und der Bibliothek der Technischen Universität Dresden seit 1996. Veränderungen – Ergebnisse – Neue Ziele* (Berliner Handreichungen zur Bibliotheks- und Informationswissenschaft H. 195), Institut für Bibliotheks- und Informationswissenschaft der Humboldt-Universität zu Berlin, Berlin 2006, 88 S. + Anhang [18 S.], Volltext-PDF unter http://www.ib.hu-berlin.de/~kumlau/handreichungen/h195/

Sonntag, Ingrid (Hg.): *An den Grenzen des Möglichen. Reclam Leipzig 1945– 1991*, Ch. Links Verlag, Berlin 2016, 544 S. € 45,-. Im Buchhandel.

Zwischen 1947 und 1990/91 existierte der Reclam Verlag in Gestalt zweier eigenständiger Unternehmen sowohl in der DDR als auch in der Bundesrepublik. In diesem Sammelband reflektieren Wissenschaftler, Autoren und ehemalige Mitarbeiter Geschichte und Wirken des Leipziger Reclam Verlags, der sich neben der Verbreitung von schöngeistiger Literatur um die Publikation geistesgeschichtlicher Quellen und wissenschaftlicher Texte verdient gemacht hat. Im hiesigen Kontext interessieren u.a. die Beiträge zu Hans Mayer, Jürgen Teller, Karlheinz Barck, Victor Klemperer und Ernst Bloch, desweiteren Darstellungen zu Publikationsstrategien und Reaktionen auf bestimmte Veröffentlichungen.

Lokatis, Siegfried: *Verantwortliche Redaktion. Zensurwerkstätten der DDR* (Leipziger Arbeiten zur Verlagsgeschichte Bd. 2), Dr. Ernst Hauswedell Verlag, Stuttgart 2019, 576 S. € 78,-. Im Buchhandel.

Lokatis rekonstruiert die Geschichte der Buchzensur in der SBZ/DDR und beleuchtet dafür die Verlagspolitik, die Kontrolle der Bibliotheken und das Wirken des Amtes für Literatur- und Verlagswesen sowie der Hauptverwaltung Verlage/Buchhandlungen des Ministeriums für Kultur. Als Fallbeispiele dienen u.a. der Mitteldeutsche Verlag, der Akademie-Verlag und der Dietz-Verlag. Umfangreiche Kapitel widmen sich zudem der Zensur geschichtswissenschaftlicher Literatur und historischer Quellen, der für die Gesellschaftswissenschaften quasi-kanonischen SED-Zeitschrift „Die Einheit" und der achtbändigen „Geschichte der deutschen Arbeiterbewegung".

Hedeler, Wladislaw / Mario Keßler (Hg.): *Reformen und Reformer im Kommunismus. Für Theodor Bergmann. Eine Würdigung*, VSA-Verlag, Hamburg 2015, 428 S. € 29,80. Volltext unter https://www.rosalux.de/fileadmin/rls_uplo ads/pdfs/sonst_publikationen/VSA_Hedeler_Kessler_Reformen_Inhalt_RLS.pdf

Im hiesigen Kontext interessieren vor allem die Beiträge zur kommunistischen Opposition in der SBZ/DDR: „'Reformer' in den Antifa-Ausschüssen des Jahres 1945" (Günter Benser), „Fritz Behrens und seine rätekommunistische Kritik sozialistischer Reform" (Thomas Kuczynski), „Kurze Bemerkungen zum Prager Frühling" (Fritz Behrens), „Reform als Rückzug. Fritz Behrens' gescheiterter Versuch, für die Selbstverwaltung zu streiten und das Regime zum Machtverzicht zu bewegen" (Henning Flaskamp), „Das NÖS in der DDR – gescheiterter Ausbruch aus dem Staatssozialismus" (Jörg Roesler), „Robert Havemann: Marxistischer Moralist und Kritiker des DDR-'Staatssozialismus'" (Axel Fair-Schulz), „Ökologie und Kommunismus. Die schwierige Suche von Rudolf Bahro und Wolfgang Harich nach der passenden Partei" (Alexander Amberger) und „Erinnerungen an Wolfgang Harich" (Alfred Kosing).

Ruben, Peter / Camilla Warnke: *Beiträge zur Geschichte und Vorgeschichte der Philosophie in der DDR*, Berlin 2017, 539 S. Volltext unter http://www.peter-ruben.de/schriften/DDR/Ruben%20&%20Warnke%20-%20Zur%20Philosophie %20in%20der%20DDR.pdf

Der Sammelband vereint Beiträge des Philosophen Peter Ruben und der Wissenschaftsphilosophin Camilla Warnke, die beide Ende der 1950er Jahre und zu Beginn der 1980er Jahre aus politischen Gründen Repressionen ausgesetzt waren: „Arbeit – Telosrealisation oder Selbsterzeugung der menschlichen Gattung? Bemerkungen zu G. Lukács' Konzept der 'Ontologie des gesellschaftlichen Seins'" (Ruben/Warnke), „Der Bericht kann nicht wahr sein! [Stellungnahme zum 'Bericht der Kommission zu politisch-ideologischen und wissenschaftlichen Einschätzungen von Publikationen von Dr. Peter Ruben']" (Ruben), „Über Meinung und Wahrheit im Kontext ökonomisch-philosophischer Probleme der Gegenwart" (Ruben), „Die DDR und ihre Philosophen. Über Voraussetzungen einer Urteilsbildung" (Ruben), „Überlegungen und Fakten zur demokratischen Reform philosophischer Institutionen in der ehemaligen DDR" (Hans-Christoph Rauh/Ruben), „Kommunistische Parteiherrschaft und Wissenschaft – Zur gescheiterten Emanzipation des Gesellschaftswissenschaftlichen Grundstudiums an der Berliner Humboldt-Universität 1956–1958" (Warnke), „Deutsche Tradition und marxistische Philosophie – (Mit Diskussionsbeiträgen von K.-D. Eichler, H.-M. Gerlach, U. J. Schneider, H. Seidel, G. Terton und Camilla Warnke)" (Ruben), „Vom Ende einer Hoffnung – Bericht über eine Versammlung und Überlegungen zu ihrem Thema" (Ruben), „'Ich lasse auf Hegel nicht scheißen!' Wolfgang Harichs Vorlesungen zur Geschichte der Philosophie 1951–1954" (Warnke), „Von der Philosophie und dem deutschen Kommunismus. Ein Blick in die Vorgeschichte der DDR-Philosophie" (Ruben), „Klaus Zweiling, der Lehrer" (Ruben), „'Das Problem Hegel ist längst gelöst' – Eine Debatte in der DDR-Philosophie der fünfziger Jahre" (Warnke), „Der junge Harich und die Philosophiegeschichte – Wolfgang Harichs Vorlesungen zur Geschichte der Philosophie 1951–1954" (Warnke), „DDR-Philosophie unter Parteiregie – Neue Anfänge zwischen dem 5. und 8. SED-Parteitag" (Ruben), „Abschied von den Illusionen – Wolfgang Heise in den 60er Jahren" (Warnke), „Neues von der philosophischen Front – Notwendige Bemerkungen zu den Lebenswenden von Herbert Hörz" (Ruben), „Nicht mit dem Marxismus-Leninismus vereinbar! Der Ausschluss von Peter Rubens Philosophiekonzept aus der DDR-Philosophie 1980/1981" (Warnke) und „Zur Geschichte des Zentralinstituts für Philosophie an der Akademie der Wissenschaften der DDR – Bericht und Reflexionen" (Warnke).

Schaad, Martin: *Die fabelhaften Bekenntnisse des Alfred Kurella. Eine biographische Spurensuche*, Hamburger Edition, Hamburg 2014, 182 S. € 22,-. Im Buchhandel.

Alfred Kurella (1895–1975) siedelte 1954 aus der Sowjetunion in die DDR über und war von 1955 bis 1957 erster Direktor des Institutes für Literatur in Leipzig. Er hatte dann leitende Funktionen in der Akademie der Künste, dem Schriftstellerverband der DDR und dem Kulturbund inne. Von 1957 bis 1963 war er Leiter der Kulturkommission des SED-Politbüros und wirkte maßgeblich an der Durchsetzung des Sozialistischen Realismus mit. Dabei blieb er immer auf Basis einer Art von philosophischer Privatgelehrtenexistenz, die er neben seinen Funktionärsaufgaben pflegte, aktiv publizistisch tätig. Mit seinen Veröffentlichungen und Reden suchte er, das Geistesleben der DDR mithilfe eines dogmatischem Fundamentalismus zu formatieren. Im Zentrum der Studie steht der Roman „Die Gronauer Akten", den Kurella unter dem Eindruck des Großen Terrors 1936 in Moskau schrieb (aber erst 1954 veröffentlicht). Dieser enthülle – so die hier vorgelegt Deutung – Kurellas eigenes Werden, offenbare seine eng an der stalinistischen Parteilinie orientierte Gesinnung und stelle eine eigenwillige Form der bolschewistischen Selbstkritik dar.

Oratorium Leipzig (Hg.): *Wolfgang Trilling – Zeuge der Hoffnung*, Hille Verlag, Dresden 2019, 270 S. € 19,90. Im Buchhandel.

Trilling (1925–1993) trat 1949 in das Oratorium des Heiligen Philipp Neri in Leipzig ein, wurde 1958 promoviert, bekleidete 1959 bis 1961 eine Dozentur am Philosophisch-Theologischen Studium Erfurt, war von 1961 bis 1967 katholischer Studentenpfarrer in Leipzig und an der Vorbereitung und Durchführung der ersten nachkonziliaren Meißener Diözesansynode beteiligt, wirkte 1966 bei der Gründung des „Ökumenisch-Theologischen Arbeitskreises in der DDR" mit, setzte 1968 bis 1970 die Dozentur in Erfurt fort, die dann bis 1985 in eine Ökumenische Gastdozentur am Theologischen Seminar Leipzig mündete. Der Gedenkband dokumentiert im Kapitel „Offene Fragen bis heute – angefragt vom Evangelium" überwiegend Texte von Trilling, enthält im weiteren Erinnerungstexte von Wegbegleitern, so „Begegnungen mit Wolfgang Trilling" (Hans-Friedrich Fischer CO), „Mein heimlicher Lehrer" (Christoph Kähler), „Christen zusammengeführt" (Konfessionskundliches Arbeits- und Forschungswerk), „Wolfgang Trilling, Erfurt und der Katholizismus in der DDR" (Josef Pilvousek), „Treue zum prophetischen Dienst" (Theo Mechtenberg), „Wolfgang Trilling – Erinnerung nach 30 Jahren" (Walter Christian Steinbach), Dokumentationen zu den Ehrenpromotionen Trillings in Münster (1971) und Graz (1986), schließlich zeithistorische Texte von Trilling, u.a. ein Offener Brief an das MfS zur Schikanierung von KSG-Studierenden von 1963 und zur Sprengung der Leipziger Universitätskirche St. Pauli (1968).

Bock, Ulrich: *Achtundsechziger. Jenaer Studenten proben den Aufstand*, Wartberg Verlag, Gudensberg-Gleichen 2000, 128 S. Im antiquarischen Buchhandel.

Im Mittelpunkt des Buches – eine Art dokumentarischer Kurzroman – steht eine Gruppe von Theologie-Studierenden der Jenaer Universität, deren Mitglieder kurz vor 1968 ihr Studium beginnen, gemeinsam im Theologenkonvikt wohnen, an der Universität und außerhalb dieser in die politischen Spannungen um die Volksabstimmung zur neuen DDR-Verfassung und den Prager Frühling, beide 1968, hineingezogen werden. Schließlich haben sie Nachstellungen der und zu einem größeren Teil auch U-Haft bei der Staatssicherheit zu ertragen, eine Prüfung, aus der sie in sehr unterschiedlicher Weise herauskommen. Anschließend verstreut sich die Gruppe, was durch „Bewährungen in der Produktion" (hier beim Aufbau von Jena-Lobeda), charakterliche Differenzen, Überlagerungen des politischen Geschehens durch private Beziehungsprobleme und eine IM-Verpflichtung gefördert wird – insgesamt also eine „erfolgreiche Zersetzung", wie das MfS vermutlich resümiert hat.

Reinmuth, Eckart (Interview): *Zeitzeuge Eckart Reinmuth*, Universität Rostock, Rostock o.J. [2015], 15 Minuten; URL https://www.youtube.com/watch?v=Ym FgqV4UORA&list=PL-GoQ_4_tQTVaLasFUhWlx-VYMDiIHMCe&index=2 (9.12.2019).

Reinmuth studierte 1969–1974 evangelische Theologie an der Universität Greifswald. 1974–1981 wissenschaftlicher Assistent an der Universität Halle-Wittenberg und ab 1981 Gemeindepastor, wurde er 1986 Dozent am Katechetischen Oberseminar Naumburg. Seit 1995 lehrt er als Professor für Neues Testament an der Theologischen Fakultät der Universität Rostock.

Müller, Winfried: *Perspektiven der Reformationsforschung in Sachsen. Ehrenkolloquium zum 80. Geburtstag von Karlheinz Blaschke* (Bausteine aus dem Institut für Sächsische Geschichte und Volkskunde, Kleine Schriften Bd. 12), Thelem Verlag, Dresden 2008, 184 S.

Blaschke (*1926) war seit 1969 Dozent für Kirchengeschichte am Theologischen Seminar Leipzig und von 1992–1998 Professor für sächsische Landesgeschichte an der TU Dresden. Der Band enthält neben fachlichen Beiträgen zu den Forschungsgebieten des Jubilars zahlreiche Grußworte (von Winfried Müller und Enno Bünz, beide Institut für Sächsische Geschichte und Volkskunde Dresden; Uwe-Frithjof Haustein, Sächsische Akademie der Wissenschaften zu Leipzig; Hermann Kokenge, Rektor der TU Dresden; Detlef Döring, Historische Kommission der Sächsischen Akademie der Wissenschaften), eine Laudatio von Hans Joachim Meyer, ein Schlusswort von Blaschke und eine Bibliografie Blaschkes für die Jahre 2002 bis 2007.

Baetz, Michael / Heike Herzog / Oliver von Mengersen: *Die Rezeption des nationalsozialistischen Völkermords an den Sinti und Roma in der sowjetischen Besatzungszone und der DDR*, Dokumentations- und Kulturzentrum Deutscher Sinti und Roma, Heidelberg 2007, 151 S. € 12,-. Im Buchhandel.

Im hiesigen Kontext interessieren vor allem die Kapitel zum Stellenwert des NS-Völkermords an den Sinti und Roma in der offiziellen Geschichtsschreibung und politischen Bildung der DDR sowie zu dessen Platz in der DDR-Erinnerungskultur.

Schmidt, Walter: *Erinnerungen eines deutschen Historikers. Vom schlesischen Auras an der Oder übers vogtländische Greiz und thüringische Jena nach Berlin. Autobiografie*, trafo Verlag, Berlin 2018, 562 S. € 29,80. Im Buchhandel.

Walter Schmidt (*1930) studierte von 1949 bis 1953 in Jena und war anschließend wissenschaftlicher Assistent am Lehrstuhl Geschichte der Arbeiterbewegung des Instituts für Gesellschaftswissenschaften beim ZK der SED in Berlin. Von 1964 bis 1984 hatte er dort die Leitung des Lehrstuhls Geschichte der Arbeiterbewegung inne und wurde 1969 zum Professor berufen. Von 1984 bis 1990 war er Direktor des Zentralinstituts für Geschichte an der Akademie der Wissenschaften der DDR. Im folgenden (Vor-)Ruhestand blieb er wissenschaftlich und publizistisch bemerkenswert aktiv und legte nun mit seiner Autobiografie seine „sicher letzte größere Arbeit" vor.

Wagenbreth, Otfried: *Das eigene Leben im Strom der Zeit. Lebenserinnerungen von Otfried Wagenbreth* (Freiberger Forschungshefte D 248 Geschichte), Technische Universität Bergakademie Freiberg, Freiberg 2015, 414 S. Bezug über: Akademische Buchhandlung, Mehrbachstr., PF 1445, 09599 Freiberg.

Wagenbreth (*1927) war nach Tätigkeiten als Geologe seit 1979 Dozent für Geschichte und Dokumentation der Produktionsmittel und von 1992 bis 1995 Professor für Technikgeschichte an der TU Bergakademie Freiberg. Zu seinen Arbeitsschwerpunkten zählt die Geschichte der Geologie und der Montanwissenschaften.

Wagenbreth, Otfried / Eberhard Wächtler (Hg.): *Technische Denkmale in der Deutschen Demokratischen Republik*, 4. Auflage 1989, unveränderter Nachdruck 2015. Mit einer historischen Einführung von Helmuth Albrecht, Springer-Verlag, Berlin/Heidelberg 2015, XXIV + 352 S. € 39,99. Im Buchhandel.

Der Nachdruck eines Werkes von DDR-Historikern ist ein nicht allzu häufiges Ereignis. Die ersten vier Auflagen des Buches waren 1983 bis 1989 beim Verlag für Grundstoffindustrie erschienen. Ein Vorwort von Helmuth Albrecht, Professor für Technikgeschichte an der TU Bergakademie Freiberg und Nachfolger der beiden Herausgeber, ordnet in der ansonsten unveränderten Neuausgabe die Texte historisch ein. Der Band ist nicht zuletzt ein Zeitzeugnis der Technikgeschichtsschreibung in der DDR.

Gräf, Roland (Regie): *Der Tangospieler*. DVD [DEFA 1991], Icestorm Distribution, Berlin 2013, 96 Minuten. Im Buchhandel.

Der Film basiert auf dem gleichnamigen Buch von Christoph Hein, das – mit Verzögerung – 1989 erschienen war. Die Handlung nimmt locker Bezug auf das Verbot des Leipziger Studentenkabaretts „Rat der Spötter" 1961. Der Protagonist Dallow, ein Historiker an der Universität Leipzig, war bei einer Aufführung als Pianist eingesprungen, ohne das Programm näher zu kennen, und wurde anschließend mit den anderen Beteiligten verhaftet und zu zwei Jahren Gefängnis verurteilt. Der Text, den er mit einem Tango begleitete, habe führende Politiker verächtlich gemacht. Der Film spielt dann nach der Haftentlassung. Dallow findet seinen alten Arbeitsplatz, eine Dozentur für Neuere Geschichte, neu besetzt, bemüht sich schließlich um Beschäftigung als Kraftfahrer, während ihm von zwei MfS-Mitarbeitern gegen die Beschaffung von Informationen eine Rückkehr an sein altes Institut in Aussicht gestellt wird. Thematisiert wird die Verlogenheit des Umfelds des Protagonisten, nicht zuletzt am geschichtswissenschaftlichen Institut der Universität. Schließlich wird ihm seine alte Stelle wieder angeboten, da sich sein dortiger Nachfolger im Hinblick auf den Prager Frühling ungeschickt geäußert hatte. Dallow nimmt dieses Angebot an.

Welling, Jaana: *„Freiheit, mir graut's vor dir." Die tageskritische Rezeption des Tangospielers von Christoph Hein in Finnland, in der BRD und in der DDR auf der Schwelle der Wende*. Magisterarbeit, Institut für Deutsche Sprache und Literatur, Philosophische Fakultät, Universität Vaasa, Vaasa 2008, 106 S. Volltext unter https://osuva.uwasa.fi/bitstream/handle/10024/6632/osuva_3200.pdf

Hütt, Wolfgang: *Wegbegleiter. Wegelagerer. Weggefährten. Erinnertes und Bedachtes*, Buchfabrik Halle, Halle (Saale) 2012, 439 S. Im antiquarischen Buchhandel.

Der Kunsthistoriker Wolfgang Hütt studierte ab 1946 an der Martin-Luther-Universität Halle-Wittenberg Kunstgeschichte. Aufgrund seiner als revisionistisch geltenden kunsttheoretischen Ansichten und seiner öffentlichen Kritik am Mauerbau sowie an der Sprengung der Leipziger Paulinerkirche wurde er 1961 aus der SED ausgeschlossen und musste seine Assistentenstelle an der Leipziger Universität aufgeben. Später wurde er Direktor der Staatlichen Galerie „Moritzburg" in Halle, musste jedoch nach seinem Einsatz für den Maler Otto Möhwald 1971 auch diese Stelle aufgeben. Er war fortan freischaffender Kunsthistoriker. In dem Buch beschreibt er für ihn wesentliche „Wegbegleiter. Wegelagerer. Weggefährten", was zugleich die die gliedernden Kapitelüberschriften sind. Unter den „Wegbegleitern" finden sich zahlreiche Professoren an DDR-Kunsthochschulen: Wolfgang Mattheuer war seit 1952, von 1965 bis 1974 als Professor, und Herbert Sandberg seit 1972 Professor an der

Hochschule für Grafik und Buchkunst Leipzig, Walter Womacka seit 1965 Professor an der Kunsthochschule Berlin-Weißensee sowie von 1968 bis 1988 deren Rektor, Lea Grundig seit 1951 Professorin für Grafik an der Hochschule für Bildende Künste Dresden. Prominent vertreten sind in diesem Kapitel auch Hochschullehrer der Kunsthochschule bzw. Hochschule für industrielle Formgestaltung Burg Giebichenstein Halle: Kurt Bunge war dort 1957 bis zur Übersiedlung in die Bundesrepublik 1959 Professor, Meinolf Splett von 1954 bis 1976 Dozent, Gerhard Lichtenfeld seit 1966 Professor, Dieter Rex seit 1986 Professor für Malerei und zugleich bis 1991 Direktor der Sektion Bildende und Angewandte Kunst, Bernd Göbel 1982 bis 2008 Professor für Plastik, Martin Wetzel 1975 bis 1994 Professor und Leiter des Fachbereichs Keramik. Das Kapitel „Wegelagerer" widmet sich den Inoffiziellen Mitarbeitern des MfS im Umfeld Hütts: unter anderem Ingrid Schulze, Professorin für Kunstgeschichte an der Universität Halle-Wittenberg, mit einem eigenen Beitrag, daneben zahlreiche weitere in summarischen Artikeln, wobei das Kapitel mit dem Text „Zwar Stasi-IM, dennoch Wegbegleiter" abschließt. Unter den „Weggefährten" sind u.a. Willi Sitte, seit 1959 Professor in Halle und 1975 bis 1987 Direktor der Sektion Bildende und Angewandte Kunst, sowie Peter H. Feist, seit 1968 Professor für Kunstgeschichte an der Humboldt-Universität zu Berlin und seit 1982 Direktor des Instituts für Ästhetik und Kunstwissenschaften der Akademie der Wissenschaften.

Brinkel, Teresa: *Volkskundliche Wissensproduktion in der DDR. Zur Geschichte eines Faches und seiner Abwicklung* (Studien zur Kulturanthropologie/Europäischen Ethnologie Bd. 6), Lit Verlag, Wien/Berlin/Münster 2012, 315 S. € 24,90. Im Buchhandel.

Auf Basis von archivalischen Funden und Oral History Interviews rekonstruiert die Studie, wie sich Praxen der Wissensproduktion in der DDR-Volkskunde formten und im Zusammenhang mit dem gesellschaftspolitischen Kurs veränderten. Dies erfolgt durch die Verknüpfung dreier Ebenen: der Strategien volkskundlicher Akteure in Wissenschaft und kultureller Praxis, der Mechanismen des wissenschaftlichen Systems und der Rolle der Politik. Neben den Kapiteln zur Institutionalisierung der Volkskunde 1945–1961 und zu volkskundlichen Praktiken in der Wissenschaft und der Öffentlichkeit der DDR 1971–1989 widmet sich ein Kapitel auch dem Umbruch 1989/90. Letzteres beleuchtet die Struktur- und Berufungskommission für Geschichtswissenschaft an der Humboldt-Universität zu Berlin, die Auflösung der Akademie der Wissenschaften und die Evaluation des Wissenschaftsbereichs Kulturgeschichte/Volkskunde, die Beziehungen und Konflikte in der Volkskunde des vereinigten Deutschlands.

Brahm, Felix (Hg.): *Geschichte der Afrikanistik in Leipzig. Beiträge eines Projektseminars im Wintersemester 2008/2009* (University of Leipzig Papers on Africa, History and Culture Series No.14), Institut für Afrikanistik, Universität Leipzig, Leipzig 2011, 115 S, € 14,-. Bezug bei: Universität Leipzig, Institut für Afrikastudien, Beethovenstraße 15, 04107 Leipzig

Im hiesigen Kontext interessieren vor allem die folgenden Beiträge: „Einleitung: Afrika an der Universität Leipzig" (Felix Brahm/Adam Jones), „Afrikanische Studierende an der Universität Leipzig 1946–1995" (Gesine Mühlig/Manuela Kirberg), „Die Afrika-Linguistik ab der Karl-Marx-Universität" (Sandra Miehlbradt), „Thea Büttner" (Uwe Kraus), „Siegmund Brauner" (Sandra Miehlbradt), „Kurt Büttner" (Katrin Mangold) und „Die Zeitschrift ‚asien, afrika, lateinamerika'" (Julia Kitschke).

Wurm, Carsten: *150 Jahre Rütten & Loening. ... mehr als eine Verlagsgeschichte 1844–1994*, Rütten & Loening, Berlin 1994, 240 S. Im antiquarischen Buchhandel.

Der Verlag Rütten & Loening verlegte in der DDR vor allem Belletristik, hatte von 1952 bis 1963 aber ein stark wissenschaftliches Profil mit Schwerpunkten in Geschichts-, Archiv- und Literaturwissenschaft.

Kaufmann, Ulrich: *Dichter in „stehender Zeit". Studien zur Georg-Büchner-Rezeption in der DDR* (Jenaer Reden und Schriften N.F. Bd. 2), Verlag Palm & Enke/Universitätsverlag Jena, Erlangen/Jena 1992, 174 S. €18,-. Im antiquarischen Buchhandel.

In fünf Studien setzt sich der Autor mit der Büchner-Rezeption in der DDR auseinander, wobei der Schwerpunkt auf der Auseinandersetzung mit Büchner durch DDR-Literaten wie Volker Braun, Heiner Müller oder Christa Wolf liegt. Im hiesigen Kontext interessiert vor allem die Darstellung des Forschungsstandes zur Büchner-Rezeption in der DDR sowie zum Umgang der offiziellen DDR-Kulturpolitik mit Georg Büchner.

Hausmann, Frank-Rutger: *Die Deutsche Dante-Gesellschaft im geteilten Deutschland*, Hauswedell Verlag, Stuttgart 2012, 208 S. € 44,-. Im Buchhandel.

Die 1865 gegründete Deutsche Dante-Gesellschaft (DDG) widmet sich dem Leben und Werk Dante Alighieris (1265–1321). Rekonstruiert wird die Geschichte der DDG von 1945 bis zur deutschen Vereinigung. Die DDG geriet beständig mit der offiziellen Kulturpolitik der DDR in Konflikt, dennoch konnte eine Spaltung der DDG in eine westliche und östliche Gesellschaft verhindert werden, auch wenn sich aufgrund des politischen Drucks die Verbindung zwischen beiden Teilen ab 1972 lockerte.

Janota, Johannes (Hg.): *Germanistik und Deutschunterricht im historischen Wandel Bd. 2. Vorträge des Augsburger Germanistentags 1991 „Kultureller Wandel und die Germanistik in der Bundesrepublik"*, Max Niemeyer Verlag, Tübingen 1993, 226 S. € 49,-. Im antiquarischen Buchhandel.

Im hiesigen Kontext interessieren vor allem die folgenden Beiträge „Vierzig Jahre Sprachdidaktik in der ehemaligen DDR aus der Sicht einer Beteiligten" (Margot Heinemann) und „Fachentwicklung und Selbstreflexion in der literaturwissenschaftlichen Germanistik in der DDR in den 1980er Jahren" (Petra Boden).

Nerius, Dieter (Interview): *Zeitzeuge Dieter Nerius*, Universität Rostock, Rostock o.J. [2015], 17 Minuten; URL https://www.youtube.com/watch?v=Q3coQHwTc1A&list=PL-GoQ_4_tQTVaLasFUhWlx-VYMDiIHMCe&index=8 (9.12.2019).

Nerius (*1935) studierte bis 1959 Germanistik und Klassische Philologie an der Humboldt-Universität Berlin, dort auch Promotion A und 1973 dann Promotion B an der Universität Rostock. 1975–2001 wirkte er als Professor für Sprachwissenschaft an der Universität Rostock, 1992–2004 war er auch Mitglied der Kommission für Rechtschreibfragen.

Zentralinstitut für Sprachwissenschaft (Hg.): *Sprachwissenschaft in der DDR – Oktober 1989. Vorträge einer Tagung des Zentralinstituts für Sprachwissenschaft am 31.10. und 1.11.1989* (Linguistische Studien, Reihe A, Arbeitsbericht 209) Berlin 1991, 211 S. Im antiquarischen Buchhandel.

Im hiesigen Kontext interessieren die folgenden Beiträge: „Vergangenheit und Zukunft der kognitiven Linguistik" (Manfred Bierwisch), „Erschöpft sich historisch orientierte Soziolinguistik in der DDR tatsächlich in Beiträgen der ‚Leipziger Schule'? (Korrekturen an Gotthard Lerchners Zerrbild von den Leistungen der historischen Soziolinguistik in der DDR)" (Gisela Brandt), „Sprachkultur – Kommunikationskultur. Kenntnisse, Bedürfnisse und Einstellungen" (Ulla Fix), „Von der Pragmatik zur Kommunikationslinguistik: Einige Aspekte der jüngeren Wissenschaftsgeschichte" (Wolfdietrich Hartung), „Tradition und Neuerung(en) in der germanistischen Grammatikforschung der DDR" (Gerhard Helbig), „Profilierte Schulen – junge Schüler. Aktuelle Möglichkeiten und Grenzen schulübergreifender textlinguistischer Diskussion" (Cornelia Hensel), „Soziolinguistische Aspekte der Sprachgeschichtsforschung" (Gotthard Lerchner), „Das ZISW und die Dialektik wissenschaftlicher Evolution" (Werner Neumann) und „Von der Dialektforschung zur empirischen Soziolinguistik in der DDR" (Helmut Schönfeld).

Bauer, Dirk: *Das sprachliche Ost-West-Problem. Untersuchungen zur Sprache und Sprachwissenschaft in Deutschland seit 1945* (Europäische Hochschulschriften, Reihe Deutsche Sprache und Literatur Bd. 1397), Lang Verlag, Frankfurt a.M./Berlin/New York/Paris/Wien 1993, 273 S. Im antiquarischen Buchhandel.

Im hiesigen Kontext interessiert vor allem das Kapitel zur Reflexion des sprachlichen Ost-West-Problems in der ebenfalls geteilten germanistischen Forschung seit 1945.

Buchholz, Edith (Interview): *Zeitzeugin Edith Buchholz*, Universität Rostock, Rostock o.J. [2015], 22 Minuten; URL https://www.youtube.com/watch?v=05Qe P4X1WTQ&list=PL-GoQ_4_tQTVaLasFUhWlx-VYMDiIHMCe&index=7 (9.12.2019).

Edith Buchholz (*1935) war seit 1985 Hochschuldozentin für Englische Sprache und von 1987–1992 Professorin für Angewandte Sprachwissenschaft an der Universität Rostock.

Seefried, Elke / Dierk Hoffmann (Hg.): *Plan und Planung. Deutsch-deutsche Vorgriffe auf die Zukunft* (Zeitgeschichte im Gespräch Bd. 27), de Gruyter, Berlin/Boston 2018, 215 S. € 16,95.

Im hiesigen Kontext interessieren neben der Einleitung durch die Herausgeber die folgenden Beiträge: „Planen, um aufzuschließen: Forschungsplanung in der Bundesrepublik und der DDR" (Elke Seefried, Elke/Andreas Malycha), „Öffnung oder Schließung: Bildungsplanung in West und Ost. Vergesellschaftung und Ökonomisierung der Bildung" (Wilfried Rudloff) und „Planung des Lebensstandards. Verwissenschaftlichung und Professionalisierung in der DDR der 1960er und 1970er Jahre" (Dierk Hoffmann).

David, Reiner: *Meine Akte. DDR 1969 bis 1975*, Verlag C & N, Berlin 2012, 329 S. € 19,-. Im Buchhandel.

Der 1951 geborene Reiner David rekonstruiert vor allen anhand ‚seiner' Staatssicherheitsakten sein Leben in der DDR. David wurde nach drei Semestern Politische Ökonomie an der Karl-Marx-Universität Leipzig aus politischen Gründen exmatrikuliert. Anschließend war er als Bühnenarbeiter an der Komischen Oper tätig und unternahm einen ersten Fluchtversuch über Bulgarien. Nach erneuter Tätigkeit als Bühnenarbeiter, diesmal am Deutschen Theater, wurde er nach seinem zweiten Fluchtversuch, diesmal über die Ostsee, inhaftiert und im Sommer 1975 von der Bundesrepublik freigekauft. Fast 400 Seiten persönlicher Stasiakten mit IM-Berichten und Vernehmungsprotokollen, die alten Studentenakten der Karl-Marx-Universität und die Gerichts- und Gefängnisakten erlauben einen Blick in die Funktionsweise der DDR-Gesellschaft in den frühen 70er Jahren.

Haritonow, Alexander: *Ideologie als Institution und soziale Praxis. Die Adaption des höheren sowjetischen Parteischulungssystems in der SBZ/DDR (1945–*

1956) (edition bildung und wissenschaft Bd. 9), Akademie Verlag, Berlin 2004, 253 S. € 109,95. Im Buchhandel.

Beleuchtet werden die Wechselbeziehungen sowjetischer und deutscher Kommunisten in Fragen des Parteischulwesens und der parteiinternen Politik der SED sowie die – scheinbare – Selbständigkeit der Kommunisten in der DDR. Im Zentrum der Untersuchung steht der Zeitraum von der Gründung der SED 1946 bis zum XX. Parteitag der KPdSU 1956, der die Grundlage für eine neue Politik der UdSSR in Bezug auf die volksdemokratischen Staaten legte.

Faensen, Hubert: *Die Neue Hakeburg. Wilhelminischer Prachtbau, Hitlers Forschungszentrum, SED-Kaderschmiede*, Ch. Links Verlag, Berlin 2018, 199 S. € 30,-. Im Buchhandel.

In der DDR war das Schloss im brandenburgischen Kleinmachnow seit 1948 Parteihochschule der SED, Dozenten waren u.a. Wolfgang Leonhard und Carola Stern. Vorgestellt werden daher u.a. auch das Leben und Studieren, der Lehrkörper und die Merkwürdigkeiten, die sich aus dem Charakter einer Hochschule mit vorrangig politischem statt wissenschaftlichem Auftrag ergaben. Später war die Hakeburg zeitweilig Sitz des Intelligenzclubs Joliot-Curie, wurde anschließend zu einem Gästehaus der SED umfunktioniert, war dann Sitz von Bezirks- und Kreisparteischulen sowie seit 1974 der SED-Sonderschule „Karl Liebknecht", eine zentrale Weiterbildungsschule für Parteifunktionäre, darunter auch zahlreiche aus ausländischen Bruderparteien.

Tenorth, Heinz-Elmar: *Die „Erziehung gebildeter Kommunisten" als politische Aufgabe und theoretisches Problem. Erziehungsforschung in der DDR zwischen Theorie und Politik*, in: Sabine Reh/Britta Behm/Tilman Drope/Edith Glaser (Hg.), Wissen machen. Beiträge zu einer Geschichte erziehungswissenschaftlichen Wissens in Deutschland zwischen 1945 und 1990 (Zeitschrift für Pädagogik Beiheft 63), Beltz Juventa, Weinheim/Basel 2017, S. 207–275.

Erziehung war für die DDR immer ein Thema, „kommunistische Erziehung" dagegen wurde erst nach 1975 von Margot Honecker als Erwartung formuliert und dann intensiv bearbeitet. Konzentriert auf Prozesse und Praktiken der Erziehungsforschung untersucht der Beitrag (hier, obgleich keine selbstständige Publikation, wegen seines beträchtlichen Umfangs verzeichnet), wie das Problem an Brisanz gewann, weil einerseits ungeklärt gewesen sei, was „kommunistische Erziehung" sein kann und wie sie zu realisieren ist, und weil andererseits die dabei eingeleiteten umfassenden Forschungen zwar zu einer breiten Theoretisierung und Methodisierung der Erziehungsforschung der DDR geführt, aber zugleich politisch unerwünschte und theoretisch nicht mehr integrierbare Ergebnisse erzeugt hätten. Dieses Dilemma habe zum Konflikt mit der Politik geführt. Gleichwohl folgte die pädagogische Wissenschaft der DDR eher der Logik von Forschung und Theoretisierung als politischen Erwartungen. Simple Codierungen von Wissenschaft unter Bedingungen der Diktatur, z.B. als Staatspädagogik, unkritische Praxis oder pure Legitimationswissenschaft, würden diese ambivalenten Relationen von Wissenschaft und Politik verdecken.

Brauer, Wolfgang (Interview): *Zeitzeuge Wolfgang Brauer*, Universität Rostock, Rostock o.J. [2015], 14 Minuten; URL https://www.youtube.com/watch?v=5nc_ Qsw--uw (9.12.2019).

Wolfgang Brauer (*1925) war 1951–1956 Dozent und Studiendirektor der Arbeiter-und-Bauern-Fakultät der Universität Leipzig, 1956–1963 in gleicher Funktion an der Universität Rostock. 1968–1974 amtierte er als Hochschuldozent für Methodik des Deutschunterrichts und 1974–1990 als Professor für Methodik des Deutschunterrichts, zudem 1976–1989 als Rektor der Universität Rostock.

Menzel, Eberhard (Red.): *Die Pädagogische Hochschule Erfurt-Mühlhausen. Beiträge zur Geschichte* (Stadt und Geschichte. Zeitschrift für Erfurt, Sonderheft Nr. 15), Stadt und Geschichte e.v., Erfurt 2014, 48 S. € 3,-. Bezug bei: Stadt und Geschichte e.v., Horst Moritz, Bautzener Weg 6, 99085 Erfurt

Oftmals aus Zeitzeugenperspektive beleuchten ehemalige Mitarbeiter und Studenten die Geschichte der früheren Pädagogischen Hochschule Erfurt/Mühlhausen mit Schwerpunkt auf den Jahren 1969 bis 1990. Die PH wurde später in die Gründung der Universität Erfurt einbezogen.

Wessel, Andreas / Anne E. Wessel / Karl-Friedrich Wessel (Hg.): *Erziehung – Bildung – Menschenbild. Dieter Kirchhöfer zum Gedenken* (Berliner Studien zur Wissenschaftsphilosophie und Humanontogenetik Bd. 38), Logos-Verlag, Berlin 2018, 251 S. € 38,50. Im Buchhandel.

Der Erziehungswissenschaftler Dieter Kirchhöfer (1936–2017) lehrte er an den Pädagogischen Hochschulen Dresden und Zwickau sowie an der Militärakademie und Technischen Universität Dresden. 1981 wurde er Rektor der Pädagogischen Hochschule Zwickau und 1985 Vizepräsident der Akademie der Pädagogischen Wissenschaften zu Berlin. Diese Auflistung von wahrgenommenen Funktionen führt nach den Darstellungen der Zeitzeugen allerdings in die Irre, wenn allein daraus das Persönlichkeitsprofil Kirchhöfers abgeleitet werde. Es habe sich bei Kirchhöfer um einen philosophisch geprägten und an begrifflicher Schärfung interessierten Erziehungswissenschaftler gehandelt, der auch in den Jahrzehnten nach 1989 wissenschaftliche aktiv und gefragt blieb und sich neue Themen erschloss. Der aus Anlass seines Todes erschienene Sammelband enthält neben Erinnerungen an Kirchhöfer und Reflexionen zu seinem wissenschaftlichen Werk eine von ihm selbst verfasste Kurzbiografie sowie eine Bibliografie seiner wissenschaftlichen Schriften.

Becker, Klaus-Peter (Hg.): *Bewährtes bewahren – Neues gestalten. Wissenschaftliches Symposium aus Anlass des 90. Geburtstages von Prof. em. Dr. paed. Habil. Klaus-Peter Becker* (inmitten Bd. 5), Stiftung Rehabilitationszentren Berlin-Ost, Berlin o.J. [2016], 165 S. Volltext unter https://rbo.berlin/data/user _upload/stiftung/Dokumente/Einblicke/inmitten-Band_5_Bewaehrtes_bewahren_ -_Neues_gestalten.pdf

Klaus-Peter Becker war von 1966 bis 1969 Direktor des Instituts für Sonderschulwesen an der Humboldt-Universität zu Berlin, 1969 wurde er Leiter der Sektion Rehabilitationspädagogik und Kommunikationswissenschaft und 1991 emeritiert.

Bernard, Franz / Klaus Jenewein (Hg.): *Von der Ingenieurpädagogik zur Berufs- und Betriebspädagogik. Die Entwicklung der beruflichen Lehrerbildung an der Universität Magdeburg von 1964–2014* (Diskussion Berufsbildung Bd. 12), Schneider-Verlag Hohengehren, Baltmannsweiler 2014, 192 S. € 19,80. Im Buchhandel.

Rekonstruiert wird in drei Beiträgen die Entwicklung der Lehrkräfteausbildung für berufsbildende Schulen an der Magdeburger Universität seit 1964. Im hiesigen Kontext interessiert vor allem die 100seitige Studie zur Entwicklung der Berufsschullehrerausbildung (Diplomingenieurpädagogen für Maschinenbau) von 1964–1993 am Institut für Ingenieurpädagogik der TH Otto von Guericke Magdeburg, verfasst von Franz Bernard.

Arndt, Gabriele: *Das wissenschaftliche Werk Eva Schmidt-Kolmers (25.06.1913 – 29.08.1991) unter besonderer Berücksichtigung ihrer Beiträge zum Kinder- und Jugendgesundheitsschutz in der DDR.* Inauguraldissertation, Medizinische

Fakultät der Ernst-Moritz-Arndt-Universität Greifswald, Greifswald 2001, 109 + CXII S. Volltexte unter http://ub-ed.ub.uni-greifswald.de/opus/volltexte/2006/235/pdf/arndt_gabriele_textteil.pdf; https://epub.ub.uni-greifswald.de/files/217/arndt_gabriele_anlagenteil.pdf

Kolmers baute fachlich Brücken zwischen Kinder- und Jugendmedizin und (vor allem Kleinkind-)Pädagogik. Der Aufbau eines leistungsfähigen Kinder- und Jugendgesundheitsschutzes in der DDR war eng mit ihrem Namen verbunden. Die hier vorgelegte Rekonstruktion des wissenschaftlichen Wegs der gebürtigen Österreicherin schließt die Geschichte des Instituts für Hygiene des Kinder- und Jugendalters der Universität Greifswald, von ihr gegründet und 1990 abgewickelt, ein.

Micke, Marina: *‚Wechselschritt zwischen Anpassung und aufrechtem Gang‘: Negotiating the Tensions between Literary Ambition and Political Constraints at the Institut für Literatur ‚Johannes R. Becher‘ Leipzig (1950–1990)*. Dissertation, School of Arts, Languages and Cultures, Faculty of Humanities, University of Manchester 2015, 250 S. Volltext unter https://www.research.manchester.ac.uk/portal/files/54578774/FULL_TEXT.PDF

Die Arbeit will die binäre Betrachtung des Instituts für Literatur „Johannes R. Becher" – entweder als liberaler Zufluchtsort oder als orthodoxe Einrichtung mit geringem künstlerischem Wert – überschreiten. Dazu wird unter Rückgriff auf Bourdieu in drei Fallstudien gezeigt, wie versucht wurde, die Spannungen zwischen offizieller Kulturpolitik und kreativen Bestrebungen in Einklang zu bringen, und wie diese Spannungen den gemeinsamen Habitus des Instituts beeinflussten. Die drei Fallbeispiele sind die Gründungsgeschichte, die zwei Dozenten Werner Bräunig und Georg Maurer sowie die orthodoxen Veröffentlichungen des Instituts in den 1970er Jahren, die zumeist zugunsten seiner kontroversen literarischen Produkte übersehen werden.

Lucke-Kaminiarz, Irina: *Hermann Abendroth. Ein Musiker im Wechselspiel der Zeitgeschichte*, weimarer taschenbuch verlag, Weimar 2007, 160 S. € 12,90. Im Buchhandel.

Der Dirigent Hermann Abendroth (1883–1956) übernahm 1945 die Staatskapelle Weimar und war zudem als Leiter der Dirigentenklasse Hochschullehrer an der Staatlichen Hochschule für Musik Weimar.

Brödel, Christfried: *Unter Kreuz, Hammer, Zirkel und Ährenkranz. Kirchenmusik in der DDR*, Evangelische Verlagsanstalt, Leipzig 2018, 203 S. € 28,-. Im Buchhandel.

Der Autor absolvierte ein Mathematikstudium und war über zehn Jahre als Mathematiker tätig (am Institut für Energetik Leipzig und am Institut für Ingenieur- und Tiefbau der DDR-Bauakademie). Die angestrebte Hochschullaufbahn wurde ihm aus politischen Gründen verwehrt. Auf der Basis paralleler musikalischer Aktivitäten und Fortbildungen übernahm Brödel 1981 die Leitung der „Meißner Kantorei 1961". 1984 wechselte er in den kirchenmusikalischen Dienst der Evangelisch-Lutherischen Landeskirche Sachsens, wurde zum Landessingwart berufen und nahm eine Dozententätigkeit an der Kirchenmusikschule Dresden auf. 1988 wurde er zu deren Direktor berufen. Von 1992 bis zu seiner Emeritierung 2013 wirkte er als Professor für Chorleitung und Rektor der Hochschule für Kirchenmusik Dresden. Das Buch enthält u.a. Kapitel zur Ausbildung von Kirchenmusikern in der DDR und zum Kantorenberuf.

Brombach, Ilka (Hg.): *Babelsberger Freiheiten. Filme der Hochschule für Film und Fernsehen „Konrad Wolf" 1957–1990*, absolut Medien, Fridolfing 2018, 2 DVDs, 392 Min. + 39 S. Booklet. € 24,90. Im Handel.

Dokumentiert werden 19 Kurzdokumentar- und -spielfilme aus dem Hochschulfilmarchiv der Hochschule für Film und Fernsehen „Konrad Wolf" (u.a. von Kurt Tetzlaff, Karlheinz Mund, Volker Koepp, Gabriele Denecke, Peter Kahane, Thomas Heise, Helke Misselwitz und Andreas Dresen). Das begleitende Booklet enthält Informationen zur Hochschulgeschichte sowie zu den einzelnen Filmen und ihren jeweiligen Produktionshintergründen.

Schüler, Heike: *Weltzeituhr und Wartburg-Lenkrad. Erich John und das DDR-Design*, Jaron Verlag, Berlin 2019, 77 S. € 12,-. Im Buchhandel.

Der Designer Erich John, bekannt vor allem durch die Gestaltung der Weltzeituhr auf dem Berliner Alexanderplatz, lehrte ab 1965 an der Kunsthochschule Berlin-Weißensee und wurde dort 1973 zum Professor berufen.

Hofer, Sigrid / Andreas Butter (Hg.): *Blick zurück nach vorn. Architektur und Stadtplanung in der DDR* (Schriftenreihe des Arbeitskreises Kunst in der DDR Bd. 3), Philipps-Universität Marburg, Marburg 2017, 177 S.; URL https://archiv. ub.uni-marburg.de/es/2017/0004/pdf/sak-3-1.pdf

Mit drei Beiträgen von architekturtheoriegeschichtlicher Relevanz: „Kostbare Vergangenheit – Geordnete Zukunft. Die Publikationsstrategie der Deutschen Bauakademie in den 1950-er Jahren" (Hans-Georg Lippert), „Selbständig denkende Architekten gesucht? Architekturtheoretische Forschung an der Bauakademie der DDR 1958–1969" (Kathrin Siebert) und „Von eiligen Projektanten und roten Vitruvianern. Bausteine zu einer Architekturtheorie in der DDR der 1960-er Jahre" (Oliver Sukrow).

Flierl, Bruno: *Architekturtheorie und Architekturkritik. Texte aus sechs Jahrhunderten* (Grundlagen Bd. 55), DOM publishers, Berlin 2017, 223 S. € 28,-. Im Buchhandel.

Bruno Flierl (geb.1927) war einer der renommiertesten Experten für Architektur und den Städtebau in der DDR, bis 1984 Hochschullehrer an der Humboldt-Universität zu Berlin und blieb nach 1989 ein gefragter Experte. Aus Anlass seines 90. Geburtstages 2017 werden in diesem Sammelband zwanzig seiner Texte aus den Jahren 1968 bis 2015 dokumentiert.

Flierl, Bruno: *Haus. Stadt. Mensch. Über Architektur und Gesellschaft. Gespräche mit Frank Schumann*, Verlag Das Neue Berlin, Berlin 2019, 288 S. € 19,99. Im Buchhandel.

Bruno Flierl war und ist einer der bedeutendsten ostdeutschen Theoretiker, Historiker und Kritiker des Städtebaus und der Architektur.

Weizman, Ines (Produktionsleitung): *Die Kolloquium Alben*, Weimar 2016.

2016 wurde im Hauptgebäude der Bauhaus-Universität Weimar die Ausstellung „Das Internationale Bauhaus-Kolloquium in Weimar 1976 bis 2016 – ein Beitrag zur Bauhaus-Rezeption. Prolog und Entwicklung" gezeigt. Der Ausstellungsteil „Entwicklung" eröffnete einen Rückblick auf die bisherigen Themen der Internationalen Bauhaus-Kolloquien von 1976 bis 2016. Anhand von Dokumenten, Fotografien und Gesprächen mit Organisatoren, Referenten und Gästen wurde die vierzigjährige Geschichte der renommierten Konferenz präsentiert. Dieser Ausstellungsteil wird als Webseite noch einmal vorgestellt unter https://www.bauhaus-kolloquium.de/archiv/. In diesem Rahmen wurden auch die „Kolloquium Alben", eine Serie von Fotoalben für jeweils jedes der bis zum Ausstellungszeitpunkt abgehaltenen Bauhaus-Kolloquien. Im hiesigen Kontext interessieren die folgenden Alben:

- Weizman, Ines (Produktionsleitung): *Die Kolloquium Alben. Wissenschaftliches Kolloquium 27.–29. Oktober 1976. Titel: 50 Jahre Bauhaus Dessau*, Weimar 2016, 43 S., unter https://www.bauhaus-kolloquium.de/archiv/content/2-1976/IBHK-1976-Fotoalbum.pdf

- Weizman, Ines (Produktionsleitung): *Die Kolloquium Alben. 2. Bauhaus-Kolloquium 27.–29. Juni 1979. Titel: 60 Jahre Gründung des Bauhauses*, Weimar 2016, 27 S., unter https://www.bauhaus-kolloquium.de/archiv/content/4-1979/IBHK-1979-Fotoalbum.pdf

- Weizman, Ines (Produktionsleitung): *Die Kolloquium Alben. 3. Internationales Bauhaus-Kolloquium 5.–7. Juli 1983. Titel: Das Bauhauserbe und die gegenwärtige Entwicklung der Architektur*, Weimar 2016, 43 S., unter https://www.bau haus-kolloquium.de/archiv/content/8-1983/IBHK-1983-Fotoalbum.pdf

- Weizman, Ines (Produktionsleitung): *Die Kolloquium Alben. 4. Internationales Bauhaus-Kolloquium 24.–26. Juni 1986. Titel: Der wissenschaftlich-technische Fortschritt und die sozialkulturellen Funktionen von Architektur und industrieller Formgestaltung in unserer Epoche*, Weimar 2016, 47 S., unter https://www.bau haus-kolloquium.de/archiv/content/9-1986/IBHK-1986-Fotoalbum.pdf

- Weizman, Ines (Produktionsleitung): *Die Kolloquium Alben. 5. Internationales Bauhaus-Kolloquium 27.–30. Juni 1989. Titel: Produktivkraftentwicklung und Umweltgestaltung*, Weimar 2016, 33 S., unter https://www.bauhaus-kolloquium.de/archiv/content/14-1989/IBHK-1989-Fotoalbum.pdf

Wildenhain, Günther (Interview): *Zeitzeuge Günther Wildenhain*, Universität Rostock, Rostock o.J. [2015], 18 Minuten; URL https://www.youtube.com/watch?v=W9oyR8eEzN8 (9.12.2019).

Wildenhain (*1937) studierte an der TU Dresden Mathematik und promovierte 1964. 1968 habilitierte er sich und arbeitete an der AdW in Berlin. 1971 wurde er an der Universität Rostock Dozent, 1973 ordentlicher Professor für Analysis und 1996 Dekan der Mathematisch-Naturwissenschaftlichen Fakultät. 1991–1993 Abteilungsleiter für Wissenschaft und Forschung im Kultusministerium von Mecklenburg-Vorpommern, war er dann 1998–2002 Rektor der Universität Rostock.

Maeß, Gerhard (Interview): *Zeitzeuge Gerhard Maeß*, Universität Rostock, Rostock o.J. [2015], 24 Minuten; URL https://www.youtube.com/watch?v=shsa HRrHBLY&list=PL-GoQ_4_tQTVaLasFUhWlx-VYMDiIHMCe&index=5 (9.12.2019).

Maeß (1937–2016) studierte Mathematik und Physik an der Friedrich-Schiller-Universität Jena. Ab 1960 war er wissenschaftlicher Mitarbeiter am Institut für Angewandte Mathematik und Mechanik der AdW. 1965 Promotion an der Humboldt-Universität, seit 1970 Hochschuldozent, 1976 an der Universität Rostock Dissertation B. Ab 1980 war er Professor für Numerische Mathematik und 1990–1998 Rektor der Universität Rostock.

Bomke, Heidrun: *Vergangenheit im Spiegel autobiographischen Schreibens. Untersuchungen zu autobiographischen Texten von Naturwissenschaftlern und Technikern der DDR in den 70er und 80er Jahren*, Deutscher Studien Verlag, Weinheim 1993, 208 S. Im antiquarischen Buchhandel.

Die gewählten Fallbeispiele sind die autobiografischen Schriften der Physiker Manfred von Ardenne und Max Steenbeck, des Gynäkologen Helmut Kraatz und des Schweißtechnikers

Werner Gilde. Zu Helmut Kraatz' Autobiografie enthält der Anhang einige Zeitdokumente und ein Interview, das die Autorin mit Kraatz 1987 geführt hatte. Zu Werner Gildes autobiografischen Schriften ist dort gleichfalls ein solches Interview von 1987 dokumentiert.

Wessel, Karl-Friedrich / Werner Krause (Hg.): *Zur Methodologie und Geschichte der Psychologie. Lothar Sprung zum Gedenken*, Logos-Verlag, Berlin 2018, 134 S. € 34,-. Im Buchhandel.

Sprung wirkte als Experimentalpsychologe, humanwissenschaftlicher Forschungsmethodiker und Psychologiehistoriker an der Humboldt-Universität. Er war aufgrund einer haltlosen Verdächtigung, Inoffizieller Mitarbeiter des MfS gewesen zu sein, fristlos entlassen worden. Nach seiner alsbald erfolgten Entlastung sah sich die Humboldt-Universität nicht veranlasst, die Entlassung rückgängig zu machen. Er blieb gleichwohl wissenschaftlichin Forschung und Lehre aktiv und konnte dabei auf die Unterstützung von Kollegen an den Universitäten Rostock, Potsdam, Leipzig, Frankfurt a.M., Jena und der FU Berlin sowie die internationale Fachcommunity bauen. Der Band enthält zum einen Beiträge eines Ehrenkolloquiums für Lothar Sprung (1934–2017) im Mai 2017: „Lothar Sprung. Ein Leben für die Wissenschaft" (Karl-Friedrich Wessel), „Lothar Sprung. Ein Leben für die Wissenschaft und ein wunderbarer Freund" (Werner Krause), „Meine Erinnerungen an Lothar Sprung" (Erdmute Sommerfeld), „Lothar Sprung – Freund, Weggenosse, Lehrer. Ein Blick von den gemeinsamen Anfängen her" (Hans-Georg Geißler), „Lothar Sprung als Psychologiehistoriker" (Georg Eckardt), „Methodik der Psychologie – auf der Fährte, auf den Spuren, in der Spur. Zur Erinnerung an Lothar Sprung" (Wilfried Gundlach), „Angewandte Psychologie – Spurensuche in Lehre und Diagnostik. Erinnerungen an meinen Lehrer Prof. Dr. Lothar Sprung" (Annette Erb). Zum anderen enthält der Band bisher nicht veröffentlichte Beiträge von Lothar und Helga Sprung sowie ein Publikationsverzeichnis von Lothar Sprung und – da er zu einem großen Teil gemeinsam mit seiner Frau Helga publizierte – von Helga Sprung.

Helm, Johannes: *Tanz auf der Ruine. Szenen aus einem vergessenen Land*, e-Book Edition digital, Pinnow 2013 [dissertation.de, Berlin 2007], 268 S. € 7,99. Bezug über https://edition-digital.de/Helm/Ruine/

Die Hauptfigur des Romans ist als Psychologieprofessor dechiffrierbar (im Buch vertritt er die „Paranologie", und zwar die angewandte, während der vorgesetzte Institutsdirktor sich der „unangewandten Paranologie", also der grundlagenwissenschaftlichen Psychologie widmet und entsprechend abschätzig auf die angewandten Paranologen schaut, die offenbar nur die Vollständigkeit halber einen Teil seines Instituts bilden). Die Hauptfigur leitet ein kleines Forschungskollektiv und nimmt den Wissenschaftsbetrieb im allgemeinen als Mafia-ähnlich organisiert, den DDR-Wissenschaftsbetrieb im besonderen als kleinlich und politisch verlogen wahr. Der Autor des Buches (*1927) war Professor für Klinische Psychologie an der Humboldt-Universität zu Berlin, hatte in der DDR entscheidend die Gesprächspsychotherapie entwickelt und etabliert, aber 1986 vorzeitig seine Professur aufgegeben. Fortan war er vor allem als Maler tätig. Seine Frau, die Schriftstellerin Helga Schubert, bezeugt im Vorwort, dass die Arbeit an dem Roman 1986 begonnen habe. Mehr als 20 Jahre später wurde er dann 2007 erstmals gedruckt. Dabei war er über die Zeiten hinweg insofern ein DDR-Roman geblieben, als sich der Autor eine zeitgenössische Verlagslektorin ausgedacht hat, die das Manuskript lesen muss und nach Abschluss jeden Kapitels verdrießliche Kommentare dazu abgibt. Dass diese Lektorin ausgedacht ist, folgt der Auskunft Helga Schuberts, doch hat der Autor auch diese Figur möglicherweise der Realität nachgestaltet, denn die seitens der Lektorin formulierten literarischen Einschätzungen des Manuskripts sind sehr plausibel. Hier wird auch offengelegt, dass der Leser trotz Vermeidung eines Erzähler-Ichs nicht allzuviel Fiktionalität vermuten muss: „Bitte, mein Verdacht erhärtet sich: Eine Autobiografie ist das." Zu einzelnen Themen gelingen dem Autor prägnante Miniaturen, etwa zur alljährlichen Verteilung von Leistungsprämien, von denen jeweils eine übergroße Mehrheit der Kollektivmitglieder profitiert (S. 41–50).

Neutsch, Erik: *Der Friede im Osten. Fünftes und letztes Buch: Plebejers Unzeit oder Spiel zu dritt*, Das Neue Berlin, Berlin 2014, 477 S. € 24,99. Im Buchhandel.

Der fünfte Band des 1974 gestarteten Romanzyklus „Der Friede im Osten" entstand als einziger nach dem Ende der DDR und blieb infolge des Ablebens des Autors 2013 Fragment, allerdings ein weit vorangeschrittenes. Im Zentrum des Romans, der zu Beginn der 1970er Jahres spielt (geplant war noch ein sechster Band, der bis 1990 hätte spielen sollen), steht der an einem Halleschen Akademieinstitut (auf dem heutigen Weinberg Campus) tätige Mikrobiologe und Schriftsteller Achim Steinhauer. Dieser muss in seiner mikrobiologischen Forschung eine Niederlage hinnehmen, als ihm ein westdeutsches Forschungsteam zuvorkommt. Gleichzeitig erfährt er als Schriftsteller Anerkennung, eine seiner Erzählungen wird verfilmt. Er ist beteiligt am Drehbuch und gerät dabei in kulturpolitische Auseinandersetzungen, die im Verbot des Films kulminieren. Steinhauer nimmt als Beobachter am VIII. Parteitag teil und erlebt Ulbrichts Absetzung (und den Parteitag selbst erlebt er als eine politische Veranstaltung eigenen Rechts statt nur als propagandistische Inszenierung zur Akklamation bereits feststehender Beschlüsse, was manchen zeithistorisch informierten Leser wohl irritieren dürfte). Chronologisch bleibt Neutsch nahe an zeithistorischen Ereignissen, nimmt sich aber die Freiheit, sie neu anzuordnen. So ist die Absetzung des erwähnten Films den Ereignissen um das Verbot des Films „Spur der Steine" (nach einem Roman von Neutsch) nachgestaltet – letzteres passierte 1966, das Film-Verbot im Roman ist ins Jahr 1971 verlegt. Die Auseinandersetzungen um die 1968 begonnene III. Hochschulreform (die auch eine Akademiereform war) erreichen im Roman erst 1971 das hallesche Akademie-Institut. Wie es das gesamte Werk von Erik Neutsch kennzeichnet, so ist auch dieser Roman durch eine Ambivalenz gekennzeichnet: einerseits eine Hommage an den DDR-Sozialismus als vermeintlich befreite Gesellschaft und andererseits ein intensives Abarbeiten an der im Zeitverlauf sich verfestigenden Engstirnigkeit seiner politischen Träger.

Dathe, Heinrich: *Lebenserinnerungen eines leidenschaftlichen Tiergärtners*, hrsg. von Almut Fuchs, Falk Dathe und Holger H. Dathe, Lehmanns Media, Berlin 2016, 335 S. € 14,95. Im Buchhandel.

Erweiterte Ausgabe des 2001 bei Koehler & Amelang erschienenen gleichnamigen Buches. Versammelt sind die „Lebenserinnerungen", einige Aufsätze über den „Alltag eines Zoodirektors" sowie eine Auswahl der beliebtesten „Erlebnisse mit Tieren" des Zoologen, Tierpsychologen, Gründers und langjährigen Direktors des Berliner Tierparks Heinrich Dathe. Dathe war neben und im Rahmen seiner Tätigkeit als Tierparkdirektor seit 1958 auch Leiter der „Zoologischen Forschungsstelle im Berliner Tierpark" der AdW, von 1973 bis 1990 der „Forschungsstelle für Wirbeltierforschung", gab die Fachzeitschriften „Der Zoologische Garten (Neue Folge)", „Beiträge zur Vogelkunde" und „Nyctalus" (Zeitschrift für Fledermauskunde) heraus, nahm seit 1951 an der Universität Leipzig und ab 1964 an der Humboldt-Universität Lehraufträge wahr und wurde 1974 zum Mitglied der Deutschen Akademie der Naturforscher Leopoldina gewählt. Während ihm 1990 die Österreichische Akademie der Wissenschaften die Konrad-Lorenz-Medaille verlieh, entzog der Berliner Senat im gleichen Jahr dem 80jährigen Dathe das Wohnrecht in seiner Dienstwohnung im Tierpark – Auszug innerhalb von vier Wochen. Daraufhin verstarb Dathe im Januar 1991 unerwartet.

Kaasch, Michael / Joachim Kaasch / Torsten Himmel (Hg.): *Biologie in der DDR. Beiträge zur 24. Jahrestagung der DGGTB in Greifswald 2015* (Verhandlungen zur Geschichte und Theorie der Biologie Bd. 20), Verlag für Wissenschaft und Bildung, Berlin 2017, 368 S. € 36,-. Im Buchhandel.

Die Biowissenschaftler in der DDR bemühten sich, unter schwierigen wirtschaftlichen Umständen sowie Einschränkungen von Reisefreiheit und internationalen Kontakten den Anschluss an die internationale Scientific Community aufrechtzuerhalten und ihre Teilnahme am globalen Forschungsgeschehen zu sichern. Dabei spielten – wie dieser Band an Beispielen belegt – nicht nur Prägungen durch Schulen und Denkstile sowie wissenschaftliche Erfolge auf Forschungsfeldern, die im internationalen Maßstab eher als Nischen in der Entwicklung der Lebenswissenschaften anzusehen sind, eine wichtige Rolle, sondern auch politische Einstellungen und ein von Anpassung und Widerstand gekennzeichnetes Verhalten für die Karrieren der Protagonisten. Die Beiträge im einzelnen sind: „'Wieviel Zufall doch in der Geschichte steckt!' Zum Profil der Biologie an den Universitäten der DDR" (Ekkehard Höxtermann), „Zwischen Diktatur und Eigenverantwortung. Die Greifswalder Biologie von 1945 bis 1990" (Lothar Kämpfe), „Der Gustav Fischer Verlag Jena in der DDR" (Johanna Schlüter), „Zwischen den Fronten: Meeresbiologische Forschungen von DDR-Biologen an der Zoologischen Station Neapel" (Klaus Wenig), Sichten auf eine Geschichte der Biowissenschaften in der DDR (Michael Kaasch/Joachim Kaasch), „Die Entwicklung der Genetik in der DDR (im Vergleich mit der Alt-BRD und West-Berlin)" (Rudolf Hagemann), „Verschleiertes Glück. Erinnerungen an Heinrich Dathe zum 25. Todestag" (Ekkehard Höxtermann), „Zwei Diakästen aus dem Nachlass von Professor Robert Bauch (1897–1957). Ein Rückblick auf die Naturschutzgeschichte Ostdeutschlands" (Lebrecht Jeschke), „Werner Rothmaler (1908–1962)" (Henry Witt), „Wissenschaft und Gesellschaft in der DDR und BRD. Ein Vergleich mit Beispielen aus der Biologie und Medizin" (Hansotto Reiber), „Evolution und Schule in der SBZ/DDR" (Karl Porges).

Paulinenauer Arbeitskreis Grünland und Futterwirtschaft (Hg.): *Symposium 60 Jahre Wissenschaftsstandort Paulinenaue am 27. Juni 2009 in Paulinenaue*, Paulinenaue o.J. [2009], 527 S. Bezug bei: Paulinenauer Arbeitskreis Grünland und Futterwirtschaft e.V., Gutshof 7, 14641 Paulinenaue.

Mit Beiträgen zur Forschungstätigkeit des Instituts – gegründet als Institut zur Steigerung der Pflanzenerträge – im Zeitraum von 1949 bis 1957 und daran anknüpfende Arbeiten (H. Kaltofen, H. Arnold, H. J. Bahro, A. Scholz, W. Schmidt), Die Entwicklung der Futterbauforschung im Institut (G. Watzke, H. Käding, R. Schuppenies), Die Paulinenauer Grundwasserlysimeteranlage – Entstehung, Funktion und Nutzung (A. Behrendt, G. Mundel, G. Schalitz, D. Hölzel), Grundwasserregulierung auf Sand und Moor (A. Scholz), zur Verfahrensentwicklung und Überleitung, Forschung zur Weidenutzung (W. Leipnitz, H. Walkowiak), zum Einsatz von Frischfutter und zur Winterfütterung von Konservaten des Grünlandes (G. Weiland), Arbeiten zur Ertragsbiologie, zur Züchtungsforschung, zur Futtergräserzüchtung und zur Erprobung der Neuzüchtungen (H. Kaltofen), Anwendungsorientierten Forschung zur Futterqualität (K.-D. Robokowsky, G. Weise), zu Arbeitsgängen und Verfahren der Futterernte und -konservierung (M. Ferchner, A. Schrader, M. Mietz, S. Prüfer, G. Weise), zur Wissenschaftsorganisation (G. Rücker, G. Neubert, J. Robokowsky), Rechenstation (H. Arnold), Bibliothek und Bildstelle (A. Kellner, J. Pätzig), Arbeitsgruppe Technik (G. Schaller), zum Lehr- und Versuchsgut (H. Thöns), zur Arbeit in den Außenstellen – Forschungsstation Erzgebirge – Forschungsstation Thüringen – Forschungsstützpunkt Ferdinandshof und Außenstelle Rustow (J. Fritz, H. Reuß, K. Stitz, W. Hübner, W. Schwandt, H. Jänicke), Anwendung von Forschungsergebnissen in der Mongolischen Volksrepublik (G. Weiland, K. Gräfe) und zum XIII. Internationalen Graslandkongress (G. Watzke).

Franke, Gunther / Horst Mutscher / Albrecht Pfeiffer: *Das Institut für tropische Landwirtschaft der Karl-Marx-Universität Leipzig 1960 bis 1992. Zeitzeugen berichten*, Engelsdorfer Verlag, Leipzig 2009, 175 S. € 14,90. Im antiquarischen Buchhandel.

Das Institut für tropische Landwirtschaft, dessen Geschichte und Arbeitsergebnisse hier aufbereitet werden, wurde 1960 gegründet, 1992 geschlossen und bis 1996 abgewickelt.

Methling, Wolfgang (Interview): *Zeitzeuge Wolfgang Methling*, Universität Rostock, Rostock o.J. [2015], 21 Minuten; URL https://www.youtube.com/watch?v=zs2VlCag7qE&list=PL-GoQ_4_tQTVaLasFUhWlx-VYMDiIHMCe&index=3 (9.12.2019).

Methling (*1947) studierte bis 1971 Tiermedizin an der Universität Leipzig, 1978 daselbst Promotion zum Dr. med. vet. und 1984 Dissertation B. Ab 1985 war er Dozent für Tierhygiene an der Universität Rostock, und wurde dort 1992 zum Professor für Tiergesundheitslehre berufen. 1998 bis 2006 war er Umweltminister Mecklenburg-Vorpommerns.

Tack, Fritz (Interview): *Zeitzeuge Fritz Tack*, Universität Rostock, Rostock o.J. [2015], 19 Minuten; URL https://www.youtube.com/watch?v=pQrHUljJal4&list=PL-GoQ_4_tQTVaLasFUhWlx-VYMDiIHMCe&index=4 (9.12.2019).

Tack (*1942) studierte 1961–1967 Landwirtschaftswissenschaften an der Universität Rostock, 1971 Promotion zum Dr. agr. und 1981 Dissertation B. Anschließend wissenschaftlicher Assistent an der Sektion Landtechnik der Universität Rostock und 1974–1981 wissenschaftlicher Mitarbeiter an der FZT Dummerstorf. Seit 1980 war er Dozent an der Universität Rostock und ab 1989 ordentlicher Professor. Von 1996 bis 2000 Dekan der Agrar- und Umweltwissenschaftlichen Fakultät der Universität Rostock, gehörte er 2006 bis 2011 dem Landtag von Mecklenburg-Vorpommern an.

Derado, Thea: *Chemie und Irrsinn. Studienjahre in Leipzig 1954–1958. Ein Plädoyer für freie Meinungsbildung*, Engelsdorfer Verlag, Leipzig 2009, 267 S. 14,70. Im Buchhandel.

Der autobiografisch inspirierte Roman beschreibt das Leben einer Chemiestudentin, die nach ihrem Studium an der Universität Leipzig Ende der 1950er Jahre die DDR verlässt.

Pieplow, Sylvia: *60 Jahre Leibniz-Institut für Pflanzenbiochemie*, Leibniz-Institut für Pflanzenbiochemie, Halle (Saale) 2018, 156 S. € 10,-. Bezug bei: Leibniz-Institut für Pflanzenbiochemie, Presse- und Öffentlichkeitsarbeit, Weinberg 3, 06120 Halle.

1958 war das Institut für Biochemie der Pflanzen der Deutschen Akademie der Wissenschaften zu Berlin gegründet worden. Unter der Leitung von Benno Parthier wurde es unter dem Namen „Institut für Pflanzenbiochemie" in die Bund-Länder-Förderung der Blauen Liste aufgenommen. Neben der Dokumentation der Institutsgeschichte in der DDR interessiert hier vor allem das Kapitel zur Eingliederung des Instituts in die bundesrepublikanische Forschungslandschaft.

König, Stephan / Alfred Schellenberger: *Thiamindiphosphat-Biochemie. Über fünf Jahrzehnte Forschung zu Struktur und Funktion von Thiamindiphosphat-Enzymen an der Martin-Luther-Universität Halle-Wittenberg. Von kinetischen Effekten der chemischen Modifizierung des Kofaktors bs zur spezifischen Rolle einzelner Aminosäurereste während der allosterischen Aktivierung*, Shaker Verlag, Aachen 2018, 64 S. € 24,80. Im Buchhandel.

Vorgestellt werden die wesentlichen Resultate der fast 90jährigen Forschungsstätigkeit an der Universität Halle-Wittenberg zur Aufklärung der Beziehungen zwischen der katalytischen Funktion von Thiamindiphosphat-Enzymen und deren dreidimensionaler Struktur.

Andrä, Armin / Heinrich von Schwanewede: *Vom Barbieramt zur modernen Klinik. Ein Beitrag zur Geschichte der Zahnheilkunde an der Universität Rostock Bd. II*, Ingo Koch Verlag, Rostock 2011, 426 S. € 59,-. Im Buchhandel.

Rekonstruktion der Geschichte der Zahnheilkunde an der Universität Rostock seit den 1950er Jahren (die Zeit davor behandelte Band I). Diese ist entlang der Amtszeiten der Klinikdirektoren gegliedert: Matthäus Reinmöller (1933–1955), Oskar Herfert (1955–1960), Eberhart Reumuth (1960–1970), Eva-Maria Sobkowiak (1970–1983), Armin Andrä (1983–1991) und Heinrich von Schwanewede (1991–2008).

Peter, Uwe S.: *Zahn-, Mund- und Kieferheilkunde in fünf politischen Systemen. 100 Jahre Kieferchirurgie in Rostock.* Dissertation, Medizinische Fakultät, Universität Rostock, Rostock 2007, 250 S. Volltext unter http://rosdok.uni-rostoc k.de/file/rosdok_derivate_000000003480/Dissertation_Peter_2008.pdf

Die Rekonstruktion von 100 Jahren Kieferchirurgie an der Rostocker Universität erfolgt vor allem personenbezogen, d.h. sie fokussiert auf das Wirken der prägenden Klinikdirektoren und wichtiger Mitarbeiter. Im hiesigen Kontext interessieren vor allem Max Reinmöller (1933–1955), Oskar Herfert (1955–1960), Albrecht Schönberger (1960–1963) und Armin Andrä (1963–1991). Einbezogen wird zudem die Geschichte der Baulichkeiten. Charakterisiert wird auch das politische Umfeld, soweit es Einfluss auf den Betrieb der Klinik hatte.

Wigger, Marianne (Interview): *Zeitzeugin Marianne Wigger*, Universität Rostock, Rostock o.J. [2015], 40 Minuten; URL https://www.youtube.com/watch ?v=3D6UCsNdxEM (9.12.2019).

Marianne Wigger (*1946) studierte bis 1971 Medizin an der Universität Rostock und war anschließend Ärztin an der Universitäts-Kinder- und Jugendklinik Rostock. 2002 wurde sie zur apl. Professorin berufen.

Enderlein, Dietmar: *Kraft für zwei Leben. Autobiografie,* in Zusammenarbeit mit Karsten Hintzmann, Das Neue Berlin, Berlin 2018, 142 S. € 14,99. Im Buchhandel.

Dietmar Enderlein war nach seinem Medizinstudium an der Leningrader Militarakademie u.a. langjähriger Dozent an und ab 1988 Kommandeur der Militärmedizinischen Sektion der Universität Greifswald. Seit 1990 baute er ein florierendes Klinikunternehmen auf.

Jahn, Josephine: *Translation und Überführung. Wann wird aus einer wissenschaftlichen Erkenntnis ein anwendbares Produkt?* Dissertation, Fachbereich Gesellschaftswissenschaften der Johann-Wolfgang-Goethe-Universität, Frankfurt a.M. 2018, 249 S. Volltext unter http://publikationen.ub.uni-frankfurt.de/files/484 74/Dissertation_Jahn_2018.pdf

Zur Identifikation von fördernden und hemmenden Einflussfaktoren auf die Entstehung und Durchführung von translationaler Forschung wurden sechs translationale Projekte, die zwischen 1959 und 1989 in Berlin-Buch durchgeführt worden, untersucht. Vorgeschaltet sind Kapitel zu „Politik und Wissenschaft in der DDR" sowie zu Entwicklung der biomedizinischen Institute in Berlin-Buch 1947 bis 1989.

Feja, Christine: *„Hier hilft der Tod dem Leben". Das Leipziger Institut für Anatomie und das Leichenwesen 1933–1989* (Objekte. Aus der medizinhistorischen Sammlung des Karl-Sudhoff-Instituts für Geschichte der Medizin und der Naturwissenschaften Bd. 5), Shaker Verlag, Aachen 2014, 153 S. € 30,80. Im Buchhandel.

Einführend wird mit Schwerpunkt auf dem 20. Jahrhundert die Geschichte des Leipziger Instituts für Anatomie kurz dargestellt. Dabei werden sowohl die Lehrstuhlinhaber als auch die habilitierten Mitarbeiter mit Kurzbiografien und ihren Arbeitsgebieten vorgestellt, ebenso wird die Baugeschichte berücksichtigt. Im Zentrum der Untersuchung steht jedoch das Leipziger Leichenwesen von seinen sporadischen Anfängen bis zum Ende der DDR. Dabei steht die Frage im Zentrum, ob Leipziger Anatomen während der NS-Zeit Opfer von Hinrichtungen bzw. Morden an verfolgten Minderheiten benutzten oder besondere Hinrichtungsmethoden einforderten, um spezielle Fragestellungen zu bearbeiten oder ihre Sammlung zu erweitern. Die Frage stellt sich nochmals ähnlich für die DDR-Zeit: Obwohl die Todesstrafe bis 1987 gesetzlich zulässig war und bis 1981 auch vollstreckt wurde, wurden die Leichen Hingerichteter in der DDR sofort eingeäschert, allerdings getarnt. Daher musste recherchiert werden, welche und wie viele der als „Anatomie-Leiche" deklarierten Eingänge am Leipziger Südfriedhof tatsächlich aus der Anatomie stammten bzw. Hingerichtete waren. Die Bestände der verschiedenen Teile der Anatomischen Sammlung wurden systematisch gesichtet mit dem Ziel, Präparate dubioser Provenienz zu identifizieren und ggf. aus Pietätsgründen einer Nachbestattung zuzuführen, was in einigen Fällen inzwischen auch geschehen ist.

Schwartze, Peter: *Geschichte des Instituts für Pathologische Physiologie an der Universität Leipzig. Die Entwicklung einer Wissenschaftskonzeption und ihre Verwirklichung 1956 bis 1992*, Frank & Timme, Berlin 2015, 299 S. € 36,-. Im Buchhandel.

1984 wurde das Institut für Pathologische Physiologie aus dem Institut für Physiologie heraus gegründet. Direktorin des ersteren war Hannelore Schwartze (1933–2013), die auch im Mittelpunkt der Darstellung steht; Direktor des letzteren war der Autor des Buches, ihr Ehegatte. Dargestellt werden die Konzeptionsentwicklung und Institutionalisierung der Disziplin Pathophysiologie sowie die Forschung und Lehre des Instituts, das 1992 geschlossen wurde.

Schwartze, Peter: *Unsere Zeit in Gedanken gefasst. Philosophisch-politisch-historische Varia 1949 bis 1989*, Frank & Timme, Berlin 2019, 279 S. € 48,-. Im Buchhandel.

Schwartze (*1931) war ab 1978 Professor für Physiologie und leitete 1980–1991 das Carl-Ludwig-Institut für Physiologie der Leipziger Universität. 1980–1991 war er für den Kulturbund Volkskammerabgeordneter. Der Band fasst verschiedenste Textsorten zusammen, von Manuskripten für Diskussionsbeiträge, die in der politischen Arbeit im Studium gehalten wurden, über Vorlesungsmitschriften, Literaturexzerpte gesellschaftswissenschaftlicher Texte und Vorlesungskonzepte bis hin zu Zeitungsartikeln und Vorträgen zu politischen und hochschulpädagogischen Themen. Durch den abgedeckten Zeitraum und den Verzicht auf nachträgliche Bearbeitungen lässt sich ein sehr authentischer Einblick in die Gedankenwelt eines politisch engagierten Medizinstudenten und dann Hochschullehrers in der DDR gewinnen.

Leupold, Jörg: *Transfusionsmedizin an der Universität Leipzig. Ein Beitrag zur Entwicklung des Blutspendewesens in Deutschland*, Sax-Verlag, Beucha 1999, 96 S. 6 €. Im Buchhandel.

Grundlage der Arbeit sind die Auswertung von internen Dokumenten aus den Jahren 1951-1988, die sich im Eigentum des Institutes für Klinische Immunologie und Transfusionsmedizin der Universität Leipzig befinden, von Verwaltungsakten sowie Personalakten, die Sichtung themenbezogener Literatur sowie Interviews mit Zeitzeugen. Die Untersuchung stellt die chronologische Entwicklung des Blutspende- und Transfusionswesens der Universität Leipzig bis zur Gegenwart dar.

Menzel, Eberhard / Horst Moritz Gerhard Herz / Kai-Uwe Schellenberg (Red.): *Medizinische Akademie Erfurt. Beiträge zur Geschichte* (Stadt und Geschichte Sonderheft Nr. 12), Stadt und Geschichte e.V., Erfurt 2012, 44 S. € 3,-. Bezug bei: Stadt und Geschichte e.V., Bautzener Weg 6, 99085 Erfurt.
Die Medizinische Akademie Erfurt bestand von 1954 bis 1993.

Schmitt, Sandra: *Das Ringen um das Selbst. Schizophrenie in Wissenschaft, Gesellschaft und Kultur nach 1945* (Quellen und Darstellungen zur Zeitgeschichte Bd. 118), de Gruyter Oldenbourg, Berlin/Boston 2018, 477 S. € 64,95. Im Buchhandel.
Im hiesigen Kontext interessiert vor allem das 50seitige Kapitel dazu, wie Schizophrenie in der DDR-Psychiatrie 1950–1980 verhandelt wurde.

Fritzsch, Harald: *Escape from Leipzig*, World Scientific Publishing, Singapur 2008, 125 S. £ 17,-. Im internationalen Buchhandel.
Englische Übersetzung der Erinnerungen Harald Fritzschs an seine Zeit als Physik-Student an der Karl-Marx-Universität, die unter dem Titel „Flucht aus Leipzig" 1990 erstmalig publiziert wurden und 2004 in einer erweiterten Fassung erschienen. Im Zentrum stehen die Proteste im Zusammenhang mit der Leipziger Universitätskirchensprengung 1968 und Fritzsch' anschließende Flucht aus der DDR.

Ulbricht, Heinz (Interview): *Zeitzeuge Heinz Ulbricht*, Universität Rostock, Rostock o.J. [2015], 21 Minuten; URL https://www.youtube.com/watch?v=huccOM xVdCU0&list=PL-GoQ_4_tQTVaLasFUhWlx-VYMDiIHMCe&index=6 (9.12.2019).
Ulbricht (*1931) war von 1972 bis 1992 Professor für Theoretische Physik an der Universität Rostock.

Wild, Walter (Interview): *Zeitzeuge Walter Wild*, Universität Rostock, Rostock o.J. [2015], 18 Minuten; URL https://www.youtube.com/watch?v=Kfi9nOqXcRE (9.12.2019).
Walter Wild (*1940) war ab 1980 Dozent für Meßtechnik im Bereich Physik der Universität Rostock und seit 1992 Professor.

Börngen, Michael / Peter Hupfer / Dietrich Sonntag / Ludwig A. Weickmann: *Das Geophysikalische Institut der Universität Leipzig. Aus Anlass der 100. Wiederkehr des Gründungsjahres* (Geschichte der Meteorologie in Deutschland Bd. 9), Deutscher Wetterdienst, Offenbach am Main 2015, 147 S. € 29,-. Bezug bei: Deutscher Wetterdienst, Deutsche Meteorologische Bibliothek, Frankfurter Str. 135, 63067 Offenbach a.M.
1913 wurde in Leipzig das Geophysikalische Institut gegründet, das die Geschichte der Meteorologie in Deutschland wesentlich mitbestimmte. Im Rahmen der Dritten Hochschulreform wurde der Studiengang nach Ost-Berlin verlegt und 1971 das Institut aufgelöst. Da allerdings der größte Teil des Personals und die wissenschaftliche Ausstattung (Observatorien, Werkstätten etc.) in Leipzig verblieben, konnte sich die meteorologische Lehre und Forschung im Rahmen des Fachbereichs Geophysik erfolgreich weiterentwickeln. Neben der Rekonstruktion der Institutsgeschichte umfasst die Publikation Verzeichnisse der Habilitationsschriften und Dissertation, der Publikationen aus dem Geophysikalischen Institut und der Absolvent.innen in den Fächern Meteorologie und Geophysik nach 1945.

Deutscher Wetterdienst (Hg.): *100 Jahre Atmosphärensondierung am Meteorologischen Observatorium Lindenberg 1905–2005* (=promet. meteorologische fortbildung H. 2–4/2005), Offenbach a.m., 216 S. Volltext unter https://www. dwd.de/DE/leistungen/pbfb_verlag_promet/pdf_promethefte/31_2_4_pdf.pdf?_blob=publicationFile&v=3

Präsentiert werden vor allem die wissenschaftlichen Beiträge des Observatoriums. Im hiesigen Kontext interessiert die Artikel „Die Historie des Meteorologischen Observatoriums Lindenberg 1905–2005" (J. Neissner/H[ans] Steinhagen), zur Untersuchung von Strahlungsflüssen (M. Weller), Aerologie und Wetterbeobachtung (U. Leiterer), bodengebundenen Fernerkundung (D. Engelbart), Untersuchung von Landoberflächen- und Grenzschichtprozessen (F. Beyrich/T. Foken) sowie zu langen Messreihen zur Wetter- und Klimaforschung (W. K. Adam/H. Dier).

Paufler, Peter: *Gustav Ernst Robert Schulze: Metallphysiker, Kristallchemiker, Hochschullehrer. Leben und Werk 1911–1974* (Abhandlung der Sächsischen Akademie der Wissenschaften zu Leipzig, Mathematisch-naturwissenschaftliche Klasse Bd. 65 H. 6), S. Hirzel Verlag, Stuttgart/Leipzig 2013, 66 S. € 33,-. Im Buchhandel.

Gustav Ernst Robert Schulze wurde 1946 in ein sowjetisches Internierungslager gebracht, wo er als Leiter der thermodynamischen Abteilung an der Entwicklung von Flugzeugtriebwerken mitwirkte. Nach der Entlassung wurde er 1954 auf eine Professur an der TH Dresden berufen und zum Direktor des Instituts für Röntgenkunde ernannt. Als Dekan der Fakultät Mathematik und Naturwissenschaften (1958–1961 und 1967/68) und als Vorstand der Abteilung Mathematik/Physik (1962–1968) beteiligte er sich an der akademischen Selbstverwaltung der TH/TU Dresden bis zur III. Hochschulreform 1968/69.

Mauersberger, Klaus: *Von der Photographie zur Photophysik. 100 Jahre Wissenschaftlich-Photographisches Institut 1908–2008. Illustrierter historischer Abriss zur Geschichte des WPI/IAAP mit Auswahlbiografie*, Institut für Angewandte Photophysik (IAPP) der TU Dresden, Dresden 2008, 236 S. Bezug bei: Technische Universität Dresden, Kustodie, 01062 Dresden.

Das 1908 gegründete Wissenschaftlich Photographische Institut Dresden wurde 1969 in den Wissenschaftsbereich Photophysik und 1992 in das Institut für Angewandte Photophysik umgewandelt. Die hier vorgelegte Rekonstruktion seiner Geschichte umfasst neben Kurzbiografien einiger Mitarbeiter auch eine Auswahlbibliografie zur Institutsgeschichte.

Helmholtz-Zentrum Dresden-Rossendorf (Hg.): *1992–2012: 20 Jahre Forschung in Rossendorf*, Dresden 2012, 8 S.; online unter https://www.hzdr.de/db/Cms?pO id=38661

1992 war – auf der Basis des Kernforschungszentrums Rossendorf – das Forschungszentrum Rossendorf gegründet worden; seit 2010 ist es das Helmholtz-Zentrum Dresden-Rossendorf. Die Chronik zeichnet die Entwicklung des Zentrums hin zum heutigen Forschungsprofil auf den Gebieten Gesundheit, Energie und Materie incl. der großen Nutzer- und Forschungsanlagen nach.

Mütze, Klaus: *Die Macht der Optik. Industriegeschichte Jenas. Bd. II (1846–1996). Vom Rüstungskonzern zum Industriekombinat (1946–1996)*, quartus-Verlag, Bucha bei Jena 2009, 909 S. € 29,90. Im Buchhandel.

Neben der Forschung bei Carl Zeiss Jena und im Jenaer Glaswerk Schott interessiert hier vor allem die Kooperation mit der Friedrich-Schiller-Universität.

Seeliger, Dieter: *Kernphysik an der Technischen Universität Dresden von 1955 bis 1990*, TUDpress, Dresden 2012, 180 S. 16,80. Im Buchhandel.

Mit Gründung der Fakultät für Kerntechnik an der TH Dresden 1955 begann die kerntechnische Lehre und Forschung an DDR-Hochschulen. Das Buch rekonstruiert die Entwicklung des Wissenschaftsgebietes Kernphysik in Dresden. Im Anhang findet sich zudem eine Namensliste aller Absolventen sowie ein Publikationsverzeichnis.

Universitätsrechenzentrum Leipzig (Hg.): *50 Jahre Rechenzentrum der Universität Leipzig* (Leipziger Beiträge zur Informatik Bd. LII), Universitätszechenzentrum der Universität Leipzig, Leipzig 2018, 541 S. Bestellung über urz@uni-leipzig.de

Der Band behandelt gleichermaßen die fachlichen und organisatorischen Entwicklungen wie die politischen Rahmenbedingungen und das ausgreifende Kollektivleben mit Betriebsausflügen, Weihnachtsfeiern, Skatturnieren usw. Hauptautoren sind Thomas Braatz, Günter Tomaselli, Hans Rohleder und Tabea Lawatsch.

Wagenbreth, Otfried / Norman Pohl / Herbert Kaden / Roland Volkmer: *Die Technische Universität Bergakademie Freiberg und ihre Geschichte dargestellt in Tabellen und Bildern 1765–2008*, TU Bergakademie Freiberg, Freiberg 2012, 345 S.

Der Band besteht überwiegend aus Zeittafeln und Tabellen. Diese decken sämtliche Aspekte der Universitätsgeschichte ab.

Schleiff, Hartmut / Roland Volkmer / Herbert E. Kaden: *Catalogus Professorum Fribergensis. Professoren und Lehrer der TU Bergakademie Freiberg 1765 bis 2015*, TU Bergakademie Freiberg, Freiberg 2015, 579 S. € 39,90. Bezug bei: Akademische Buchhandlung, Merbachstraße, 09599 Freiberg.

Auf rund 170 Seiten finden sich die Professor.innen von 1945 bis 1990 vorgestellt, auf 215 Seiten die der Jahre ab 1990.

Lychatz, Bernd / Ralf-Peter Bösler (Hg.): *Die Freiberger Eisenhüttenkunde. Ein historischer Abriss mit biographischen Skizzen*, Eisen- und Stahltechnologie, Freiberg 2014, 287 S. € 39,90. Bezug bei: Akademische Buchhandlung, Merbachstraße, 09599 Freiberg.

Umrissen wird die Entstehung und Entwicklung der eisenhüttlichen Lehre an der Bergakademie Freiberg. Dies wird ergänzt durch Lebensbeschreibungen der Direktoren des Eisenhütteninstituts bis 1967. Im hiesigen Kontext interessieren vor allem die Biografien von Eduard Mauerer (Konrad Skuin), Ernst Diepschlag (Bernd Lychatz/Volkmar Held), Wolfgang Küntscher (Heinz-Joachim Spies/Walter Krüger) und Karl-Friedrich Lüdemann (Hans-Werner Frenzke/Heinz-Joachim Spies).

Mischo, Helmut (Hg.): *Entdecker unter Tage 1919–2019. 100 Jahre Forschungs- und Lehrbergwerk, Technische Universität Bergakademie Freiberg*, Mitteldeutscher Verlag, Halle (Saale) 2019, 192 S. € 20,-. Im Buchhandel.

Seit 1919 wird an der Bergakademie Freiberg im hochschuleigenen Bergwerk gelehrt und geforscht, dessen Geschichte hier rekonstruiert wird.

Prüger, Ulrich: *Vom Silber zum Silizium. 50 Jahre Elektronikwerkstoffe aus Freiberg*, Kommunikation Schnell, Dresden 2007, 47 S. + CD. Bezug bei: Stadtverwaltung Freiberg, Pressestelle, PF 1361, 09599 Freiberg.

Aus Anlass des fünfzigsten Jubiläums der Gründung des VEB Spurenelemente 1957, der aus dem Forschungsinstitut für Nichteisenmetalle entstand, wird eine Geschichte der Elektronikwerkstoffe aus Freiberg vorgelegt. Diese ist nicht zuletzt mit der Geschichte der Bergakademie Freiberg verbunden.

Nagel, Dietrich W.: *Atomingenieur in Deutschland. Autobiographie*, Frieling & Partner, Berlin 2004, 142 S. Im antiquarischen Buchhandel.

Der Autor war ab 1961 an der Entwicklung der Kernkraftwerkstechnik in der DDR beteiligt und arbeitete von 1967 bis 1990 an der Außenstelle Berlin des Instituts für Kraftwerke Vetschau.

Schwarz, Jürgen: *Direktoren und Rektoren der Hochschule Anhalt und ihrer Vorgängereinrichtungen*, Hochschule Anhalt, Köthen 2015, 63 S. Bezug bei: Hochschule Anhalt, Ref. Öffentlichkeitsarbeit, Bernburger Straße 55, 06366 Köthen

Die Vorgängereinrichtungen beginnen bei der 1891 gegründeten Akademie für Handel, Landwirtschaft und Industrie, ab 1893 Höheres Technisches Institut. Nach zahlreichen Namenswechseln und Parallelinstituten – bis zum heutigen wurden 21 verschiedene Namen gezählt – öffnete 1948 die Staatliche Ingenieurschule Köthen und 1952 die Fachschule für Chemie Köthen, beide in Personalunion geführt und 1959 zur Ingenieurschule für Chemie vereint. 1979 erfolgte die Erhebung zur Ingenieurhochschule Köthen. Die Hochschule Anhalt hat heute auch einen Standort in Bernburg, der auf eine agrarwissenschaftliche Hochschule zurückgeht (Tradition bis 1880), aber aus nicht offengelegten Gründen hier nicht berücksichtigt ist.

Mick, Christoph: *Forschen für Stalin. Deutsche Fachleute in der sowjetischen Rüstungsindustrie 1945–1958* (Abhandlungen und Berichte/Deutsches Museum, Neue Folge Bd. 14), R. Oldenbourg Verlag, München/Wien 2000, 344 S. Im antiquarischen Buchhandel.

Nach dem Ende des Zweiten Weltkriegs begann ein Transfer von Know-how aus dem besiegten Deutschland in die Staaten der alliierten Siegermächte, wobei eine der wichtigsten Methoden dieses Transfers die Befragung und die Nutzung der Arbeitskraft deutscher Wissenschaftler und Ingenieure war. Die Studie untersucht die Tätigkeit der etwa 3.000 Fachleute, die zwischen 1945 und 1947 in die Sowjetunion verbracht wurden. Im Mittelpunkt stehen Fragen nach der Stellung deutscher Forschungsteams in der sowjetischen Rüstungsindustrie und Gesellschaft, nach ihrem Selbstverständnis, ihrer Arbeitsmoral, nach dem Zeitpunkt ihrer Rückkehr und der Gestaltung ihrer Eingliederung in die DDR. Die Untersuchung stützt sich erstmalig nicht nur auf deutsche, britische und amerikanische Dokumente, sondern wertet systematisch auch Archivmaterialien sowjetischer Behörden und Organisationen aus.

Trieder, Simone: *Unsere russischen Jahre. Die verschleppten Spezialistenfamilien*, Mitteldeutscher Verlag, Halle (Saale) 2018, 254 S. € 16,-. Im Buchhandel.

Auf Basis des Tagebuchs ihrer Mutter und von Gesprächen mit Zeitzeugen rekonstruiert die Autorin die Erfahrung von deutschen Ingenieuren und Technikern aus der Flugzeug- und Maschinenindustrie, die 1946 im Rahmen des Know-how-Transfers zur Wiedergutmachung in die Sowjetunion verbracht wurden.

Arbeitsgemeinschaft Deutscher Technologie- und Gründerzentren (Hg.): *Deutsch-Deutscher Arbeitskreis Innovationszentren. Dokumentation zur ersten Sitzung des Arbeitskreises am 30. Januar 1990, Bd. 2* (ADT Focus Bd. 2), hrsg. in Zusammenarbeit mit dem ADT e.v., Arbeitsgemeinschaft Deutscher Technologie- und Gründerzentren, Berlin (West) und dem ZHB, Zentralinstitut für Hochschulbildung, Berlin (Ost), Weidler Buchverlag, Berlin 1990, 54 S. Im antiquarischen Buchhandel.

Aus der Abteilung Hochschulforschung [Forschung an Hochschulen] des Ost-Berliner Zentralinstituts für Hochschulbildung (ZHB) heraus gab es 1990 Versuche, die eigenen Erfahrungen mit Technologiezentren an und im Umfeld von Hochschulen zusammenzuführen mit westdeutschen Erfahrungen zu Technologie- und Gründerzentren.

Baumann, Christiane: *„In Rostocker Verbundenheit!" Der Verband Ehemaliger Rostocker Studenten (VERS) und seine Geschichte,* Verband Ehemaliger Rostocker Studenten, Rostock 2019, 209 S. € 10,-. Bezug über moe.vers@t-online.de

Der Verband Ehemaliger Rostocker Studenten (VERS) wurde 1957 in Tübingen von ehemaligen Studenten der Universität Rostock gegründet. Sie hatten die Sowjetische Besatzungszone bzw. die DDR aus politischen Gründen verlassen. Dokumentiert wird hier die Geschichte des Verbands incl. zahlreicher Zeitdokumente. Daneben enthält der Band Selbstzeugnisse von VERS-Mitgliedern.

Harms, Friedrich: *Tue recht und scheue niemand. Ansichten und Einsichten eines Mecklenburgers,* Verlag am Park, Berlin 2003, 159 S. Im antiquarischen Buchhandel.

Der Unternehmer Friedrich Harms berichtet von seinen gemischten Erfahrungen, die er nach der deutschen Vereinigung beim Versuch machte, sich in Mecklenburg-Vorpommern gemeinnützig zu engagieren – auch finanziell. Teil dieses Engagements ist die Friedrich- und Irmgard-Harms-Stiftung. Ursprünglich hatte die 1994 gegründete Stiftung die Agrarwissenschaftliche Fakultät der Universität Rostock gefördert, heute unterstützt sie an der Universität Rostock leistungsstarke fortgeschrittene Studierende sowie junge Wissenschaftler.innen in der Phase ihrer Graduierung. Im Jahr 2005 ist ein vom Stifter Friedrich Harms erbautes Studentenwohnheim in Besitz und Eigentum der Universität Rostock übergegangen, das vom Stiftungsrat verwaltet wird.

Lorenz, Rolf / Roswitha Hinz / Ingeline Nielsen / Jürgen Runge: *Zeitzeugnisse „Professorinnen und Professoren schützen Studierende", zusammengetragen durch die Initiativgruppe anlässlich der Gedenkfeier „Verfolgung und Widerstand – Gedenkfeier für die von politischer Verfolgung in SBZ und DDR betroffenen Angehörigen der Martin-Luther-Universität Halle-Wittenberg" (17.6. 2019),* o.O. [Halle (Saale)] 2019, 28 S.; URL https://www.catalogus-professorum -halensis.de/images/verfolgte/Zeitzeugnisse_2.pdf

Grashoff, Udo: *Studenten im Aufbruch. Unabhängige studentische Interessenvertretung an der Martin-Luther-Universität Halle-Wittenberg 1987–1992* (Edition Zeit-Geschichte(n) Bd. 6), Mitteldeutscher Verlag, Halle (Saale) 2019, 112 S. € 10,-. Im Buchhandel.

Die Studie rekonstruiert die Gründungsgeschichte des Studentenrates an der Martin-Luther-Universität Halle-Wittenberg. Diese umfasst den Zeitraum von 1987 bis 1992, reicht also vom Engagement einiger Theologiestudenten für eine unabhängige Interessenvertretung in der DDR bis zur Phase der Ernüchterung auf Seiten des Studentenrates sowohl hinsichtlich der studentischen Beteiligungswilligkeit als auch der eigenen Gestaltungsspielräume. Der Autor war seinerzeit Mitbegründer des halleschen Studentenrates.

Gerber, Beate: *Das Geheimnis des Uni-Riesen in Leipzig.* Dokumentarfilm, Mitteldeutscher Rundfunk 2015, 29 Minuten; online unter https://www.youtube.com/watch?v=5EHcgK7kCI4

In mdr-typischer Weise wird eine vergleichsweise schlichte Geschichte durch einen neugierig machenden Titel aufgepumpt, um am Ende den Zuschauer ratlos zurückzulassen, da das angekündigte Geheimnis nicht gelüftet wurde, in diesem Falle: weil es keines zu lüften gab. Der Film erzählt die Biografie des Leipziger Universitätshochhauses, errichtet im Anschluss an die Sprengung der Universitätsbauten am Karl-Marx-Platz (Albertinum, Universitätskirche St. Pauli) nach dem Entwurf eines Teams unter Hermann Henselmann. Es folgen der Bezug und die Nutzung durch die Universität, der Verkauf durch das wiedererstandene Land Sachsen, der zu einem jahrelangen Konflikt zwischen Uni und Staatsregierung führte, schließlich die Sanierung und Wiederbelebung des privatisierten Turms.

Leipziger Universitätsmusik (Hg.): *Festschrift zur Einweihung der Orgeln im neuen Paulinum – Aula/Universitätskirche St. Pauli,* Leipzig o.J. [2017], 31 S. Bezug bei: Leipziger Universitätsmusik, Neumarkt 9–19 (Städtisches Kaufhaus), 04109 Leipzig.

Das Paulinum – das zugleich als Aula und als Universitätskirche dient – steht an der Stelle und erinnert an die 1968 gesprengte Leipziger Universitätskirche.

Mayer, Thomas (Texte) / Reinhard Minkewitz (Gemälde): *Aufrecht stehen für Ernst Bloch, Werner Ihmels, Hans Mayer, Wolfgang Natonek, Georg-Siegfried Schmutzler,* Medienstiftung der Sparkasse Leipzig, Leipzig 2010, 31 S. € 10,-. Bezug bei: PassageVerlag, Holbeinstraße 28 B, 04229 Leipzig.

Vorgestellt wird der Gemäldeentwurf von Reinhard Minkewitz „Aufrecht stehen". Dieser geht auf eine Anregung des Schriftstellers Erich Loest zurück. Es setzt sich mit Opfern der DDR an der Leipziger Universität auseinander und soll das im Jahre 1973 für die Universität geschaffene Gemälde Werner Tübkes „Arbeiterklasse und Intelligenz" ergänzen.

Minkewitz, Reinhard: *Aufrecht stehen – für Herbert Belter, Ernst Bloch, Werner Ihmels, Hans Mayer Wolfgang Natonek, Georg-Siegfried Schmutzler,* Stiftung Friedliche Revolution, Leipzig 2015, 24 S. € 4,-. Bezug bei: Stiftung Friedliche Revolution, Nikolaihof 3, 04109 Leipzig.

Das vorgestellte Gemälde von Reinhard Minkewitz wurde als Ergänzung von Werner Tübkes „Arbeiterklasse und Intelligenz" geschaffen und 2015 im neuen Hörsaalgebäude der Universität Leipzig aufgestellt (ebenso wie „Arbeiterklasse und Intelligenz"). Die auf dem Gemälde gezeigten Angehörigen der Leipziger Universität waren in der DDR Opfer politischer Repression geworden und werden kurz vorgestellt. Dazu eine Zeittafel und ein Text zur Entstehungsgeschichte des Bildes.

Weigert, Yvonne / Caterina Hein (Red.): *30 Jahre Seniorenkolleg,* Universität Leipzig, Dezernat Akademische Verwaltung, Wissenschaftliche Weiterbildung und Fernstudium, Leipzig 2009, 48 S. Bezug bei: Wissenschaftliche Weiterbildung und Fernstudium, Nikolaistr. 6-10, 04109 Leipzig.

Dokumentiert werden neben den üblich Grußworten die Geschichte des Seniorenkollegs, Interviews mit seinem Gründer, seinem gegenwärtige Leiter und einer Teilnehmerin, ein Verzeichnis ausgewählter Vorlesungen sowie statistische Daten und Erlebnisberichte aus Projekten.

Technische Universität Dresden, der Rektor (Hg.): *Gebäude und Namen 1993,* TU Dresden, Dresden 1993, 56 S.

Die Broschüre enthält die Biografien der Wissenschaftler und eine Kurzvorstellung der Gebäude, für welche die Wissenschaftler namensgebend waren. Verzeichnet sind: Heinrich Barkhausen, Georg Berndt, Kurt Beyer, Ludwig Binder, Heinrich Cotta, Oskar Drude, Fritz Foerster, Johannes Görges, Enno Heidebroek, Alfred Jante, Walter König, Franz Karl Kutzbach, Wilhelm Gotthelf Lohrmann, Friedrich Merkel, Christian Otto Mohr, Richard Mollier, Erich Max Müller, Friedrich Wilhelm Neuffer, Friedrich Nobbe, Emil Adolph Roßmässler, Johann Andreas Schubert, Julius Adolph Stöckhardt, Maximilian August Toepler, Friedrich Adolf Willers, Gustav Anton Zeuner.

Kinder- und Jugendtanzstudio an der TU Dresden (Hg.): *40 Jahre Tanz. Kinder- und Jugendtanzstudio an der TU Dresden*, Dresden o.J. [2019], 34 S. Bestellung über info@kinder-und-Jugendtanzstudio-der-tud.de

2. Unveröffentlichte Graduierungsarbeiten

Al-Jumaili, Diana: *Die UNESCO-Arbeit der DDR. Chancen und Rückwirkungen*, Masterarbeit, Fernuniversität Hagen, Fachbereich Kultur- und Sozialwissenschaften, Master Governance, Hagen 2014, 207 S. + CD.

Nehm, Teresa: *Die Sektion „Journalistik" der Karl-Marx-Universität in Leipzig zur Wendezeit. Eine Analyse der politischen Einflüsse anhand von Leitfadeninterviews mit ehemaligen Studenten*, Bachelorarbeit, Institut für Kommunikations- und Medienwissenschaften, Universität Leipzig, Leipzig 2012, 50 S. + LXXXIX S. Anhang

Die Leitfadeninterviews mit zwölf ehemaligen Journalistikstudierenden, auf denen diese Studie basiert, werden in Auszügen im Anhang dokumentiert.

Schnapka-Bartmuß, Cornelia: *Die evangelischen Studentengemeinden Leipzig und Halle/Saale in den Jahren 1945 bis 1971*, Dissertation, Universität Leipzig, Theologische Fakultät, Leipzig 2008, 405 + 32 S.

Untersucht werden die Beziehungen (und Probleme) der beiden ESG zu den Universitäten ihrer Städte, die Probleme mit staatlichen Behörden und die innere Entwicklung der Gemeinden.

Sonja Bandorski, Dr. paed., wissenschaftliche Mitarbeiterin, Abteilung Sozial- und Bildungsökonomie des Internationalen Instituts für Management und ökonomische Bildung an der Europa-Universität Flensburg. eMail: sonja.bandorski@ uni-flensburg.de

Marco Birn, Dr. phil., Wissenschaftlicher Archivar und Historiker, Leiter des Kreisarchivs Reutlingen. eMail: M.Birn@kreis-reutlingen.de

Gerd Grözinger, Prof. Dr., Professur für Bildungs- und Sozialökonomik, Mitglied des Internationalen Instituts für Management und ökonomische Bildung an der Europa-Universität Flensburg. eMail: groezing@uni-flensburg.de

Daniel Hechler M.A., Forschungsreferent am Institut für Hochschulforschung Halle-Wittenberg (HoF). eMail: daniel.hechler@hof.uni-halle.de

Dayana Lau, Dr. phil., Erziehungswissenschaftlerin, wissenschaftliche Mitarbeiterin an der Martin-Luther-Universität Halle-Wittenberg und der Alice Salomon Hochschule Berlin. eMail: lau.dayana1@googlemail.com

Annett Maiwald, Dr. phil., Soziologin/Analytische Sozialpsychologin, wissenschaftliche Mitarbeiterin im Bereich Bildungssoziologie der Martin-Luther-Universität Halle-Wittenberg. eMail: annett.maiwald@soziologie.uni-halle.de

Annemarie Matthies, Dr. phil., Soziologin, wissenschaftliche Mitarbeiterin im Bereich Bildungssoziologie an der Martin-Luther-Universität Halle-Wittenberg. eMail: annemarie.matthies@soziologie.uni-halle.de

Marita McGrory M.A., wissenschaftliche Mitarbeiterin, Abteilung Sozial- und Bildungsökonomie des Internationalen Instituts für Management und ökonomische Bildung an der Europa-Universität Flensburg. eMail: marita.mcgrory@uni-flensburg.de

Sigrun Nickel, Dr. phil., Leiterin Hochschulforschung beim CHE Centrum für Hochschulentwicklung und Mitglied im Leitungsteam der wissenschaftlichen Begleitung des Bund-Länder-Wettbewerbs „Aufstieg durch Bildung: offene Hochschulen". eMail: Sigrun.Nickel@che.de

Jörg-Peter Pahl, Prof. Dr., Dipl.-Ing., emeritierter Professor am Institut für Berufspädagogik und Berufliche Didaktiken der TU Dresden, Gastwissenschaftler am Institut für Angewandte Bautechnik der Technischen Universität Hamburg. eMail: joergpahl@aol.com

Peer Pasternack, Prof. Dr., Direktor des Instituts für Hochschulforschung (HoF) an der Universität Halle-Wittenberg. eMail: peer.pasternack@hof.uni-halle.de; www.peer-pasternack.de

Hannes Ranke, M.Ed., wissenschaftlicher Oberassistent am Institut für Angewandte Bautechnik der Technischen Universität Hamburg. eMail: hannes.ranke@tuhh.de

Caroline Richter, Dr. rer. soc., Sozialwissenschaftlerin/Soziologin, wissenschaftliche Mitarbeitern an der Ruhr-Universität Bochum und der Universität Duisburg-Essen. eMail: caroline. richter@rub.de und caroline.richter@uni-due.de

Christian Schäfer, Prof. Dr., Jurist, Professor für Staatsrecht am Fachbereich Kriminalpolizei der Hochschule des Bundes (HS Bund) für öffentliche Verwaltung Wiesbaden. eMail: christian.schaefer@bka.bund.de

Sebastian Schneider M.A., Soziologe, wissenschaftlicher Mitarbeiter am Institut für Hochschulforschung Halle-Wittenberg (HoF). eMail: sebastian.schneider@hof.uni-halle.de

Christiane Schnell, Dr. phil., Soziologin, Wissenschaftlerin am Institut für Sozialforschung (IfS) an der Goethe-Universität Frankfurt. eMail: ch.schnell@em.uni-frankfurt.de

Christoph Schubert M.A., Sozialwissenschaftler, wissenschaftlicher Mitarbeiter am Bereich Bildungssoziologie der Martin-Luther-Universität Halle-Wittenberg. eMail: christoph.schubert@soziologie.uni-halle.de

Manfred Stock, Prof. Dr., Soziologe, Professor für Bildungssoziologie an der Martin-Luther-Universität Halle-Wittenberg. eMail: manfred.stock@soziologie.uni-halle.de

Anna-Lena Thiele, M.Sc., wissenschaftliche Mitarbeiterin im Bereich Hochschulforschung beim CHE Centrum für Hochschulentwicklung. eMail: Anna-Lena.Thiele@che.de

Lieferbare Themenhefte 2007–2018

Daniel Hechler / Peer Pasternack (Hg.): *Arbeit an den Grenzen. Internes und externes Schnittstellenmanagement an Hochschulen* (2018, 279 S.; € 20,-)

Daniel Hechler / Peer Pasternack (Hg.): *Einszweivierpunktnull. Digitalisierung von Hochschule als Organisationsproblem. Folge 2* (2017, 176 S.; € 17,50)

Daniel Hechler / Peer Pasternack (Hg.): *Einszweivierpunktnull. Digitalisierung von Hochschule als Organisationsproblem* (2017, 193 S.; € 17,50)

Peter Tremp / Sarah Tresch (Hg.): *Akademische Freiheit. ‚Core Value' in Forschung, Lehre und Studium* (2016, 181 S.; € 17,50)

Cort-Denis Hachmeister / Justus Henke / Isabel Roessler / Sarah Schmid (Hg.): *Gestaltende Hochschulen. Beiträge und Entwicklungen der Third Mission* (2016, 170 S.; € 17,50)

Marion Kamphans / Sigrid Metz-Göckel / Margret Bülow-Schramm (Hg.): *Tabus und Tabuverletzungen an Hochschulen* (2015, 214 S.; € 17,50)

Daniel Hechler / Peer Pasternack (Hrsg.): *Ein Vierteljahrhundert später. Zur politischen Geschichte der DDR-Wissenschaft* (2015, 185 S.; € 17,50)

Susen Seidel / Franziska Wielepp (Hg.): *Diverses. Heterogenität an der Hochschule* (2014, 216 S.; € 17,50)

Peer Pasternack (Hg.): *Hochschulforschung von innen und seitwärts. Sichtachsen durch ein Forschungsfeld* (2014, 226 S.; € 17,50)

Jens Gillessen / Johannes Keil / Peer Pasternack (Hg.): *Berufsfelder im Professionalisierungsprozess. Geschlechtsspezifische Chancen und Risiken* (2013, 198 S.; € 17,50)

Martin Winter / Carsten Würmann (Hg.): *Wettbewerb und Hochschulen. 6. Jahrestagung der Gesellschaft für Hochschulforschung in Wittenberg* (2012, 328 S.; € 17,50).

Karsten König / Rico Rokitte: *Weltoffen von innen? Wissenschaft mit Migrationshintergrund* (2012, 210 S.; € 17,50)

Edith Braun / Katharina Kloke / Christian Schneijderberg (Hg.): *Disziplinäre Zugänge zur Hochschulforschung* (2011, 212 S.; € 17,50)

Peer Pasternack (Hg.): *Hochschulföderalismus* (2011, 217 S.; € 17,50)

Carsten Würmann / Karin Zimmermann (Hg.): *Hochschulkapazitäten – historisch, juristisch, praktisch* (2010, 216 S.; € 17,50)

Georg Krücken / Gerd Grözinger (Hg.): *Innovation und Kreativität an Hochschulen* (2010, 211 S.; € 17,50)

Daniel Hechler / Peer Pasternack (Hg.): *Zwischen Intervention und Eigensinn. Sonderaspekte der Bologna-Reform* (2009, 215 S.; € 17,50)

Peer Pasternack (Hg.): *Hochschulen in kritischen Kontexten. Forschung und Lehre in den ostdeutschen Regionen* (2009, 203 S.; € 17,50)

Robert D. Reisz / Manfred Stock (Hg.): *Private Hochschulen – Private Higher Education* (2008, 166 S.; € 17,50)

Martin Winter: *Reform des Studiensystems. Analysen zum Bologna-Prozess* (2007, 218 S.; € 17,50)

Peer Pasternack: *Forschungslandkarte Ostdeutschland,* unt. Mitarb. v. Daniel Hechler (Sonderband 2007, 299 S.; € 17,50)

Reinhard Kreckel / Peer Pasternack (Hg.): *10 Jahre HoF* (2007, 197 S.; € 17,50)

Bestellungen unter: institut@hof.uni-halle.de
http://www.die-hochschule.de

Schutzgebühren: Einzelheft € 17,50. Jahresabonnement € 34,-. Privatabonnent.innen € 19,- (Abogebühren inklusive Versandkosten)

Kündigungen: Jeweils bis vier Wochen vor Ablauf des Jahres für den folgenden Jahrgang.

Gemäß § 33 Bundesdatenschutzgesetz weisen wir unsere Abonnent.innen darauf hin, dass wir Namen und Anschrift ausschließlich zum Zweck der Abonnementverwaltung maschinell gespeichert haben.

Kopiervorlage:

Bestellung

Ich/wir bestelle/n:

1. Einzelheft Nr. ....   € 17,50

2. .... mal *die hochschule* im Jahresabonnement   à   € 34,-

3. .... mal *die hochschule* im PrivatabonnentInnen-Abo   à   € 19,-

Die Bezahlung erfolgt nach Rechnungslegung mit dem ersten Heft.
Ich erkläre mich damit einverstanden, dass sich mein Abonnement jeweils um ein Jahr verlängert, wenn ich es nicht bis vier Wochen (Poststempel) vor Ablauf der Bestellfrist (Jahresende) kündige.

....
Name

....
Adresse

....

eMail..

Ort, Datum   Unterschrift

Einzusenden an:
Institut für Hochschulforschung, Vertrieb „die hochschule",
Collegienstr. 62, 06886 Wittenberg, oder institut@hof.uni-halle.de

HoF-Handreichungen

Online unter https://www.hof.uni-halle.de/journal/handreichungen.htm

Peer Pasternack / Sebastian Schneider / Sven Preußer: *Administrationslasten. Die Zunahme organisatorischer Anforderungen an den Hochschulen: Ursachen und Auswege*, Halle-Wittenberg 2019, 146 S.

Justus Henke / Peer Pasternack: *Hochschulsystemfinanzierung. Wegweiser durch die Mittelströme*, Halle-Wittenberg 2017, 93 S.

Justus Henke / Peer Pasternack / Sarah Schmid: *Third Mission bilanzieren. Die dritte Aufgabe der Hochschulen und ihre öffentliche Kommunikation*, Halle-Wittenberg 2016, 109 S.

Martina Dömling / Peer Pasternack: *Studieren und bleiben. Berufseinstieg internationaler HochschulabsolventInnen in Deutschland*, Halle-Wittenberg 2015, 98 S.

Justus Henke / Romy Höhne / Peer Pasternack / Sebastian Schneider: *Mission possible – Gesellschaftliche Verantwortung ostdeutscher Hochschulen: Entwicklungschance im demografischen Wandel*, Halle-Wittenberg 2014, 118 S.

Jens Gillessen / Isabell Maue (Hg.): *Knowledge Europe. EU-Strukturfondsfinanzierung für wissenschaftliche Einrichtungen*, Halle-Wittenberg 2014, 127 S.

Peer Pasternack / Steffen Zierold: *Überregional basierte Regionalität. Hochschulbeiträge zur Entwicklung demografisch herausgeforderter Regionen. Kommentierte Thesen*, unt. Mitarb. v. Thomas Erdmenger, Jens Gillessen, Daniel Hechler, Justus Henke und Romy Höhne, Halle-Wittenberg 2014, 120 S.

Peer Pasternack / Johannes Keil: *Vom ‚mütterlichen‘ Beruf zur differenzierten Professionalisierung. Ausbildungen für die frühkindliche Pädagogik*, Halle-Wittenberg 2013, 107 S.

Peer Pasternack (Hg.): *Regional gekoppelte Hochschulen. Die Potenziale von Forschung und Lehre für demografisch herausgeforderte Regionen*, Halle-Wittenberg 2013, 99 S.

Peer Pasternack / Daniel Hechler: *Hochschulzeitgeschichte. Handlungsoptionen für einen souveränen Umgang*, Halle-Wittenberg 2013, 99 S.

Daniel Hechler / Peer Pasternack: *Hochschulorganisationsanalyse zwischen Forschung und Beratung*, Halle-Wittenberg 2012, 99 S.

Peer Pasternack

20 Jahre HoF

**Das Institut für Hochschulforschung
Halle-Wittenberg 1996–2016: Vorgeschichte
– Entwicklung – Resultate**

Berlin 2016, 273 S.
ISBN 978-3-937573-41-0

Bezug: institut@hof.uni-halle.de
Auch unter http://www.hof.uni-halle.de/web/
dateien/pdf/01_20_J_HoF_Buch_ONLINE.pdf

Schriftenreihe „Hochschul- und Wissenschaftsforschung Halle-Wittenberg" 2016–2019

Justus Henke: *Third Mission als Organisationsherausforderung. Neuausrichtung der Machtstrukturen in der Hochschule durch Professionalisierungstendenzen im Wissenschaftsmanagement*, BWV – Berliner Wissenschafts-Verlag, Berlin 2019, 296 S.

Peer Pasternack: *Fünf Jahrzehnte, vier Institute, zwei Systeme. Das Zentralinstitut für Hochschulbildung Berlin (ZHB) und seine Kontexte 1964–2014*, BWV – Berliner Wissenschafts-Verlag, Berlin 2019, 497 S.

Rui Wu: *Zur Promotion ins Ausland. Erwerb von implizitem Wissen in der Doktorandenausbildung. Am Beispiel der wissenschaftlichen Qualifikationsprozesse chinesischer Doktoranden in Deutschland*, BWV – Berliner Wissenschafts-Verlag, Berlin 2019, 383 S.

Daniel Hechler / Peer Pasternack / Steffen Zierold: *Wissenschancen der Nichtmetropolen. Wissenschaft und Stadtentwicklung in mittelgroßen Städten*, unt. Mitw. v. Uwe Grelak und Justus Henke, BWV – Berliner Wissenschafts-Verlag, Berlin 2018, 359 S.

Peer Pasternack / Sebastian Schneider / Peggy Trautwein / Steffen Zierold: *Die verwaltete Hochschulwelt. Reformen, Organisation, Digitalisierung und das wis senschaftliche Personal*, BWV – Berliner Wissenschafts-Verlag, Berlin 2018, 361 S.

Daniel Hechler / Peer Pasternack: *Hochschulen und Stadtentwicklung in Sachsen-Anhalt*, unt. Mitw. v. Jens Gillessen, Uwe Grelak, Justus Henke, Sebastian Schneider, Peggy Trautwein und Steffen Zierold, BWV – Berliner Wissenschafts-Verlag, Berlin 2018, 347 S.

Peer Pasternack (Hg.): *Kurz vor der Gegenwart. 20 Jahre zeitgeschichtliche Aktivitäten am Institut für Hochschulforschung Halle-Wittenberg (HoF) 1996–2016*, BWV – Berliner Wissenschafts-Verlag, Berlin 2017, 291 S.

Justus Henke / Peer Pasternack / Sarah Schmid: *Mission, die dritte. Die Vielfalt jenseits hochschulischer Forschung und Lehre: Konzept und Kommunikation der Third Mission*, BWV – Berliner Wissenschafts-Verlag, Berlin 2017, 274 S.

Uwe Grelak / Peer Pasternack: *Theologie im Sozialismus. Konfessionell gebundene Institutionen akademischer Bildung und Forschung in der DDR. Eine Gesamtübersicht*, BWV – Berliner Wissenschafts-Verlag, Berlin 2016, 341 S.

Peer Pasternack: *20 Jahre HoF. Das Institut für Hochschulforschung Halle-Wittenberg 1996–2016: Vorgeschichte – Entwicklung – Resultate*, BWV – Berliner Wissenschafts-Verlag, Berlin 2016, 273 S.

Peer Pasternack / Isabell Maue: *Die BFI-Policy-Arena in der Schweiz. Akteurskonstellation in der Bildungs-, Forschungs- und Innovationspolitik*, unt. Mitarb. v. Daniel Hechler, Tobias Kolasinski und Henning Schulze, BWV Berliner Wissenschafts-Verlag, Berlin 2016, 327 S.

Peer Pasternack: *Die DDR-Gesellschaftswissenschaften post mortem: Ein Viertel jahrhundert Nachleben (1990–2015). Zwischenfazit und bibliografische Dokumentation*, unt. Mitarb. v. Daniel Hechler, BWV Berliner Wissenschafts-Verlag, Berlin 2016, 613 S.

Hof-Arbeitsberichte 2016–2019

Online unter: https://www.hof. uni-halle.de/publikationen/hof_arbeitsberichte.htm

110: Anke Burkhardt / Florian Harrlandt / Jens-Heinrich Schäfer: *„Wie auf einem Basar".* *Berufungsverhandlungen und Gender Pay Gap bei den Leistungsbezügen an Hochschulen in Niedersachsen,* unter Mitarbeit von Judit Anacker, Aaron Philipp, Sven Preußer, Philipp Rediger, 2019, 142 S.

109: Justus Henke / Norman Richter / Sebastian Schneider / Susen Seidel: *Disruption oder Evolution? Systemische Rahmenbedingungen der Digitalisierung in der Hochschulbildung,* 2019, 158 S.

108: Uwe Grelak / Peer Pasternack: *Lebensbegleitend: Konfessionell gebundene religiöse, politische und kulturelle Allgemeinbildungsaktivitäten incl. Medienarbeit in der DDR. Dokumentation der Einrichtungen, Bildungs- und Kommunikationsformen,* 2018, 143 S.

107: Anke Burkhardt / Florian Harrlandt: *Dem Kulturwandel auf der Spur. Gleichstellung an Hochschulen in Sachsen. Im Auftrag des Sächsischen Staatsministeriums für Wissenschaft und Kunst,* unter Mitarbeit von Zozan Dikkat und Charlotte Hansen, 2018, 124 S.

106: Uwe Grelak / Peer Pasternack: *Konfessionelle Fort- und Weiterbildungen für Beruf und nebenberufliche Tätigkeiten in der DDR. Dokumentation der Einrichtungen und Bildungsformen,* 2018, 107 S.

105: Uwe Grelak / Peer Pasternack: *Das kirchliche Berufsbildungswesen in der DDR,* 2018, 176 S.

104: Uwe Grelak / Peer Pasternack: *Konfessionelles Bildungswesen in der DDR: Elementarbereich, schulische und nebenschulische Bildung,* 2017, 104 S.

103: Peer Pasternack / Sebastian Schneider / Peggy Trautwein / Steffen Zierold: *Ausleuchtung einer Blackbox. Die organisatorischen Kontexte der Lehrqualität an Hochschulen,* 2017, 103 S.

102: Anke Burkhardt / Gunter Quaißer / Barbara Schnalzger / Christoph Schubert: *Förderlandschaft und Promotionsformen. Studie im Rahmen des Bundesberichts Wissenschaftlicher Nachwuchs (BuWiN) 2017,* 2016, 103 S.

101: Peer Pasternack: *25 Jahre Wissenschaftspolitik in Sachsen-Anhalt: 1990–2015,* 2016, 92 S.

100: Justus Henke / Peer Pasternack / Sarah Schmid / Sebastian Schneider: *Third Mission Sachsen-Anhalt. Fallbeispiele OvGU Magdeburg und Hochschule Merseburg,* 2016, 92 S.

1'16: Peer Pasternack: *Konsolidierte Neuaufstellung. Forschung, Wissenstransfer und Nachwuchsförderung am Institut für Hochschulforschung Halle-Wittenberg (HoF) 2011–2015,* 124 S.

Rui Wu

Zur Promotion ins Ausland

Erwerb von implizitem Wissen in der Doktorandenausbildung am Beispiel der wissenschaftlichen Qualifikationsprozesse chinesischer Doktoranden in Deutschland

Berliner Wissenschafts-Verlag, Berlin 2019, 383 S.
ISBN 978-3-8305-3939-1. € 27,-

In der Promotionspraxis steht dem expliziten Wissen ein umfangreiches implizites Wissen gegenüber. Während explizites Wissen etwa in Regelwerken und Handbüchern fixiert ist, zeigt sich implizites Wissen vor allem in gelingender Praxis. Der Erwerb dieses stillen Wissens ist zentral für das erfolgreiche Durchlaufen des Promotionsprozesses. Hier wird jedoch gegenwärtig auf das vermittelte explizite Wissen fokussiert.

Ein Bild des relevanten impliziten Wissens entsteht, wenn man die Entwicklungsaufgaben während des Promotionsprozesses und die Bewältigungsstrategien der Doktoranden betrachtet. In deren Zusammenspiel vollzieht sich die akademische Professionalisierung und persönliche Entwicklung der Doktoranden: Während der drei Promotionsphasen (Einstiegs-, Qualifizierungs- und Abschlussphase) stehen die Doktoranden vor wechselnden Entwicklungsaufgaben, die sie identifizieren und mittels unterschiedlicher Bewältigungsstrategien bearbeiten müssen. Die Bewältigungsstrategien werden plastisch herausgearbeitet durch die Auswertung von zahlreichen Interviews mit chinesischen Doktoranden, die in den unterschiedlichen Promotionsphasen wiederholt wurden. Je nach Entwicklungsphase können die Bewältigungsstrategien als Eigeninitiative, Eigenverantwortung und Eigenart charakterisiert werden.

Abschließend werden diese Befunde in praktische Handlungsempfehlungen übersetzt – von der Sensibilisierung der Doktoranden und ihrer Betreuer.innen für die Herausforderungen des impliziten Wissens bis hin zur Schaffung spezifischer Veranstaltungsformate zu deren Thematisierung und Bearbeitung.

Justus Henke

Third Mission als Organisationsherausforderung

Neuausrichtung der Machtstrukturen in der Hochschule durch
Professionalisierungstendenzen im Wissenschaftsmanagement

Berliner Wissenschafts-Verlag, Berlin 2019, 296 S.
ISBN 978-3-8305-3968-1. € 28,-

Von Hochschulen werden verstärkt zusätzliche Beiträge zu einer positiven gesellschaftlichen Entwicklung erwartet, die sich unter dem Begriff Third Mission fassen lassen. Für eine strategische Entwicklung sind die Hochschulen allerdings auch auf das Wissenschaftsmanagement angewiesen, dessen konzeptionelle Zuarbeiten und operativen Tätigkeiten sie für die Organisation und Kommunikation der Third Mission benötigen. Anhand der Analyse der Beziehungen des Wissenschaftsmanagements innerhalb der Hochschule wird die zentrale Fragestellung untersucht, welche Möglichkeiten der Einflussnahme Wissenschaftsmanager/innen mit Third-Mission-Aufgaben in ihren Beziehungen zu Hochschulleitung und Wissenschaftler/innen angesichts der gestiegenen Bedeutung dieses Themas in der Hochschule haben, inwiefern ihnen das hilft, ihre professionelle Rolle in der Hochschule zu stärken und welche dieser Möglichkeiten sie tatsächlich geltend machen.

Ein zentraler Befund der empirischen Untersuchung ist, dass die Wissenschaftsmanager/innen ihre Einflussmöglichkeiten nicht so nachdrücklich geltend machen wie erwartet, was insbesondere durch das bestehende Nebeneinander zweier Kulturen im Wissenschaftsmanagement verursacht ist: einem manageriellen Rollenverständnis und einem eher dienstleistungsorientierten, ohne ausgeprägten Mitgestaltungsanspruch.

Peer Pasternack / Sebastian Schneider / Sven Preußer

Administrationslasten
Die Zunahme organisatorischer Anforderungen an den Hochschulen: Ursachen und Auswege

Institut für Hochschulforschung (HoF), Halle-Wittenberg 2019, 146 S.
ISBN 978-3-937573-69-4. € 10,-

Auch unter https://www.hof.uni-halle.de/web/dateien/pdf/HoF-Handreichungen10.pdf

Die Wahrnehmungen des Hochschulpersonals sind durch zweierlei geprägt: Entstaatlichungen habe neue Bürokratieanforderungen gebracht, und die Verwaltung der strukturierten Bologna-Studiengänge ginge gleichfalls mit neuen Belastungen einher. Die Hochschulen reagieren auf steigende Administrationslasten vor allem auf zwei Wegen: durch die Einführung von Hochschulmanagementstrukturen neben der herkömmlichen Verwaltung und durch die Weiterentwicklung digitaler Assistenzsysteme. So könne, lautet die Begründung, Leistung und Qualität gesteigert werden, indem das wissenschaftliche Personal entlastet werde. Dennoch erhöht sich aber auch der Zeitverbrauch für organisatorischen Aufwand, der auf Seiten des wissenschaftlichen Personals entsteht. Das wiederum mindert die Zeitressourcen, die für qualitativ hochwertige Leistungserbringung aufgewendet Ursachen der Dysfunktionen verwaltenden Organisierens werden können. Zusammen mit daraus folgenden Motivationseinschränkungen und Aufwandsausweichstrategien verdichtet sich dies zu einem Risikosyndrom: Es entstehen Risiken für die Qualität von Lehre und Forschung, die ihre Ursache gerade in Bemühungen um die Entwicklung der Qualität von Lehre und Forschung haben. Die Ursachen insuffizienter Hochschulorganisation lassen sich in drei Gruppen sortieren: (a) unauflösliche Widersprüche, (b) Abmilderungen zugänglich, ohne zu einer finalen Lösung gelangen zu können, und (c) durch konsequente Bearbeitung erfolgreich lösbar. Wird die Gruppe (a) angegangen, ist das Scheitern programmiert. Folglich ist es angeraten, sich auf die Gruppen (b) und (c) zu konzentrieren. Diesem Grundsatz folgt die Handreichung.

Uwe Grelak / Peer Pasternack

Parallelwelt
Konfessionelles Bildungswesen in der DDR
Handbuch

Evangelische Verlagsanstalt, Leipzig 2019, 700 S.
ISBN 978-3-374-06045-0. € 98,00

Zu den Erstaunlichkeiten der DDR gehörte der Umstand, dass es neben dem „einheitlichen sozialistischen Bildungssystem" ein vielfältiges konfessionell bzw. kirchlich gebundenes Bildungswesen gab. Dieses reichte von Kindergärten, Schulen und Konvikten über Vorseminare, Berufsausbildungen, Fort- und Weiterbildung oder kirchlichen Hochschulen bis zu Bildungshäusern, Evangelischen Akademien, Filmdiensten, Kunstdiensten und einem ausdifferenzierten Mediensystem.

In sich war dieses institutionelle Feld sehr heterogen: differenziert nach jeweiliger (Vor-) Geschichte, Existenzdauer, Einrichtungstyp und -größe, Trägerschaft, Finanzierung, Bildungsauftrag, Zugangswegen, fachlicher Orientierung, konfessioneller Bindung und geistlicher Tradition. Vor allem aber stellten diese Einrichtungen in der DDR den einzigen Bereich dar, der sich ganz überwiegend außerhalb des sozialistischen Bildungssystems befand, und die dort angesiedelten Einrichtungen waren entsprechend dem staatlichen Zugriff weniger ausgesetzt. Zugleich gab es immer wieder auch staatliche Behinderungen bzw. Nichtunterstützungen, was wiederum in Abhängigkeit von der jeweiligen politischen Großwetterlage variierte, aber auch regional unterschiedlich ausgeprägt war.

Dieses konfessionell gebundene Bildungswesen bestand überwiegend aus Einrichtungen in Trägerschaft von Kirchen oder Religionsgemeinschaften, im Einzelfall, etwa den Theologie-Sektionen an den Universitäten, aber auch aus staatlich getragenen Institutionen. Die Anzahl der beteiligten Institutionen und Bildungsformen summiert sich über die Jahre von 1945 bis 1989 hin auf rund 1.000. Mit dem Handbuch wird eine bislang bestehende Lücke in der Dokumentation der DDR-Bildungsgeschichte geschlossen.